프란치스칸 사상 연구소
학술 발표 모음 1

「유언」을 통해서 비추어 본
아씨시 성 프란치스코의 이상

고계영 파울로 엮음

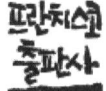

「유언」을 통해서 비추어 본
아씨시 성 프란치스코의 이상

초판 1쇄 발행 2010년 8월 20일
　　2쇄 발행 2014년 6월 25일

펴낸이 | 기경호
엮은이 | 고계영
엮은곳 | 작은형제회 한국관구 프란치스칸사상연구소
　　　　서울시 중구 정동길 9
　　　　전화: (02) 6364-5640
　　　　이메일: ofmsasang@hotmail.com
펴낸곳 | 프란치스코 출판사(제2-4072호)

가　격 | 10,000원
　　　　구독 회원: 계좌번호　외환은행 071-22-00788-4 (재)프란치스꼬회
　　　　일반 독자: 계좌번호　외환은행 071-22-02774-5 (재)프란치스꼬회
I S B N　978-89-91809-15-4 93230

"2009년 프란치스칸 영성 학술 세미나" 논문을 발행하면서

1. 1999년부터 2008년까지 10년 동안 "프란치스칸 사상 연구소" 책임을 맡으시고, 그동안 열 차례에 걸쳐 세미나를 주관해 오신 배의태 요셉 형제님께 깊은 감사를 드립니다. 이 "프란치스칸 영성 학술 세미나"는 배 요셉 형제님께서 "프란치스칸 사상 연구소" 책임을 맡으시면서 처음으로 시작되었고, 그 이후 프란치스칸 영성을 학술적으로 논의하는 중요한 자리가 되었습니다. 이 훌륭한 프로그램을 통해서 많은 형제 자매들이 영적으로 큰 도움을 받았으리라 믿습니다. 조용하고 차분하게 또 변함없이 항구하게 이 학술 세미나의 정착과 프란치스칸 영성의 심화를 위해 애를 많이 쓰시고 수고해 주신 배 요셉 형제님께 다시 한 번 깊이 감사드립니다.

   그동안 이 학술 세미나를 통해 여러 주제들이 다루어졌고, 특히 프란치스코의 글들이 중점적으로 연구되었습니다. 이미 프란치스코의 권고, 기도문들, 편지들, 수도규칙을 살펴보았고, 2009년 세미나를 통해서는 프란치스코의 유언이 고찰되었습니다. 유언 고찰을 끝으로 프란치스코의 글들에 대한 고찰이 제1차적으로 모두 마무리되었습니다. 지금까지 프란치스칸 영성에 대한 학술적 고찰을 위한 기초 공사가 끝났다고 말할 수 있겠습니다. 이 기초 공사를 바탕으로 앞으로는 튼튼하고 아름다운 건물을 올릴 수 있지 않을까 생각됩니다.

2. 앞으로 이 학술 세미나를 통해 계속 다루어야 할 주제는 실로 무궁무진하다 하겠습니다. 프란치스칸 영성의 핵심과 본질에 해당되는 "프란치스코의 신비 체험의 본질"과 "그의 관상 방법", 그리고 프란치스칸 신학, 특히 성 보나벤투라와 복자 둔스 스코투스는 앞으로 우리가 다루어야 할 주제들입니다. 그리고 프란치스칸 철학도 이 세미나를 통해 연구되어야 하지 않을까 싶습니다. 뿐만 아니라 프란치스칸 영성의 토착화 또한 우리가 다루어야 할 중요한 과제라 믿습니다. 이를 위해서 프란치스칸 영성과 노자, 장자,

불교, 유학 사상과의 대화가 필수적으로 요청됩니다. 오늘날은 많은 사람들이 심리학에 관심을 기울이고 있으며, 또 현실적으로도 많은 도움을 받고 있습니다. 우리 프란치스칸들도 프란치스칸 영성의 심리학적 차원을 연구해야 되리라 믿습니다. 그리고 요즘은 모든 생명체의 보금자리인 생태계가 크게 위협을 받고 있는 시대입니다. 생태계 또한 프란치스칸 영성과 밀접한 관계에 놓여 있기에, 이 학술 세미나를 통해 프란치스칸 생태 영성을 숙고하는 시간을 마련해야 하지 않을까 생각됩니다. 아무튼 앞으로 프란치스칸 영성의 심화와 실천적 도움을 위해 이 학술 세미나가 지고 가야 할 과제가 크다고 여겨집니다. 한국의 모든 프란치스칸 가족들과 나아가 신자들을 위해 이 세미나가 발전되고 또 그렇게 되도록 독자 여러분들께서도 많은 관심을 아낌없이 쏟아 주시기를 부탁드립니다.

3. 2009년 학술 세미나의 주제는 "「유언」을 통해서 비추어 본 아씨시 성 프란치스코의 이상"이었습니다. 2009년은 작은 형제회 수도규칙이 인준된 지 800주년이 되는 역사적 해였습니다. 과학과 물질문명이 고도로 발달된 문화 속에서 신학이 이에 충분히 버금가는 발전이 이루어지지 않아 서구 교회는 몰락의 위기에 처해 있고, 이는 수도생활에도 똑같이 적용이 됩니다. 그래서 작은 형제들이 맞는 800주년은 기쁨의 축제만이 될 수 없는 어둠이 또한 드리워져 있습니다. 저는 개인적으로 현대인들이 맞고 있는 신앙의 위기나 오늘날 우리 교회가 안고 있는 수도 생활의 위기를 헤쳐 나갈 수 있는 탁월한 해결의 열쇠가 프란치스코 안에 숨겨져 있다고 믿습니다. 그리고 2009년 세미나를 통해 유언을 다시금 공부하면서 프란치스코 안에 숨겨져 있는 놀라운 보화들을 다시금 캐내고, 닦아 내고, 보다 깊이 꿰뚫어 보는 좋은 기회가 되었다고 위로해 봅니다.

4. 2009년 프란치스칸 영성 학술 세미나 중에 발표되었던 논문들을 정리하여 늦게서야 출판하게 되었습니다. 2008년까지는 세미나 발표 논문들을 『프란치스칸 삶과 사상』 특집호로 발행했습니다. 그런데 『프란치스칸 삶과 사상』이 2009년에 발행된 제33호부터 "연 2회 정기 간행 프란치스칸 전문지"로 등록됨에 따라, 2009년 프란치스칸 영성 학술 세미나부터 발표 논문들을 독립된 연속 단행본으로 출판하기로 하였습니다. 독자 여러분들의 이해를 구합니다.

5. 끝으로 2009년 프란치스칸 영성 학술 세미나를 위해 수고해 주신 모든 분들께 다시 한 번 깊은 감사의 인사를 올립니다. 그리고 세미나의 결실이 단행본으로 발행될 수 있도록 논문을 정리해 주신 작은 형제회의 유수일 하비에르 형제님, 김찬선 레오나르도 형제님, 호명환 카롤로 형제님, 기경호 프란치스코 형제님께 특별한 감사를 드립니다. 사랑의 성령과 아씨시 프란치스코 성인께서 논문 발표자들과 독자 여러분들을 축복해 주시기를 기도드립니다.

2010년 3월 22일
프란치스칸 사상 연구소
고계영 파울로 형제

차 례

"2009년 프란치스칸 영성 학술 세미나" 논문을 발행하면서
고계영, 작은 형제회(프란치스코회)　　　　　　　　　　　3

성 프란치스코의 유언들에 대한 소개
레온하르트 레만, 카푸친 작은 형제회 / 옮긴이: 고계영, 작은 형제회(프란치스코회) 8

「유언」 1-23절: 회상
유수일, 작은 형제회(프란치스코회)　　　　　　　　　　41

「유언」 24-26절: 가난
김찬선, 작은 형제회(프란치스코회)　　　　　　　　　　89

「유언」 27-41절: 순종
호명환, 작은 형제회(프란치스코회)　　　　　　　　　　103

「유언」 34-41절: 수도규칙의 실행과 축복
기경호, 작은 형제회(프란치스코회)　　　　　　　　　　139

「유언」의 현대적 적용
기경호, 작은 형제회(프란치스코회)　　　　　　　　　　161

[부록] 아씨시 성 프란치스코의 유언들　　　　　　　　179

성 프란치스코의 유언들에 대한 소개[1]

레온하르트 레만, 카푸친 작은 형제회
옮긴이: 고계영, 작은 형제회(프란치스코회)

I. "짧은 유언들"부터 "긴 유언"까지

지난 세기에는 프란치스코의 유언이 몇 개가 있는지에 대해 논란이 있었다. 오래된 원천 자료들은 여러 유언들에 대해 언급하고 있다. 이 때문에 『완덕의 거울』을 발견하고 편집한 폴 사바티에(Paul Sabatier, 1858-1928)는 프란치스코가 우리가 알고 있는 「유언」 이외에 포르찌운쿨라를 위한 유언과 클라라 및 그의 자매들을 위한 유언을 남겼을 것이라는 주장에 동조하였다. 「유언」에 관한 다른 연구자들도 대체적으로 사바티에의 견해를 받아들였다. 카예탄 에써(Kajetan Esser, 1913-1978)는 1949년 「유언」에 관한 연구로 획득한 학위 논문에서 이 문제를 연구하고, 그 결과들은 후에 라울 만셀리(Raoul Manselli, 1917-1984)의 고찰을 통해 보완되고 완성된다[2].

---

[1] 이 글은 레온하르트 레만 교수가 로마 안토니아눔 대학교에 개설된 "아씨시 프란치스코의 「유언」" 강좌를 위해 준비한 강의록 가운데 「유언」 소개와 관련된 부분을 일부 발췌하여 번역한 것이다.
[2] 참조: K. Esser, 『Das Testament des heiligen Franziskus von Assisi』, Münster, 1949; R. Manselli, 「Dal Testamento ai testamenti di s. Francesco」, 『CollFranc』 46(1976), 121-129.

1.1. 「시에나 유언」

참된 유언이라고 여길 수 있는 첫 번째 문헌은 시에나에서 남긴 유언으로, "나의 유언들"(mei testamenti) 대신 "신비들"(mysterii)이라 읽고 있는 『작은 완덕의 거울』을 제외한, 모든 원천들이 이 문헌에 대해 "유언"(testamentum)이라는 표현을 사용하고 있다. 「시에나 유언」은 프란치스코의 글 비판본에 포함되었으며 에써는 이를 "받아쓴 글들"3)에 속하는 것으로 분류했다. 이 비판본에 언급된 바에 의하면, 이 짧은 글이 생기게 된 상황은 전적으로 유언과 상응한다.

1.1.1. 원천에 나타나는 이야기

『아씨시 편집본』 59(비가로니 편저)4), 『큰 완덕의 거울』 87(사바티에 편저)5), 『작은 완덕의 거울』 30b(비가로니 편저)6), 『복되신 프란치스코와 그의 동료들의 삶의 거울』(1440년 즈음)에는 다음과 같은 이야기가 나오는데, 루크 워딩(Luca Wadding)은 그가 편집한 『소품집』(Antverpiae, 1623)에서 이 이야기를 다시 많이 다듬었다: 한번은, 프란치스코가 시에나에서 거의 죽게 되었을 때, 형제들이 당황하여 자신들과 모든 형제들을 위하여 "그의 뜻을 기억할 수 있는 어떤 것"(aliquod memoriale voluntatis suae)을 남겨주도록 요청하였다. 프란치스코는 이에 동의하고 피라트로(Piratro, 또는 프라토)의 베네데토 형제를 부르게 했으며, 이 형제에게 다음

---

3) K. Esser, 『Gli Scritti di s. Francesco d'Assisi. Nuova edizione critica e versione italiana』, Padova, 1982, 599-601.
4) 『"Compilatio Assisiensis" dagli Scritti di fr. Leone e Compagni su s. Francesco d'Assisi. I edizione integrale dal Ms. 1046 di Perugia con versione italiana a fronte, introduzione e note』, a cura di Marino Bigaroni, Porziuncola, 1975, 150-153.
5) 『Fonti Francescane. Scritti e biografie di san Francesco d'Assisi, Cronache e altre testimonianze del primo secolo francescano, Scritti e biografie di santa Chiara d'Assisi』, Padova-Assisi, 1980, 1399.
6) 『Speculum Perfectionis(minus). Introduzione di R. Manselli. Testo latino, versione italiana a fronte e note』, a cura di M. Bigaroni, Porziuncola, 1983, 106-109.

과 같이 자신의 마지막 뜻을 작성하도록 요청했다: "나의 축복과 나의 유언에 대한 기억의 표시로…". 마지막 뜻을 표현해 달라는 요청에 해당되는 부분은 세 문장으로 쓰여졌는데, 이 문장들이 바로 '유언'(testamentum)이라 규정될 수 있다. 그러나 시에나에서 쓰여진 유언에서 분명한 것은 이 말의 용도나 의미만이 아니다. 이 유언은 시에나 일화가 밝혀 주고 있는 것과 이 유언 이후에 다시 반복되면서 요청될 것들을 모두 포괄하는 글이 된다[7].

1.1.2. 친저성

이미 발터 괴츠(Walter Goetz)는, 긴 「유언」이 논란의 소지가 많은 글로 형제회 내에서 지니고 있었던 중요성을 고려하면서, 「시에나 유언」의 친저성을 좀 더 명확히 논증하였다[8]. 만일 어떤 한 유언의 자료가 오래되고 거부할 수 없는 전승을 갖고 있지 않다면, 이러한 자료는 "공동체파"에서 유래된 것도 아닐 것이고, "영적파"에서 유래된 것도 아닐 것이다. 따라서 「시에나 유언」의 존재는 논란의 여지가 없으며, 오늘날은 일반적으로 받아들여지고 있다.

1.1.3. 본문의 형식

위에서 언급한 원천에 나타나는 유언의 내용은 분명하고 명확하지만, 원천에 대한 해독에는, 전승이 늘 본문에 영향을 미치듯이, 차이점이 있다. 가장 오래된 편집 형태는 『아씨시 편집본』 59에 나타나는데, 에서는 이를 기본 본문으로 취하였다. 『사바티에의 완덕의 거울』 혹은 『큰 완덕의 거울』에 나타나는 일화는 『작은 완덕의 거울』 30b나 『아씨시 편집본』 59에 나타나는 일화보다 더 다듬어졌다. 일반적으로 더 단순한 형태가 원형에 더 가깝다.

---

[7] 참조: G. Miccoli, 『Francesco d'Assisi. Realtà e memoria di un'esperienza cristiana』, Torino, 1991, 42.
[8] W. Goetz, 『Quellen zur Geschichte des hl. Franz von Assisi』, Gotha, 1904, 204.

1.1.4. 작성 시기

『아씨시 편집본』 59와 『1첼라노』 105를 대조해 보면, 「시에나 유언」은 1226년 4월이나 5월쯤에 작성되었다고 추측할 수 있다. 첼라노는, 유언이라는 언급 없이, 우리에게 다음과 같은 사실을 제공해 주고 있다:

> "서거하시기 6개월 전, 눈 치료를 받기 위하여 시에나에 있는 동안, 프란치스코는 전신에 병이 깊어졌다. 그는 만성적인 위장병으로 몹시 고통을 받았으며, 간도 감염되었고, 각혈을 너무 많이 하여 죽음이 임박한 듯하였다"(『1첼라노』 105).

첼라노의 이 증언에 의하면, 프란치스코는 1226년 4, 5월쯤 시에나에 있었으며, 죽음의 위험에 놓여 있었다. 첼라노가 전하는 이러한 상황은 『아씨시 편집본』이 전하는 「시에나 유언」 작성 당시의 상황과 대단히 유사하다.

> "이즈음 복되신 프란치스코는 보나벤투라 경에게 말씀하셨던 바로 그 움막에서, 어느 날 저녁 위장병 때문에, 토할 것 같은 상태에 있었다. 그래서 그가 토하려고 애를 쓰자 피가 쏟아져 나왔고, 이런 상태는 밤새도록 아침까지 계속되었다. 그의 동료들은, 극도로 쇠약해지고 병의 고통을 겪으면서 거의 죽게 된 프란치스코를 보고, 커다란 고통 속에서 눈물을 흘리며 말하였다"(『아씨시 편집본』 59).

『아씨시 편집본』은 프란치스코가 이러한 상태에서 피라트로(Piratro) 형제를 불러 유언을 작성하게 되었다고 기록하면서, 유언의 내용도 함께 전해주고 있다(『아씨시 편집본』 59). 따라서 「시에나 유언」은 『아씨시 편집본』 59와 『1첼라노』 105를 함께 읽으면서 작성 시기를 1226년 4-5월로 추정해 볼 수 있다.

1.1.5. 유언의 내용

우리에게 전해진 「시에나 유언」은 두 개의 문장으로 이루어져 있으며, 에서는 이를 5개의 절로 구분하였다. 이 유언에는 프란치스코가 형제회 미래를 위해 확실하게 밝혀 놓고자 했던 그의 주요 이상들이 완벽하게 표현되어 있다. 프란치스코는 여러 편지들에서와 마찬가지로 이 유언도 축복으로 시작한다: "지금 우리 형제회에 있는 형제들과 세상의 끝날까지 들어올 나의 모든 형제들에게 축복합니다"(1절). 프란치스코는 부제로서, 앞으로 들어올 형제들을 염두에 두면서, 모든 형제들을 축복한다. "우스쿼 인 피넴"(usque in finem, 세상 끝날까지)이라는 표현은 「형제회 편지」 49, 「유언」 39, 「비인준 규칙」 16,21과 21,9, 「1보호자 편지」 13, 그리고 「수난성무일도」에도 나타난다. 또한 「비인준 규칙」 23,6-7에는 "현재 있고 앞으로 있을" 모든 성인들과 모든 범주의 사람들을 열거하고 있다. 따라서 「시에나 유언」의 첫 번째 문장은 대단히 전형적인 프란치스코의 문체이다. 두 번째 문장은 프란치스코가 "허약함과 병고"(infirmitas et debilitas)로 인해 편지를 쓰게 된 동기를 밝히고 있는 「2신자 편지」 3절을 상기시켜 준다9).

서로 간의 사랑, 거룩한 가난 부인을 지킴, 어머니이신 거룩한 교회의 고위 성직자들과 다른 모든 성직자들에 대한 충실은, 형제들이 프란치스코의 축복을 확인하기 위해 견지해야 되는 분명한 표지이다. 그리고 그에 대한 기억(memoria)은 어떤 유물 같은 형태가 되거나 또는 프란치스코라는 역사적 인물을 기리는 것이 아니라, 형제성과 가난과 교회 권위에 복종하는 가운데 구체화되는 복음적 삶을 실현시켜 나가는 것이다. 이 세 가지 개념은 모두 프란치스코가 다른 곳에서 표현한 것들과 일치한다. 「시에나 유언」을 전해 주는 이야기를 프란치스코의 다른 글들과 대조해 보면 이 이야기가 프란치스코의 고유한 표현들을 간직하고 있음을 알 수 있다. 예를 들면,

---

9) 참조: 「2신자 편지」 3: "그래서 내 육신의 허약함과 병고로 일일이 직접 방문할 수가 없음을 고려하여, 이 편지와 인편으로 아버지의 말씀이신 우리 주 예수 그리스도의 말씀과 영이며 생명인(요한 6,63) 성령의 말씀을 여러분에게 전하기로 마음을 먹었습니다".

"거룩한 부인이신 가난"(Domina sancta paupertas): 「덕들 인사」 2;

"고위 성직자"(praelatus): 「권고」 2(프란치스코가 드물게 사용한 표현이다);

"복종하는, 예속된"(subiecti, subditi): 「비인준 규칙」 16,6; 「2신자 편지」 47; 「덕들 인사」 16;

"어머니 교회"(mater ecclesia) 또는 "거룩한 교회"(sancta ecclesia): 「2성직자 편지」 13; 「권고」 26; 「비인준 규칙」 2,12.

그러나 더 중요한 것은 형제적 사랑, 가난, 교회에 대한 순종이다. "이들은 프란치스코 성인의 마지막 뜻을 평가하고자 할 때 최대한으로 유의해야 할 것들이다"10).

1.1.6. 「시에나 유언」과 긴 「유언」의 관계 및 그 특성11)

레만이 지적하는 바와 같이, 「시에나 유언」의 골자는 "서로 간의 사랑", "거룩한 가난 부인을 지킴", "교회의 모든 성직자들에 대한 순종"이라 할 수 있는데, 이를 더 간단히 요약하면, 사랑, 가난, 순종이라고 말할 수 있다. 「시에나 유언」의 이 세 가지 핵심은, 긴 「유언」의 내용들과 비교하면, 구체적이고 세부적인 표현 면에서는 여러 차이점들이 나타나면서, 동시에 전체적인 관점에서는 긴 「유언」의 중심 사상과 일치한다는 사실을 발견할 수 있다. 이를 도표로 간략히 정리하면 다음과 같다.

	「시에나 유언」	긴 「유언」
사랑	항상 서로 사랑함(3절)	그들(나병 환자들)에게 자비를 베풂(2절) 성당(십자가)에 대한 사랑(4-5절) 사제들에 대한 사랑(6-10절) 성체, 주님의 이름과 말씀, 신학자들, 말씀의 봉사자들에 대한 사랑(11-13절)

---

10) Esser, 『Gli Scritti』, 601.
11) 이 부분은 레만의 강의록에는 없으며, 옮긴이가 첨가한 것이다.

가난	거룩한 가난을 항상 사랑하고 지킴(4절)	안팎으로 기운 수도복과 띠와 속옷으로 만족하고 더 이상 가지기를 원치 않음(16-17절) 일을 하고 일을 배움(20-21절) 동냥함(22절) 가난한 거처와 나그네 같은 삶(24절) 교황청에 특권을 신청하지 않음(25절)
순종	교회의 고위 성직자들과 다른 모든 성직자들에게 충성을 다하고 그들의 발 아래 머무름(5절)	사제들을 주인처럼 두려워하고 사랑하며 존경함(8절) 모든 이에게 복종함(19절) 총봉사자와 수호자 형제에게 순종함(27·28, 30절) 성무일도를 읽어 줄 형제 한 명을 항상 모시기를 원함(29절) 성무일도를 바치지 않거나 가톨릭 신자가 아닌 형제들에 대한 순종의 의무들(30-33절)

　도표에서 보는 바와 같이, 주요 주제 면에서, 「시에나 유언」과 긴「유언」은 프란치스코의 일관된 뜻을 담고 있다. 그러나 「시에나 유언」에는 긴「유언」에서 감지하기 어려운 미묘하면서도 대단히 깊은 프란치스코의 뜻을 엿보게 해 주는 표현들이 있다. 두 가지를 지적하면 다음과 같다.

　첫째는 "서로 사랑하라"는 새 계명이다. 요한복음 저자는 공관 복음에서 가장 큰 계명으로 제시되고 있는 사랑의 이중 계명을 신학적으로 다시 반성하면서 "서로 사랑하라"는 새 계명으로 해석하고 있는데, 이 새 계명의 기준은 바로 그리스도께서 실천하신 사랑이다. 그리스도께서는 제자들에게 "내가 너희를 사랑한 것처럼"(요한 15,12) 사랑하라고 당부하시면서, 당신 제자들을 위해 십자가 위에서 자신의 목숨을 내놓고 돌아가셨다. 따라서 "내가 너희를 사랑한 것처럼 서로 사랑하라"는 새 계명은 근본적으로 자기 목숨을 내놓고 사랑하라는 과격한 의미를 담고 있다. 그리고 요한복음 안에서 이 새 계명은 그리스도께서 십자가에 돌아가시기 전에 제자들에게 유언으로 준 계명이다. 따라서 새 계명은 유언이라는 무게를 지니고 있기 때문에 그 의미와 가치가 그만큼 더 중대하다.

　요한복음 안에서 "서로 사랑하라"는 계명은 "서로 발을 씻어 줌"[12]과 밀접한 관계에 놓여 있다. 왜냐하면, 그리스도께서 제자들과 마지막 만찬을 드시면서 손수 제자들의 발을 씻어 주시며, 자신의 모범을 따르도록 가르치

---

12) 참조: 요한 13,14.

셨기 때문이다. 사실 요한복음 안에서 성찬례는 서로 발을 씻어 주는 사랑을 뜻한다. 이는 프란치스코에게도 마찬가지이다. 프란치스코는 그의 글에서 서로 발을 씻어 주라는 요한복음 말씀을 명시적으로 3번 인용하고 있고[13], 암시적으로도 1번 더 인용하고 있다[14]. 프란치스코에게 있어 그리스도를 따라 서로 사랑하라는 계명의 실천은 서로 발을 씻어 줌과 밀접하게 연결되어 있으며, 이는 "세퀠라 크리스티"(sequela Christi)의 탁월한 길 가운데 하나이다. 프란치스코는, 「시에나 유언」에서 첫 번째 유언으로, 새 계명을 그리스도가 변화되는 길로 제시해 주고 있는 것이다.

「시에나 유언」에서 볼 수 있는 고유한 표현은 "가난 부인"이다. 이 표현은 「덕들 인사」에서 한 번 더 나타나는데, 여기서 중요한 것은 프란치스코가 가난을 단순히 복음적 권고로만 이해하는 것이 아니라, 덕으로 인식하고 있고, 그것도 인격적 차원에서 바라보고 있다는 점이다. 「시에나 유언」에서와 마찬가지로 프란치스코는 「덕들 인사」에서 가난과 사랑 앞에 "도미나 상타"(Domina sancta)라는 인격적인 호칭을 사용하는데, 이는 프란치스코가 덕을 단순히 윤리적인 대상이 아니라 "인격적 존재"로 바라보고 있다는 사실을 암시하는 것이다. 그리고 "도미나"(Domina)를 형용사 "상타"(sancta)와 함께 쓰는 것은 프란치스코가 덕을 "도미누스"(Dominus)와 대등한 관계로 보고 있다는 것을 내포한다[15]. 프란치스코는 다른 덕들, 즉 단순성과 겸손과 순종에도 형용사 "상타"(sancta)를 사용하고 있는데, 그에 의하면, 거룩하신 분은 오직 하느님뿐이다[16]. 그런데 하느님에게만 사용할 수 있는 표현을 프란치스코가 덕에게 사용하고 있는 것은 「덕들 인사」에 나타나는 덕들이 신적이기 때문이다[17]. 이러한 사실은 프란치스

---

13) 참조: 「권고」 4,2.3; 「비인준 규칙」 6,4.
14) 참조: 「권고」 19,3.
15) 참조: Goorbergh-Zweerman, 『Respectfully yours: Signed and sealed, Francis of Assisi』, 145.
16) 참조: 「비인준 규칙」 23,9; 「2신자 편지」 62; 「하느님 찬미」 1.
17) 「덕들 인사」의 첫 부분에 나타나는 6개의 덕들은 그리스도의 덕들을 의미한다. 「덕들 인사」 1에서 프란치스코는 "지혜"(sapientia)에게 "여왕"(regina)이라는 호칭을 사용하는데, 이 호칭은 「덕들 인사」에 나오는 덕들에 대한 다른 호칭들, 즉 "거룩

코가 덕에게 "상투스"(sanctus)의 최상급을 사용하고 있는 「덕들 인사」 4절의 "지극히 거룩한 덕들"(sanctissimae virtutes)이라는 표현으로 더 분명해진다: "지극히 거룩한 덕들이여, 주님께서 당신으로부터 흘러나오는 여러분 모두를 지켜 주시기를"(Sanctissimae virtutes, omnes vos salvet Dominus, a quo venitis et proceditis).

프란치스코의 글에서 "상투스"(sanctus)의 최상급 표현은 51번 나타나는데, 이 가운데 21번은 그리스도의 몸과 피를 지칭하고[18], 18번은 삼위일체

한 귀부인"(Domina sancta)이나 "자매"(soror)보다 더 높은 호칭이다. 프란치스코가 "지혜"에게 가장 높은 호칭을 사용하는 것은 "지혜"가 그리스도로서 아버지 하느님의 참된 지혜(「2신자 편지」 67)이기 때문이다. 그러나 프란치스코는 단순함을 "여왕"의 자매라 부르고, 겸손과 순종은 "거룩한 귀부인"의 자매라 부르면서 모든 덕을 "거룩한" 인격적 존재로 대등하게 위치시키고 있다. 이는 프란치스코가 「덕들 인사」에서 모든 덕을 그리스도의 덕으로 찬미하면서 존재론적으로 관상하고 있다는 사실을 드러내 주는 것이라 하겠다.

「덕들 인사」가 그리스도의 신비를 찬미한 신비적 시라는 사실은, 테오 즈베이르만(T. Zweerman)이 지적하는 바와 같이, 이 시 전반에 걸쳐 여러 차례 나타나는 알파와 오메가를 통해서도 간접적으로 나타나고 있다(참조: Goorbergh-Zweerman, 『Respectfully yours: Signed and sealed, Francis of Assisi』, 146). 우선 이 기도문은 "아베"(Ave)로 시작하여 "도미노"(DominO)로 끝나 첫 낱말과 끝 낱말 안에 알파와 오메가가 들어 있고, 이 시에서 찬미되는 6개의 덕들 중 첫 번째 덕인 "지혜"(SApienza)와 마지막 덕인 "순종"(Obedientia)에도 알파와 오메가가 들어 있다. 그리고 이 시의 전반부에서 덕에게 인사하는 1-4절의 동사는 모음 "A"로 시작되는 "살베트"(sAlvet, '인사하다'를 뜻함)이며, 후반부의 덕들의 활동을 노래하는 8-14절의 동사는 모음 "O"로 시작되는 "콘푼디트"(cOnfundit, 당황하게 하다)로 이 두 동사는 알파와 오메가를 암시하는 동사들이다. 그리고 6절에서는 동사가 habet/ offendit/ habet 순서로 나타나고 7절에서는 반대로 offendit/ habet/ offendit로 나타나 모음 "A"와 "O"가 교차로 나타나면서 알파와 오메가를 암시한다. 이와 같이 이 시에는 알파와 오메가이신 그리스도가 전체적인 시적 구조 안에 숨겨져 있어 이 시에서 노래된 덕들이 그리스도임을 암시하고 있다.

프란치스코는 이 신비적인 시를 통해 육화부터 십자가에서의 죽음까지 그리스도의 지상에서의 전 생애 안에 담겨 있는 덕을 찬미하고 있다. 1절의 지혜와 단순은 육화의 신비를, 2절의 가난과 겸손은 지상 생활의 신비를, 3절의 사랑과 순종은 십자가의 신비를 암시한다. 이러한 내용적 구조는 육화의 신비(4절)와 지상 생활의 가난(5절)과 사랑과 순종 안에서 조명된 수난의 신비(6-11절)를 특별히 강조하고 있는 「2신자 편지」 1-11과 병행을 이루고 있어 이러한 해석을 뒷받침해 준다.

18) 두 번은 미스테리움(mysterium)으로 나타나는데 모두 성체를 의미한다(참조:「유언」 12;「2성직자 편지」 4).

하느님을 지칭한다. 그 밖에 하느님이나 그리스도와 직접적으로 관계된 경우는 7번인데, 하느님의 말씀에는 2번(「권고」 20,1: sanctissimi eloquiis;「유언」 13: sanctissima verba), 하느님의 이름에는 1번(「유언」 12: sanctissima nomina), 주님의 계명에는 2번(「수난성무」 7,8; 15,13: sanctissima praecepta), 삼위일체 하느님의 축복에는 1번(「유언」 41: sanctissimam benedictionem), 그리스도와 마리아의 삶에는 1번(「마지막 원의」 2: sanctissima vita) 사용된다19). 이 7번은 모두 내용적으로 하느님을 수식하고 있다. 이 최상급이 하느님 이외에 사용된 경우는 덕과 함께 사용된 2번을 제외하면(「인준 규칙」 5,5;「덕들 인사」 4), 마리아(「마지막 원의」 1), 마리아의 태중(「형제회 편지」 21: sanctissimo utero), 그리고 성사직(「2성직자 편지」 4)20)에 각각 1번씩 쓰이고 있다. 그러나 프란치스코가 성사직에 최상급을 사용한 것은 그리스도의 몸과 피의 성사와 직접적으로 관계되어 있기 때문에 이 최상급은 내용적으로는 그리스도의 몸과 피를 수식한다고 말할 수 있고, 마리아의 태중도 그리스도가 거처함으로써 거룩해진 것이기에 최상급은 그리스도를 수식하는 것이라 이해할 수 있다. 그리고 마리아에게 최상급을 사용한 것도 그리스도와 하느님의 어머니이기 때문이다.

이상과 같이 하느님과 직접적인 관계 안에서만 프란치스코가 "상투스"(sanctus)의 최상급을 사용하고 있기 때문에, 예외적으로 두 번 덕에게 적용한 최상급도 하느님과 밀접한 관계 안에서 이해할 필요가 있다. 프란치스코가 오상을 받은 뒤 작성한 「하느님 찬미」에 의하면, 덕은 하느님의 이름이고 하느님의 본질적 속성인데, 이 덕을 "존재론적 덕"이라 규정하고자 한다.「덕들 인사」 4에서 "상투스"(sanctus)의 최상급을 적용하여 표현된 "지극히 거룩한 덕"은 바로 이러한 존재론적인 덕을 의미하는 것이며, 「시에나 유언」에 나타나는 "거룩한 가난 부인" 또한 존재론적인 덕으로서의 가난을 뜻하는 것이다.

---

19) 이 경우는 그리스도와 마리아의 삶을 동시에 지칭하고 있다.
20) 「2성직자 편지」 4의 이 구절과 병행을 이루는 「1성직자 편지」 4에는 상티씨마 미스테리아(sanctissima mysteria)로 나타난다.

1.2. 「성녀 클라라에게 보낸 마지막 원의」

"유언" 문학 양식에는 「클라라의 수도규칙」(1253) 제6장에 들어 있는 쪽지 글도 속한다고 볼 수 있는데, 이는 다음과 같다:

"⁶그리고 우리는 우리 뒤에 들어올 자매들도 우리가 받아들인 지극히 거룩한 가난에서 벗어나지 않도록 하기 위해 세상을 떠나기 조금 전에 당신의 마지막 뜻을 다음과 같이 말씀하며 다시금 우리에게 글로 남겼습니다. ⁷'보잘것없는 나 프란치스코 형제는 지극히 높으신 우리 주 예수 그리스도와 그분의 지극히 거룩하신 어머니의 생활과 가난을 따르기를 원하며, 끝까지 그 생활 안에 항구하기를 원합니다. ⁸그리고 나의 자매 여러분, 나는 여러분에게 간청하고 또 권고하니, 늘 지극히 거룩한 이 생활과 가난 안에 살아가십시오. ⁹그리고 누구의 가르침이나 권고로 이 생활을 결코 떠나지 않도록 영원토록 온갖 조심을 다하십시오'"(「클라라 유언」 6,6-9).

1.2.1. 친저성

이 글의 친저성은 클라라가 그녀의 유언을 통해 확인해 주고 있다. 첼라노(참조:『2첼라노』204) 또한 프란치스코의 생애를 회상하면서 이 글을 부분적으로 인용하고 있다. 클라라가 그녀의 수도규칙을 작성하기 이전에 먼저 첼라노가『제2생애』를 기록했기 때문에, 첼라노는 프란치스코가 죽음에 임박했을 때 이미 "가난한 자매들"에게 보낸 프란치스코의 쪽지 글을 알고 있었을 것이다. 다음과 같은 내적인 근거들 또한 이 글의 친저성을 확인해 준다:

"보잘것없는 프란치스코 형제"(frater Franciscus parvulus): 참조:「1보호자 편지」1;「형제회 편지」3;「백성 편지」1;「유언」34.41

"예수 그리스도의 삶과 가난"(vitam et paupertatem Jesu Christi): 참조:「비인준 규칙」9,1;「인준 규칙」1,1

"끝날까지 항구하십시오"(perseverare usque in finem): 「2신자 편지」 48.88; 「형제회 편지」 10; 「비인준 규칙」 16,21; 21,9; 참조: 「비인준 규칙」 23,7

1.2.2. 작성 연대

작성 연대와 관련하여 『2첼라노』 204에는 "죽음이 가까이 오자"(cum morti proximus esset)라고 언급되어 있고, 클라라는 그녀의 수도규칙에서 "세상을 떠나기 조금 전에"(paulo ante obitum suum)라고 쓰고 있으며, 에서는 하르딕(L. Hardick)의 영향 아래 "1226년 9월 말/10월 초"라고 결론을 내린다[21]. 그러나 이러한 연대 추정은 그렇게 확실한 것 같지 않다. 왜냐하면 프란치스코가 여러 차례 "죽음에 임박한" 상태(『2첼라노』 204)에 있었고, 클라라의 "조금 전에"(paulo ante)라는 표현도 유동적인 어휘이기 때문이다. 프란치스코가 그의 생애 마지막 두 주간에 클라라에게 두 개의 편지를 썼다고, 정말 그렇게 여길 수 있겠는가? 잠시 후에 보겠지만, 프란치스코의 생애 마지막 무렵에 「성녀 클라라에게 보낸 축복」도 있다.

아무튼 쪽지 글 「마지막 원의」가 긴 「유언」 전에 쓰여졌는지 아니면 후에 쓰여졌는지에 대해서는 정확하게 말할 수가 없다. 그러나 「마지막 원의」는, 이 유언이 쓰여진 시기나 배경과 마찬가지로, 형태["그리고"(et)가 3번 나타난다]나 내용 면에서 긴 「유언」과 유사하다.

1.2.3. 제목과 내용

이 글의 제목은 클라라나 프란치스코 자신에게까지 거슬러 올라간다: "… 우리에게 당신의 마지막 뜻을 … 글로 남기셨습니다"(「클라라 규칙」 6,3). 프란치스코의 전형적인 행동 방식은 그 자신이 실행하기를 바라지 않는 것은 다른 사람들에게도 요구하지 않는다는 것이다(참조: 「유언」 20.27-30). 이 글에서 프란치스코는 무엇보다도 예수의 삶과 가난을 따르고

---

21) L. Hardick, 「Zur Chronologie im Leben der hl. Klara」, 『FranzStud』 35(1953), 174-210; K. Esser, 『Gli scritti』, 587.

이 안에 항구하게 머물 것을 제안한다. 그리고 그의 "귀부인"들인 자매들에게 이를 똑같이 실천할 것을 요청한다(명하는 것이 아니다!). 마치 가난에 대한 후대의 변명이나 논쟁을 미리 느낀 것처럼, 프란치스코는 이러한 이상으로부터 멀어지지 않도록 유의하도록 한다. 소위 "좋은 권고들"이나 아니 신학적 가르침들이 오히려 예수와 성모 마리아의 가난과 엄격한 삶을 완화시키는 위험한 것들이 될 수 있다는 것이다(참조:「비인준 규칙」9,5). 그리고 사실 클라라 자신도 "가난의 특전" 때문에 투쟁해야 했다[22].

예의 바른 간청의 자세로, 자매들을 "부인들"이라고 부르면서, 프란치스코는 대단히 민감하게 여성들을 대하고 있다: "로고 보스, 도미나스 메아스, 에 콘실리움 도 보비스"(Rogo vos, dominas meas, et consilium do vobis, 나의 자매 여러분, 여러분에게 간청하고 또 권고합니다). 프란치스코는 또한 예수의 어머니를 봉쇄생활을 하는 가난한 부인들의 모델로 제시한다.

1.2.4.「마지막 원의」와 긴「유언」의 관계 및 그 특성[23]

클라라 자매에게 보낸 이 간략한 유언에서 프란치스코가 강조하는 점은 예수 그리스도의 삶과 가난을 끝날까지 잘 따르라는 것으로, 이 두 가지는 긴「유언」에서도 확인해 볼 수 있는 주제이다.

긴「유언」에서 프란치스코는 "주님께서 나에게 몇몇 형제들을 주신 후 내가 해야 할 일을 아무도 나에게 보여 주지 않았지만, 지극히 높으신 분께서 친히 나에게 거룩한 복음의 양식에 따라 살아야 할 것을 계시하셨습니다. 그리고 나는 그것을 몇 마디 말로 단순하게 기록하게 했고, 교황 성하께서 나에게 확인해 주셨습니다"(「유언」14-15). 이 유언에서 언급되고 있는 "거룩한 복음의 양식"은, 클라라 자매에게 보낸「마지막 원의」에 언급되어 있는 "예수 그리스도의 삶"과 본질적으로 같은 의미를 지니고 있다. 프란치스코는「비인준 규칙」에서 작은 형제들의 삶을 "우리 주 예수 그리스도의 가르침과 발자취를 따르는 것"(「비인준 규칙」1,1)이라고 규정하고 있고[24],

---

22) 참조: M. Bartoli, 『Chiara d'Assisi』, Roma, 1989, 77-101.
23) 이 부분은 레만의 강의록에는 없으며, 옮긴이가 첨가한 것이다.

이 구절은 「인준받은 수도규칙」 1,1에서는 "우리 주 예수 그리스도의 거룩한 복음을 실천하는 것"으로 표현되어 있다. 성녀 클라라는 「인준 규칙」의 이 구절을 자신의 수도규칙에서 그대로 인용하고 있다: "복된 프란치스코가 창설한 가난한 자매회의 생활 양식은 이러합니다. 즉, 순종 안에, 소유 없이, 정결 안에 살면서 우리 주 예수 그리스도의 거룩한 복음을 실행하는 것입니다"(「클라라 규칙」 1,1-2). 지금까지 인용한 세 수도규칙을 종합하면, 프란치스코에게 작은 형제들과 자매들의 삶은 거룩한 복음을 사는 것이고, 이는 곧 예수 그리스도의 거룩한 복음을 실천하는 것, 즉 그리스도의 가르침과 발자취를 따르는 것이다. 이 복음의 삶을 프란치스코는 클라라 자매들에게 그들의 공동체 초기에 생활 양식으로 규정해 주고[25], 또 죽기 전에 다시 한 번 확인해 준다. "거룩한 복음의 삶"은 프란치스코가 형제회 창설 초부터 죽기까지 "수도규칙들"과 "유언들"을 통해 강조하고 또 강조한, 작은 형제들과 자매들의 삶의 핵심에 자리하고 있는 주제이다.

프란치스코가 의미하는 "거룩한 복음의 삶"에 대한 보다 구체적인 설명은 「비인준 규칙」 1,2-3에 나타나 있는데, 이 구절들은 프란치스코가 회개 초기에 하느님의 계시로 받았던 성경 구절들로 짜여져 있다[26]. 이 설명의

---

24) 「비인준 규칙」 1,1에는 다음과 같이 기록되어 있다: "이 형제들의 수도규칙과 생활은 순종 안에, 정결 안에, 소유 없이 살면서 우리 주 예수 그리스도의 가르침과 발자취를 따르는 것입니다". 이 부분에 나타나는 복음 권고는 교황청의 요청에 의해 추가된 것으로 학자들은 보고 있다.
25) "여러분은 하느님의 영감으로 지극히 높으시고 지존하신 임금님, 천상 성부의 딸과 여종들이 되셨고, 거룩한 복음의 완덕을 따라 사는 것을 택함으로써 성령의 정배들이 되셨기에, 나는 직접 그리고 나의 형제들을 통하여 나의 형제들에게 가지고 있는 만큼 여러분에 대해서도 애정 어린 보살핌과 특별한 관심을 늘 가질 것을 바라고 약속합니다"(「클라라와 그의 자매들에게 준 생활 양식」).
26) "[2]주님께서 말씀하십니다. 네가 완전한 사람이 되려거든, 가서 가진 것을 다 팔아 가난한 이들에게 나누어 주어라. 그러면 하늘에서 보물을 차지하게 될 것이다. 그리고 와서 나를 따라라"(마태 19,21; 참조: 루카 18,22). "[3]또 누구든지 내 뒤를 따라오려면, 자신을 버리고 제 십자가를 지고 나를 따라야 한다"(마태 16,24). "[4]마찬가지로, 누구든지 나에게 오면서 자기 아버지와 어머니, 아내와 자녀, 형제와 자매, 심지어 자기 목숨까지 미워하지 않으면, 내 제자가 될 수 없다"(루카 14,26). "[5]또 나 때문에 아버지와 어머니, 형제나 자매나 아내나 자녀, 집이나 토지를 버린 사람은 백배의 상을 받고, 또 영원한 생명을 얻을 것이다"(마태 19,29; 마르 10,29; 참조:

핵심은 "페르펙투스 에쎄"(perfectus esse, 완전해짐)이고, 이는 "세퀠라 크리스티"(sequela Christi, 그리스도의 추종)의 자연스런 귀결이요 열매이다.

「마지막 원의」와 긴 「유언」의 또 다른 공통점은 "가난"에의 권고로 예수 그리스도의 가난에 대해서는 이미 앞에서 언급하였다.

작은 형제들과 자매들에게 각각 남겨 준 두 유언 사이에는 이러한 공통점 이외에 차이점도 또한 발견된다. 「마지막 원의」는 자매들에게 준 유언이기에 그리스도의 삶과 가난에 자매들의 또 다른 모범으로 마리아의 삶과 가난이 추가되어 있다.

이외에 「마지막 원의」에는 프란치스코가 남겨 준 여러 유언들 중에서 이 유언에서만 볼 수 있는, 결코 간과해서는 안 되는, 중요한 내용이 들어 있다. 이는 3절에 다음과 같이 표현되어 있다: "누구의 가르침이나 권고로 이 생활을 결코 떠나지 않도록 영원토록 온갖 조심을 다하십시오". 이 구절에 나타나는 인칭대명사 "누구"가 누구를 지칭하는지 프란치스코의 글을 통해서는 명확하게 알 수 없지만, 학자들은 여기에 우골리노 추기경이 포함된다고 해석하고 있다. 왜냐하면, 성녀 클라라는 성 프란치스코를 스승으로 여기고 프란치스코의 카리스마를 자신의 카리스마로 따라가고자 하였으나, 그 당시 형제회 보호자 추기경이었던 우골리노가 성 다미아노 공동체에 수도규칙을 작성해 주면서 자신이 창설하려던 수도회에 다미아노 공동체를 포함시키고자 하였기 때문이다[27]). 이 구절을 통해 우리는 프란치스코가 하느님으로부터 받은 성녀 클라라의 카리스마를 지켜 주기 위해 죽기 전까지 노심초사했음을 알 수 있는데, 카리스마는 하느님으로부터 유래하는 신

루카 18,29).
27) 우골리노 추기경은 그 당시 페루자, 시에나, 피렌쩨, 루카 등 여러 도시에서 베네딕토 수도규칙을 따르기를 원치 않으면서 병자들이나 가난한 자들을 돌보며 살아가던 여성들의 공동체를 위해 "우골리노 수도규칙"을 작성해 주었고, 그렇게 우골리노 추기경은 자신의 수도회를 창설하고자 하였다. 그리고 그는 제4차 라테라노 공의회 결정에 따라 새로운 수도규칙을 가질 수 없는 "성 다미아노 공동체"도 자신이 세우는 수도회에 편입시키고자 하였다.

적인 것이기에, 카리스마를 지키기 위해서 추기경의 가르침이나 권고조차도 따르지 말기를 성녀 클라라에게 간곡히 권고한 것이다. 프란치스코는 여기서 "온갖 조심을 다하라"는 표현을 사용하고 있다. 이 구절은 사실상 카리스마를 지키기 위해서 추기경에게조차 순종하지 말라는 강한 권고이다. 이러한 권고는 「시에나 유언」이나 긴 「유언」에서 볼 수 있는 성직자들에 대한 거의 절대적인 순종과는 상충되는 권고이어서 그만큼 더 중대한 의미를 지닌다 하겠다.

1.3. 성녀 클라라와 그의 자매들에게 보낸 축복

두 개의 『완덕의 거울』(『큰 거울』 108; 『작은 거울』 18)과 『아씨시 편집본』은 우리에게 프란치스코가 죽기 전 마지막 주간에 클라라에게 편지 하나를 써 보냈다고 이야기하고 있다.

> "프란치스코가 임종한 주간에 클라라 자매는 … 대단히 심하게 아팠다. 프란치스코보다 먼저 죽게 될까 두려워 슬피 울면서, 그녀는 … 하느님 외에 그녀의 유일한 스승인 프란치스코를 다시 볼 수 없다는 것을 도저히 받아들일 수가 없었다. 한 형제를 통해 이를 프란치스코에게 알렸고, 성인은 이를 듣자 감동을 받았다. 왜냐하면, 그녀와 자매들의 거룩한 삶을 보면서 성인이 부성적 사랑으로 그들을 사랑했기 때문이다. … 그러나 프란치스코는 둘 다 심하게 아팠기 때문에 그녀가 바라는 것이 그 당시에는 이루어질 수 없다는 것을 알았다. 그래서 성인은 그녀를 위로하기 위하여 편지를 통해 그녀에게 자신의 축복을 보냈고, 그가 보낸 규정들과 권고들 그리고 하느님 아들의 규정들과 권고들을 거슬러 범했을 모든 잘못들을 용서해 주었다. 그녀가 모든 슬픔을 이겨내도록 그녀를 도와주고 주님 안에서 그녀를 위로해 주고자, 프란치스코는 클라라가 그에게 보낸 형제에게 다음과 같이 말하였다: '가서 클라라 자매에게 이 편지를 전해 주십시오. 지금 나를 볼 수 없다고 괴로워하지 말라고 그녀에게 말하십시오. 그녀가 죽기 전에 그녀는 물론이고 자매들도 나를 보게 될 것이고 큰 기쁨을 누릴 것이라고 알려 주십시오.'"(『아씨시 편집본』 13; 『작은 거울』 18; 참조: 『큰 거울』 108).

프란치스코가 죽은 뒤에 클라라가 그를 다시 한 번 더 볼 것이라는 프란치스코의 약속으로부터, 이 위로의 편지가 죽기 직전에 쓰여지지 않았을까 추론해 볼 수 있다. 프란치스코는 그의 "작은 나무"에 대해 책임감을 느끼고 있었고, 다음과 같이 오래전에 했던 약속을 지키고자 했다:

"나는 직접 그리고 나의 형제들을 통하여 나의 형제들에게 가지고 있는 만큼 여러분에 대해서도 애정 어린 보살핌과 특별한 관심을 늘 가질 것을 바라고 약속합니다"(「클라라 생활 양식」 2; 「클라라 규칙」 6,4).

"클라라에게 보낸 편지"의 요약 내용은 에써의 비판본에서는 「클라라에게 보낸 축복」이란 이름으로 "받아쓴 글들" 사이에 들어가 있다[28]. 이 글에는 최종적인 규정이나 뜻이 포함되어 있지는 않지만, 프란치스코가 "성 다미아노의 가난한 여인들"을 죽을 때까지 보살펴 주었던 부드러운 배려의 마음이 표현되어 있다.

1.4. 베르나르도 형제에게 준 축복

이 축복은 여러 증언을 통해 대단히 일관적인 형태로 우리에게 전해졌다: 『아씨시 편집본』 12(『페루자 전기』 107); 『큰 거울』 107; 『작은 거울』 17; 안젤로 클라레노의 『일곱 가지 고통의 역사』 II, 1 등등[29]. 마리노 비가로니(Marino Bigaroni)가 편집한 『아씨시 편집본』에 나오는 이야기는 다음과 같다:

"그래서 베르나르도 형제가 성인께 더 가까이 다가섰더니, 당신 손을 그의 머리에 얹고 그를 축복하였다. 그러고 나서 동료 중 하나에게 말하였다: '내가 말하는 대로 기록하십시오. 주님께서 나에게 주신 첫 번째 동료는 베르나르도 형제였습니다. 이 형제는 자신의 모든 재산을 가난한 사람들에게 나누어 준 후, 첫째로 복음의 완덕을 포옹하고 이를 온전히

---

28) 참조: K. Esser, 『Gli scritti』, 592.
29) 참조: K. Esser, 『Gli scritti』, 589-591.

서약했습니다. 이 때문에 그리고 다른 여러 가지 이유로, 나는 우리 형제회의 다른 모든 형제들보다 그를 더 사랑합니다. 그래서 누가 총봉사자가 되든, 그를 사랑하고 나처럼 존경하기를, 할 수 있는 한, 나는 바라고 또한 명합니다. 이와 같이 형제회의 다른 모든 봉사자들과 형제들도 그를 나처럼 대하십시오'"(『아씨시 편집본』 12).

프란치스코가 불러 준 이 글은 일관되고 통일된 전승 때문에, 에써는 이를 "받아쓴 글들" 가운데 하나로 분류하면서, 그의 비판본에 포함시켰다30). 에써는 또한 이 글과 프란치스코의 「유언」 사이의 언어적 유사성을 밝혀낸다. 그리고 원천들이 하나같이 「베르나르도 축복」을 세테솔리의 야고바 부인의 포르찌운쿨라 방문과 관련시키는 것을 보면, 이 글은 프란치스코가 그의 생애 마지막 주간에 죽어가면서 받아쓰게 한 것 같다.

1.5. 포르찌운쿨라를 위한 유언?

사바티에(Sabatier)는, 프란치스코가 포르찌운쿨라를 위해 유언을 하나 특별히 작성했다고 믿었는데, 그 이후 이 문제는 잠잠하지를 않았다. 괴츠(Goetz)는 『완덕의 거울』(즉 사바티에가 발견한 『큰 거울』)에 따라 우리가 일반적으로 알고 있는 「유언」과 다른 또 다른 **유언**을 프란치스코가 썼다는 사실을 받아들이면서, 동일한 **유언**에 대한 두 개의 다른 판일 가능성은 부인될 수 있다고 여겼다31). 에써는 이 문제를 다시 논의하고 그때까지 이루어진 모든 제안들을 철저히 검토하면서, 14-15세기의 원천들에 나타나는 이와 관련된 구절들을 – 별로 명쾌하지 않은 방식으로 – 대조하면서 "포르찌운쿨라를 위한 유언"에 관한 이야기에 이 문헌이 실제로 프란치스코에게까지 거슬러 올라간다고 믿을 만한 여러 요소들이 차츰차츰 소개되어 들어오게 되었다고 결론을 내린다. "나의 견해로, 이 경우는 전설이 생겨나는 전형적인 한 예이고, 그 출발점은 성 보나벤투라(1221-1274)의 『대전기』에서

---

30) 참조: K. Esser, 『Gli scritti』, 590.
31) 참조: W. Goetz, 『Quellen』, 13; 참조: K. Esser, 『Il testamento』, 45s.

찾을 수 있을 것 같다. 그는 다음과 같이 기록하고 있다. '이 장소는, 프란치스코가 죽을 때에, **동정녀**께 가장 사랑스러운 장소로서 형제들에게 맡겨졌다'(『대전기』 II, 8). 우리에게 전해진 이러한 **위탁**의 글은 후대에 만들어진 편집으로 거부되어야 한다. 보나벤투라, 레오 형제 그리고『작은 거울』을 보면, 프란치스코가 생애 마지막 무렵 형제들에게 계속해서 포르찌운쿨라를 부탁했을 것이라는 사실을 물론 받아들일 수 있다. 그러나 원천에 대한 오늘날의 연구를 바탕으로 바라보면, 이러한 **위탁**이 글로 분명하게 쓰여졌다는 증거는 제시할 수 없다. 그리고 혹시 그렇게 쓰여졌다 하더라도 이러한 종류의 글은 남아 있는 것이 하나도 없다. 따라서 우리에게 전해진 이러한 형태는 불확실한 것으로 거부되어야 한다"[32].

II. 「유언」의 친저성

2.1. 진위의 논란

프란치스코의 삶과 사상에 관한 문헌들 가운데에 학자들의 지대한 관심을 불러일으키는 두 개의 문헌이 있는데, 이는「수도규칙」과「유언」이다. 호노리오 3세가 1223년 11월 29일「수도규칙」을 인준해 준 칙서「솔레트 안누에레」(Solet annuere)는 그 원문이 지금까지도 보존되어 있기 때문에,「수도규칙」의 친저성은 확실하지만,「유언」의 친저성은 여러 차례 의문이 제기되었다.

「유언」의 친저성에 대해 처음으로 의문을 제기했던 자들은 칼 하제(Karl Hase)와 에르네스트 르낭(Ernest Renan)이었다[33]. 하제는, 유언에 대해 증언하고 있는『1첼라노』17의 가치를 부인할 수 없었기 때문에 유언의 존재를 인정하였으나, 여러 가지 내적 비판으로 인해, 현재의「유언」이 비

---

32) K. Esser,『Il Testamento』, 53-55.
33) 참조: K. Hase,『Franz von Assisi. Ein Heiligenbild』, Leipzig, 1856, 136; E. Renan,「Joachim de Flore et l'evangile éternel」,『Nouvelles études d'histoire religieuse』, Paris, 1884, 247.

록 원래 유언과 공통적인 진술들을 갖고 있다 하더라도, 현재 상태의「유언」은 거부해야 한다고 믿었다. 하제에게 현재의「유언」은, 틀림없이, 죽음에 임박해서 표현한 마지막 뜻이 아니며, 따라서 원래 유언인지 의심스럽고, 잘 알려져 있고 친저성이 확실한 표현들을 서투르게 수집한 것에 지나지 않는다. 르낭은「유언」에서 파르마의 요한이 총장(1247-1257)으로서「수도규칙」을 엄격하게 준수하도록 형제회를 이끌고자 했던 시대에 나타난 오류를 본다. 이러한 맥락에서,「유언」은「수도규칙」에 더 많은 힘과 권위를 주었을 것이다.

반면에 폴 사바티에(Paul Sabatier, 1858-1928)는「유언」에서 "반박할 수 없는 친저성의 이유"를 밝혀냈다[34]. 여러 가지 내적인 비판을 근거로 사바티에는 하제가 제기한 의문들을 증거가 없는 것으로 반박하였으며, 다음과 같은 외적인 이유들도 그 근거로 제시하였다:「유언」은『1첼라노』(1229),『세 동료 전기』(1246년이나 그 이후) 그리고『2첼라노』(1248)에서도 인용되고 있다. 사바티에는 이러한 충분한 증거에 1230년 9월 28일자로 발표된「쿠오 엘롱가티」(Quo elongati) 칙서의 증언을 덧붙이는데, 이 칙서에서 그레고리오 9세는, 형제들은 유언의 준수에 매여 있지 않다고 선언하면서,「유언」을 글자 그대로 인용한다. 따라서「유언」이 파르마의 요한 총장기 때 생겨난 위작이라는 주장은 지지될 수가 없다.

사바티에가「유언」을 때로는 지나치게 평가하면서 칭송한 이후, 친저성의 문제를 올바른 비판 방법을 통해서 차분하게 검토한 사람은 발터 괴츠이다[35]. 괴츠는 수사본들과 초기 원천에 들어 있는「유언」인용문들을 모으면서 **외적 증거들**을 정밀하게 검토하고,「유언」의 문제와 내용을 연구하면서 **내적 증거들**을 강조한다.

결론:「유언」은 프란치스코의 다른 글들보다 더 확실한 글이며, 그의 "소품들"에 대한 친저성 연구에 있어 기점이 되어야 한다.

---

34) 참조: P. Sabatier,『Vie de saint François d'Assise』, Paris, 1894, 385.
35) 참조: W. Goetz,『Quellen zur Geschichte des hl. Franz von Assisi』, Gotha, 1904, 11-13.

괴츠의 연구로 말미암아 「유언」은 1904년 레멘스(L. Lemmens, OFM)와 뵈머(H. Boehmer)가 편집한 프란치스코의 글 비판본에서 유보 없이 받아들여졌다36). 뵈머는 45개의 수사본을 나열하는데, 이는 콰라치(Quaracchi)의 비판본보다 훨씬 많은 수이며, 이 가운데 5개는 영국과 아일랜드에서 유래된 수사본이다.

2.2. 비판본을 결정하기 위한 원칙들

많은 양의 수사본을 가장 깊고 자세하게 분석한 연구는 1949년 「유언」에 관한 연구로 교회사 박사 학위를 받은 카예탄 에써(Kajetan Esser)에 의해 이루어졌다37). 이 연구에서 에써는 「유언」을 라틴어로 전해 준 사본 79개, 이탈리아어(16개)나 독일어(5개) 또는 영어(1개)로 번역된 사본 22개를 열거한다. 이 가운데서 에써는 97개의 사본을 사용하고, 그중에는 아씨시 "사크로 콘벤토"에 보관되어 있는 『아씨시 사본 338』도 포함되어 있다38).

에써는 『아씨시 사본』을 기본으로 삼고, 여기에서 출발하여 다른 사본들에 있는 모든 변형들을 밝혀 놓는다. 본문이 어떻게 발전되어 왔는지를 보기 위해서는 한 사본과 다른 사본의 종속 관계를 밝힐 필요가 있다. 이러한 사본 계보를 만들기 위해 에써는 몇 가지 기준을 적용한다.

형제들은 「유언」을 베껴 쓰면서 많은 경우 이전의 사본만을 사용하는 것이 아니라, 매주 정기적인 독서를 통해 이미 본문을 알고 있기 때문에 자신들이 기억하고 있는 것들을 이용하기도 한다. 에써는 처음으로 「유언」의 본문 역사를 정밀하게 밝혀 놓았다. 그에 의하면, 본문의 변화 과정은 다음과 같은

---

36) 참조: L. Lemmens, 『Opuscula s. Patris Francisci Assisiensis』, Quaracchi, 1904 ; H. Boehmer, 『Analekten zur Geschichte des Franciscus von Assisi』, Tübingen, 1904.
37) 참조: K. Esser, 「Das Testamen des hl. Franziskus von Assisi. Eine Untersuchung über seine Echtheit und Bedeutung」, 『Vorreformationsgeschichtliche Forschungen』 15, Münster i. w., 1949.
38) 각 사본들과 이 사본들의 약어는 에써의 다음 저서를 참고할 수 있다: K. Esser, 『Das Testament』, 18-27; 참조: K. Esser, 『Gli scritti』, 49-58.

원칙을 따른다.
(1) 이미 알고 있는 비슷한 글들이 본문에 미치는 영향: 「유언」의 본문은 「유언」 자체나 「인준 규칙」 또는 형제회 내에 알려져 있는 다른 글들에서 온 비슷한 형태들에 의해 영향을 받는다.
(2) 프란치스코의 말씨를 고침으로써 본문에 미치는 영향: 프란치스코는 올바른 라틴어를 쓸 수 있을 정도로 문장 교육을 받은 사람이 아니었다. 따라서 그의 라틴어는 민중어에 가까웠다. 필사자들은 오류들을 바로잡고 프란치스코의 경직된 라틴어를 부드럽게 바꾼다.
(3) 이론적 성찰이 본문에 끼치는 영향: 프란치스코는 법학자가 아니었다. 그랬다면, 「유언」을 다른 형태로 작성했을 것이다. 형제회 지휘를 사임한 이후 프란치스코는 더 이상 "단호하게" 그리고 "순종으로" 명할 수 없었다. 그래서 수사본 전승은 보다 더 단순한 해결책을 선택하고 프란치스코의 법적 지위와 반대되는 표현들은 삭제한다. 따라서 본문 변화와 관련하여 다음과 같은 기준을 말할 수 있다: 신학적이고 교회법적인 표현들이 정확하고 적합하면 할수록, 그만큼 더 원문과는 거리가 멀어지게 된다.
(4) 역사적 반성이 본문에 미치는 영향: 후대 필사들이 역사적 지표를 알지 못하거나 또는 역사적 발전을 정당화하기 위해 본문을 바꾸기도 했다.
(5) 해석적 첨가를 통한 본문 형태의 변경: 일부 필사자들은 생각의 전개를 유려하거나 명확하게 하고자 한다. 그래서 뭔가를 덧붙인다. 예를 들면, 5절의 "지극히 거룩하신 주 예수 그리스도" 가운데 "지극히 거룩하신".

에써는 자신의 비판본을 위해 다음과 같은 법칙을 정해 놓았다: 어떤 한 사본에 있는 「유언」의 표현에 지금까지 열거한 원칙들의 영향이 적게 나타날수록 그만큼 더 오래되고 원문에 가깝다.

2.3. 「유언」의 친저성을 위한 근거들

2.3.1. 사본들의 증언

「유언」을 전해 주는 사본들이 대단히 많이 있는데, 이는 「유언」의 친저성을 확실하게 알려 주는 하나의 표지가 된다. 이외에도 사본들 안에 들어 있는 분명한 증거들이 있다. 수사본들의 모든 "시작 문장"(Incipit)들과 "마침 문장"(Explicit)들이 예외 없이 프란치스코를 「유언」의 저자로 증언하고 있다.

2.3.2. 일치된 전승

형제회 내에서 「유언」에 관련하여 제기되었던 수많은 논쟁에도 불구하고, 「유언」에 대해 의문이 제기된 적이 결코 없었다. 항상 프란치스코의 참되고 진정한 「유언」으로 언급되었다. 「유언」을 상기하는 형제들 중 아무도 「유언」이 임의적으로 삭제되거나 수정되거나 가필되었다고 비난한 적이 결코 없었다. 법적인 가치가 반박되거나 영적 기능이 논란된 적은 있을지언정, 이 글의 친저성이 거부된 적은 한 번도 없었다.

2.3.3. 오늘날의 일치된 동의

프란치스칸 원천에 관한 학문적인 연구들을 비롯하여, 「유언」의 친저성은 일반적으로 받아들여지고 있다. 이에 대해 의문을 제기했던 일부는 카예탄 에써에 의해 반박되었다. 수사본 전승에 기초를 둔 에써의 방대한 연구는 「유언」의 친저성을 다시 확인하였고, 그는 학자들이 공통적으로 인정하는 비판본을 편집해 놓았다[39]. 오늘날 「유언」은 "모든 의미에서 가장 확실하고 가장 개인적인 프란치스코의 문헌"[40]으로 간주된다.

---

[39] 참조: J. Cambell, 「Les écrits de saint François devant la critique」, 『FranzStud』 36(1954), 82-109, 205-264(「유언」은 205-207 참조); St. Da Campagnola, 『Francesco nei suoi scritti』, 38-42.

[40] F. Olgiati, 「Introduzione」, 『Gli scritti di Francesco d'Assisi e Chiara d'Assisi』,

Ⅲ. 「유언」의 의미

3.1. 「유언」의 의미에 대한 다양한 견해들

1949년 「유언」에 관한 에써의 연구 논문이 나오기까지 늘 이 문헌의 친저성에 관한 의문이 있었다. 「유언」의 의미에 관해서는 더 다양한 견해들이 있었는데, 이를 정반대되는 두 입장과 중간적인 세 번째 입장으로 정리해 볼 수 있다.

가) 「유언」은 「인준 규칙」에 대한 확인이다.

칼 하제에 의하면, 「유언」은 "수도규칙과 로마에 대한 충실을 확인하기 위해 편집되었다"[41].

나) 「유언」은 「인준 규칙」에 대한 일종의 항의이다.

반대로 칼 뮐러(Karl Müller)는 「유언」에서 「인준 규칙」을 통해 승인된 형제회 발전에 대한 반대를 바라본다. 「유언」에서 프란치스코는, 최종적인 **수도규칙**을 통해 무효화되고 폐지된 것들을 강조하면서, 「인준 규칙」에 이의를 제기하고 있다[42]. 같은 입장에 있는 폴 사바티에(Paul Sabatier)의 견해는 더 잘 알려져 있고 더 날카로운데, 그는 자신의 저서『성 프란치스코의 생애』(1894)에서 「유언」을 형제회의 발전을 반대하는 프란치스코의 마지막 항의로 부각시킨다. 사바티에에 따르면 「유언」에는 그 당시까지 프란치스코의 뜻에 영향을 미쳤던 모든 세력으로부터 자유로운 프란치스코가 있다.

다) 「인준 규칙」에 대한 권위 있는 해석으로서의 「유언」

괴츠(Goetz)와 슈뉘러(Schnürer)는 지금까지 소개한 입장들 가운데서 중간적인 입장을 취한다. 괴츠는 「유언」과 「인준 규칙」 사이에 있는 모순을

Padova, 1987, 19s.
41) K. Hase, 『Franz von Assisi』, 136.
42) 참조: K. Müller, 『Anfänge des Minoritenordens und der Bussbruderschaften』, Freiburg, 1885, 109-111.

인식하고 있음에도 불구하고, 「유언」에서 오로지 순수한 항의만을 보는 것이 아니라, 프란치스코가 수도규칙에서 충분히 고려하지 못한 것을 설명하는 수도규칙에 대한 보충으로도 바라본다.

주로 「인준 규칙」과 「유언」의 관계를 정확히 규명하면서, 슈뉘러는 「유언」을 "수도규칙에 대한 권위 있는 해석"과 "프란치스코를 이끄는 개념들에 대한 가장 분명한 이해를 보증해 주는 글"로 특징짓는다[43].

이외에도 홀자펠(H. Holzapfel, 1909), 발타사르(K. Balthasar, 1911), 틸레만(H. Tilemann, 1914) 같은 저자들도 「유언」을, 새로운 수도규칙을 주고자 하는 것이 아니라 기존의 규칙을 정확히 차근차근 가르쳐 주려는 프란치스코의 뜻을 가장 잘 드러내는 글로 평가한다.

3.2. 「유언」 - 새로운 것인가?

오늘날 유언이라고 하면, 일반적으로, 자기 재산에 대한 마지막 처분을 의미한다. 프란치스코 시대에도 "유언"이라는 용어는 같은 의미를 지녔다. 그러나 프란치스코의 「유언」은 전혀 다른 의미를 지니고 있다. 즉, 영적인 유언이고, "회상과 기도와 권고와 명령을 모아놓은 것"[44]이다.

그렇다면, 이 제목은 부적절하거나 부당하거나 또는 이상한 것인가? 라울 만셀리(Raoul Manselli)는 말한다: "「유언」은 … 대단히 독특한 문헌이다. 왜냐하면 이는 여러 가지 면에서 오늘날 우리가 영적인 유언이라고 부르는 것과 일치하지만, 13세기 초에는 완전히 색다른 것이었기 때문이다"[45]. 우베르티노 카살레(Ubertino da Casale), 피에트로 올리비(Pietro di Giovanni Olivi) 같은 프란치스칸 저자들도 "유언"이란 제목 앞에 좀 당황스러워 한다[46]. 영적인 유언은 그 당시에 자주 있는 것이 아니었다.

---

43) 참조: G. Schnürer, 『Franz von Assisi』, 104.119.
44) K. Esser, 『Il Testamento』, 65.
45) R. Manselli, 『San Francesco d'Assisi』, 346.
46) 이에 대해서는 다음에 나오는 인용문들을 참조할 수 있다: K. Esser, 『Il Testamento』, 66-67.

3.3. 문학 유형: 고별사

콘티(M. Conti)는 「유언」이 성경에 나타나는 고별사 계열에 들어간다는 것을 보여 주기 위해 여러 성경 인물들을 한 페이지 안에 취합해 놓는다.

가) 야곱은 죽기 전에 그의 자녀들을 불러 축복해 준다(참조: 창세 48-49). 이와 같이 프란치스코도 형제들을 자기에게 불러 그들에게 자신의 축복을 내려 준다(참조:『1첼라노』 108).

나) 모세는 주님께서 그에게 보여 주신 산으로 올라가기 전에 이스라엘의 자녀들에게 계약에 충실하도록 부탁하면서(참조: 신명 32,45-47) 그들을 축복해 준다(참조: 신명 33). 마찬가지로 프란치스코 역시 그의 형제들에게 이별을 고하면서 그들에게 마지막으로 권고하면서 축복해 준다(참조:『1첼라노』 108).

다) 그리스도께서는 성부께로 되돌아가시기 전에, 유언을 남기는 고별 분위기 안에서, 제자들에게 가르쳤던 것들을 다시 떠올려주면서 그들과 길게 이야기한다(참조: 요한 13-17). 이와 같이 프란치스코도, 바야흐로 천상에서의 영원한 **파스카**를 거행하면서, 자신의 형제들과 이야기하면서 하느님을 사랑하고, 인내하며, 가난과 거룩한 복음을 항구하게 지킬 것을 형제들에게 권고한다(참조:『1첼라노』 110;『대전기』 14,5).

라) 바오로는 밀레토스에 모인 에페소의 원로들에게 이별을 고하면서 자신의 사도직을 회고한다. 이제 결정적으로 이별한다는 것을 예감하면서, 바오로는 그들에게 마지막 권고를 하면서 그들 모두와 함께 무릎을 꿇고 기도한다(참조: 사도 20,17-35). 프란치스코 역시 마지막으로 자신의 형제들을 향해 자신의 회개와 형제회의 초기를 회고하고, 수도규칙을 요약하여 다시 제시하면서, 성소와 가톨릭 믿음에 충실하도록 요청하고, 그들 모두에게 하느님의 축복을 빌어 준다.

이 간략한 고찰을 마무리하면서 콘티는 다음과 같이 말한다: "만일「유언」이 '고별사' 유형에 속한다면, 더 이상 이 유언을 성 프란치스코의 법적인 글들 가운데 하나로 분류할 수 없고,「인준 규칙」의 보충으로 여겨서는 더욱 안 된다"47).

3.4. 계약의 의미로서의 유언?

「유언」에 성경이 명시적으로 인용되지 않았다 하더라도,「유언」안에 있는 성경적 분위기는 부인할 수 없다. 특히 프란치스코는 그의 생애 마지막 시기에 거의 글자 그대로 그리스도의 행위들을 따르고 모방했다: 형제들과 함께 "최후의 만찬"을 거행하면서 빵을 쪼개고, 각 형제들을 축복한 뒤, 요한복음의 **주님 수난기**를 읽게 하였다(참조:『1첼라노』109-110;『2첼라노』214-217). 이러한 맥락에서 프란치스코의「유언」은 사랑의 계약이자, 창설자의 삶을 지속시켜 나가는 형제성의 계약으로 바라보아야 한다.

「시에나 유언」으로부터 시작해서 에써는 이미 "프란치스코가 어떤 의미에서는 유언을 남기는 마음으로 형제들과 계약을 맺어, 형제들이 축복과 계약을 기억하면서 그의 마지막 뜻을 실행"48)하도록 하려는 가능성을 받아들였다. 아우스피치우스 반 코르스타니에(Auspicius van Corstanje, OFM)는 **성경**과「유언」의 유사점을 부각시키면서 이러한 관점을 계속 발전시켜 나갔다.

미콜리(G. Miccoli) 역시 이러한 이해를 가능성이 있는 제안으로 받아들인다. 그럼에도 불구하고 그는 프란치스코가 창설자로서 그리고 작은 형제회의 창설자인 그에게 주어지는 권위를 갖고, 분명하면서도 평범하게, 형제들에게 자신의 마지막 뜻을 남겨 놓아야 한다고 믿은 것으로 본다49). "원한다"나 "원하지 않는다"는 동사들과 기원이나 명령을 나타내는 여러 구문들은,「유언」에서 프란치스코의 마지막 의도들과 그의 최종적인 뜻, 즉 영적인 **유언**을 보는 미콜리의 입장을 견지해 준다. 따라서 아씨시 사본을 포함하여 수많은 사본들에서 볼 수 있는 이 글에 붙여진 제목은 고전적일 뿐만

---

47) M. Conti,「Il genere letterario del Testamento e delle Ammonizioni di S. Francesco」,『Vita Minorum』51(1980), 217-232.
48) K. Esser,『Il Testamento』, 67.
49) 참조: G. Miccoli,『Francesco』, 42.

아니라 적절하고 정확하다고 말할 수 있다[50].

IV. 「유언」의 작성 시기, 장소 및 방법

4.1. 「유언」은 언제 탄생되었는가?

「유언」의 작성 시기와 관련하여 1226년 4-5월 이전의 연대는 일단 배제시킬 수 있다. 왜냐하면 이 시기에 프란치스코가 「시에나 유언」을 받아쓰게 했기 때문이다. 형제들은 「시에나 유언」이 작성되기 전에 프란치스코에게 그의 "뜻을 기억할 수 있는 어떤 것"(aliquod memoriale voluntatis)[51]을 요청하는데, 만일 「시에나 유언」 이전에 이미 「유언」이 있었다면, 형제들은 "aliquod memoriale voluntatis"를 요청하지 않았을 것이다.

「유언」의 작성 시기에 관련된 가장 오래된 증언은 다음과 같이 그레고리오 9세의 칙서 「쿠오 엘롱가티」에 들어 있다: "그의 생애 마지막 무렵에"(Circa ultimum vitae suae). 로마 산 이시도로 수도원의 사본은 프란치스칸 제1세기 증인들 가운데 하나로, 이 사본의 "시작 문장"(Incipit)에는 다음과 같은 구절이 있다: "죽음에 임박하여 쓴 유언"(Testamentum quod fecit in morte sua). 비교적 늦은 시기에 속하는 증언들, 즉 안젤로 클라레노와 "거울들"은, "프란치스코가 이미 포르찌운쿨라에 머무르고 있는 동안, 즉 그의 생애 마지막 무렵에 자신의 결정적 유언을 글로 쓰도록 했다"[52]는, 프란치스칸 제1세기의 모든 전승을 일관되게 확인해 주고 있다. 그러나 어떤 사본에서도 "포르찌운쿨라"라는 이름이 나타나지 않는다는 점은 주지할 필요가 있다. 그래서 「유언」이 쓰여진 장소로 아씨시 주교관을 생각하는 사람도 있다. 괴츠(Goetz)와 일부 저자들은 프란치스코가 포르찌운쿨라로 옮겨간 마지막 시기에는 유언 같은 글을 쓰기에는 너무 약하다며 포르찌운쿨라 주장을 반대하는데, 이 주장은 다음과 같은 두 가지 이유로 받아들여질

---

50) 참조: K. Esser, 『Gli scritti』, 571.
51) 『아씨시 편집본』 59.
52) K. Esser, 『Il Testamento』, 75.

수 없다.

가) 이미 앞에서 고찰한 **완유언들**이 보여 주는 바와 같이, 「유언」은 마지막 초안이 작성되기 이전의 몇 달 동안 벌써 숙고되었고 형제들과 논의되었다.

나) 프란치스코는 마지막 시기까지 자신의 곁에 글을 쓸 줄 아는 형제를 데리고 있었다.

「유언」은 소박하고 단순한 형태를 취하고 있고, 라틴어 표현은 부족하고 서투르다. 따라서 "[프란치스코의] 글 중 어떤 것도 「유언」만큼 다듬어지지 않은 글은 없다. 표현 양식 면에서 보면, 「유언」은 정확하게 명시된 수신자에게 보내는 간단한 글들이나 또는 성인의 친필들 계열로 분류할 수 있다"53). 「유언」은 독특한 문체를 지니고 있는데, 반면에 공적으로 널리 보내진 다른 글들은 라틴어 전문 형제들에 의해 문체가 정교하게 다듬어져 있다. 만일 프란치스코가 곧바로 죽지 않았다면, 아마도 누군가가 「유언」을 수정하면서 성경 구절들로 꾸미고 아름답게 다듬는 일을 맡았을 것이다. 서툰 어조, 단순한 문체, 구어체적인 느낌, 긴 성경 구절을 인용하지 않음 등은 「유언」의 편집이 프란치스코 생애의 최후 시기에 이루어졌다는 외적 증거들을 확인해 준다. 아무튼 「유언」의 작성 연대는 성인의 죽음과 밀접하게 연결되어 있다.

4.2. 「유언」은 어떻게 쓰여졌는가?

4.2.1. 「유언」의 기원

「유언」은 즉흥적으로 급히 서둘러 쓰여진 것이 아니다. 「시에나 유언」에 의하면, 프란치스코의 축복과 "기억할 수 있는 어떤 것"(aliquod memoriale)을 청하는 형제들의 요구를 그가 받아들였다는 것을 알 수 있다. 그리고 그렇게 해서 프란치스코는 세 가지 권고로 되어 있는 간단한 이 글을 받아쓰

---

53) K. Esser, 『Il Testamento』, 77.

게 했다. 이후 끊임없이 프란치스코의 뜻에 대한 최후의 선언으로서의「유언」의 이상, 즉 시에나와 비슷한 처지에서 구체화된 양식을 취하게 된 이상에 대해 논란이 일었다. 병으로 인해 프란치스코는 자신의 생각들을 받아쓰게 하는 데 이제 익숙해 있었다. 그리고 그의 사상은 형제들의 논쟁을 거치면서[54] 점차 더 깊어져 갔다. 그리고 어느 날 프란치스코는 서기 형제를 불러 그에게 자신의 생각들을 받아쓰게 했다. 이 생각들이 그가 유언하는 동안 벌써 받아쓰여졌다는 사실은 "이 말에 아무것도 덧붙이거나 삭제하지 말아야 합니다"(in istis verbis non addere vel minuere)[55]와 "이 글을 자신과 함께 지녀야 할 것입니다"(hoc scriptum habeant secum)[56] 같은 표현들이 드러내 보여 준다. 그리고 프란치스코는 형제들이 이 글을 수도규칙처럼 읽기를 요청한다: "수도규칙을 읽을 때 이 글도 읽을 것입니다"(…quando legunt regulam, legant et ista verba)[57]. 여기에서 "글"이라는 말은 구술 후에 곧바로 쓴 유언을 의미한다.

이보다 더 어려운 문제는 프란치스코가「유언」을 라틴어로 불러 주었는가 아니면 민중어로 불러 주었는가이다. 이에 대한 답변은 프란치스코에게 어느 정도의 학문적 교양을 부여하느냐에 달려 있다. 에써는 프란치스코가 부족한 라틴어 실력을 갖고 있었다는 입장이다. 왜냐하면 "dedit mihi de fratribus"나 "laborent de laboritio"같이 라틴어에서 이탈리아어로 넘어가는 과도기적인 표현들이 나타나는데, 이는 프란치스코가 죽으면서 유언을 민중어로 받아쓰게 한 잔재로 볼 수 있기 때문이다[58]. 반면에 조반니 라우리올라(Giovanni Lauriola)처럼[59], 당시 옷감 장사의 아들은 대개 비교적 높은 수준의 교양을 지니고 있었다고 추정하면, 프란치스코 역시도 유언을

---

54) 참조:「유언」34.
55)「유언」35.
56)「유언」36.
57)「유언」37.
58) 참조: K. Esser,『Il Testamento』, 84.
59) 참조: G. Lauriola,「Intorno alla cultura di Francesco d'Assisi」,『StudiFranc』78(1981), 307-327.

라틴어로 받아쓰게 했다고 주장할 수 있다. 그러나 원천들이 프란치스코가 어떻게 유언을 받아쓰게 했는지 밝히지 않기 때문에 이 문제는 해결될 수 없다고 여겨진다.

결론적으로 에써와 함께 다음과 같이 말할 수 있다. "「유언」은 프란치스코 자신이 구상한 것이 아니라, 그의 곁에 있는 형제들이 구상한 것이다. 유언은 꽤 일찍 논의되었으나, 죽음이 임박해서야 결정적으로 쓰이게 된다. 마지막 단계에서 프란치스코는 틀림없이 이전의 논쟁들을 염두에 두었을 터이지만, 전체적으로 「유언」의 현재 상태는, 생각의 논리로나 문학의 양식으로나, 이 유언이 결정적으로 편집될 때에 프란치스코가 썼던 구조를 잘 보존하고 있다"[60].

4.2.2. 「유언」을 작성하게 된 본질적인 동기들

프란치스코는 이제 법적으로 카리스마적인 그를 중심으로 창립된 형제회의 우두머리가 더는 아니다. 그는 공식적으로 엘리야 형제의 손 안에서 총장직을 사임하였으며, 엘리야에게 그 자신은 물론이고 다른 모든 형제들도 순종해야 한다[61].「유언」의 27절에서 볼 수 있는 바와 같이, 프란치스코는 이러한 법적 상황을 잘 인식하고 있었으나, 한편으로는 오로지 영적인 안내임에도 불구하고 다른 한편으로는 "단호하게 명"하면서(25절) 이제 더는 프란치스코의 결정에 속하지 않는 것들에 대해 주장하는(예를 들면 35절), 이 「유언」이 어떤 양심의 문제를 야기할지는 고려하지 않았다.

직책을 사임한 이후 프란치스코는, 여러 전기들이 증언하는 바와 같이, 자신의 행위를 말과 특히 모범으로 제한한다. 프란치스코는 오직 모범만이 유익할 수 있다는 것을 알고 있었고, 생애 말기에 쓰여진 여러 편지들 또한 그가 어떻게 형제들과 신자들에게 모범이 되고자 했는지를 드러내 주고 있다. 이러한 프란치스코의 바람은 그의 모든 염려들이 표현되어 있는 「유언」에서 절정에 이르게 된다.

---

60) K. Esser, 『Il Testamento』, 84.
61) 참조:『2첼라노』143.

따라서 「유언」을 작성하게 된 첫 번째 동기는 **책임감**으로, 이는 프란시스코의 생애 마지막 시기에 대단히 예민해져, 염려와 두려움과 좌절과 하나된 책임감이다.

「유언」의 두 번째 동기는, 특히 더 엄격하고 신중한 표현들로 이루어진 부분에 해당되는데, 엄격한 형제들에 대한 프란시스코의 편향과 합법적인 발전에 대한 프란시스코의 유보적인 자세에 있다.

세 번째 동기는 프란시스코의 병과 관련되어 있는데, 오상을 받는 사건과 프란시스코의 죽음 사이의 시기는 여러 질병이 계속 악화되면서 체력이 급격히 떨어지는 시기였다.

이러한 고찰들은 「유언」을 평가하는 데 도움을 준다. **수도회**의 창설자로 하여금 유언을 구상하고, 타협의 여지가 별로 없는 신랄한 표현들로 「유언」의 초안을 작성하도록 압박했던 동기들과 심리적인 계기들을 바라볼 필요가 있다.

□ 약 어 표

「1보호자 편지」: 「보호자들에게 보낸 편지 1」
「1성직자 편지」: 「성직자들에게 보낸 편지 1」
『1첼라노』: 『첼라노에 의한 제1생애』
「2성직자 편지」: 「성직자들에게 보낸 편지 2」
「2신자 편지」: 「신자들에게 보낸 편지 2」
『2첼라노』: 『첼라노에 의한 제2생애』
『대전기』: 『보나벤투라가 쓴 대전기』
「덕들 인사」: 「덕들에게 바치는 인사」
「마지막 원의」: 「클라라와 그의 자매들에게 써 보낸 마지막 원의」
「백성 편지」: 「백성의 관리들에게 보낸 편지」

「비인준 규칙」:「인준받지 않은 수도규칙」
『세 동료 전기』:『세 동료들이 쓴 전기』
「수난성무」:「주님 수난 성무일도」
「시에나 유언」:「시에나에서 쓴 유언」
「인준 규칙」:「인준받은 수도규칙」
『작은 거울』:『작은 완덕의 거울』
『큰 거울』:『큰 완덕의 거울』
「클라라 규칙:「클라라의 수도규칙」
「클라라 유언」:「클라라의 유언」
「하느님 찬미」:「지극히 높으신 하느님께 드리는 찬미」
「형제회 편지」:「형제회에 보낸 편지」

「유언」 1-23절: 회상

유수일, 작은 형제회(프란치스코회)

Ⅰ. 시작하면서

성 프란치스코의 「유언」은 두 부분으로 구성되어 있다. 첫째 부분은 "과거의 회상"으로 1-23절까지이며, 둘째 부분은 "권고, 지시 및 축복"으로서 24절부터 마지막 절까지이다. 나는 첫째 부분, 곧 "과거의 회상" 부분에 대해 해설하고자 한다.

각 절의 해설에 들어가기에 앞서, 성 프란치스코가 이 "과거의 회상" 부분을 줄곧 "주님께서 나에게 ~해 주셨습니다"라는 형식을 취한 이유와 의미에 대해 고찰하겠다. 그리고 이 해설의 결론 부분(끝맺음하면서)에서는 이 "과거의 회상"에서 성인이 말하고자 한 내용들을 요약하고자 한다.

성 프란치스코의 「유언」 연구 분야에서는 작은 형제회(프란치스코회)의 위대한 학자인 독일 출신의 카예탄 에써(Kajetan Esser) 신부의 연구 업적이 거의 독보적인 위치를 지니기 때문에, 이 글을 쓰면서 그의 두 저서, 『성 프란치스코의 유언』(Il Testamento di San Francesco d'Assisi)과 『성 프란치스코의 수도규칙과 유언』(Rule and Testament of St. Francis)에 많이 의존했음을 밝혀 둔다.

1. 지나간 날들을 회상하는 이 부분에서 프란치스코는 주님으로부터 받은 주요 은혜들을 서술하는 각 단락마다 네 차례(1절, 4절, 6절, 14절)에 걸쳐 "주님께서 나에게 ~해 주셨습니다"(**Dominus dedit mihi**⋯)라는 동일한 문장 형식을 사용한다.

1) 1절: "<u>주님께서</u> 나 프란치스코 형제에게 이렇게 회개를 시작하도록 <u>해 주셨습니다</u>"(<u>Dominus</u> ita <u>dedit mihi</u> frati Francisco incipere faciendi poenitentiam).
2) 4절: "<u>주님께서</u> 성당들에 대한 크나큰 믿음을 <u>나에게 주셨기에</u>"(Et <u>Dominus dedit mihi</u> talem fidem in ecclesiis)
3) 6절: "⋯사제들에 대한 큰 믿음을 <u>주님께서 나에게 주셨고 또한 지금도 주시기에</u>"(<u>Dominus dedit mihi et dat</u> tantam fidem in sacerdotibus)
4) 14절: "<u>주님께서 나에게</u> 몇몇 형제들을 <u>주신</u> 후"(<u>Dominus dedit mihi</u> de fratribus)

그리고 이 문장 형식과 유사한 문장 형식을 또 세 차례나 사용하고 있다:

1) 2절: "<u>주님</u> 친히 나를 그들 가운데로 <u>인도하셨고</u>"(ipse <u>Dominus</u> con-<u>duxit me</u> inter illos)
2) 14절: "지극히 높으신 분께서 친히 <u>나에게</u> 거룩한 복음의 양식(樣式)에 따라 살아야 할 것을 <u>계시하셨습니다</u>"(ipse <u>Altissimus</u> <u>revelavit mihi</u> quod deberem vivere secundum formam sancti Evangelii).
3) 23절: "'주님께서 당신에게 평화를 내려 주시기를 빕니다' 하고 우리가 해야 할 인사를 <u>주님께서 나에게 계시하셨습니다</u>"(Salutationem <u>mihi Dominus revelavit</u>, ut diceremus: Dominus det tibi pacem).

2. 이 두 번째 문장 형식은 사실상 첫 번째 문장 형식과 같다고 볼 수

있다. 즉, **첫 번째의 문장 형식이든 두 번째의 문장 형식이든**, 두 가지 모두 성 프란치스코가 주님께 대해 지닌 신앙, 특히 주님의 신비롭고 오묘하고 자비로운 인도하심에 대한 감사의 신앙을 표현하는 문장들이다. 이는 또한 그의 감사 신앙이 맺어 준 겸손한 자세를 드러내 주고 있다. 따라서 각 구절의 해설에 앞서 프란치스코가 지닌 신앙에 대해 먼저 간단히 고찰할 필요가 있다.

우리가 성 프란치스코의 영성에 대해 말할 때, 언제나 "그리스도 중심의 삶"(하느님 중심의 삶)과 "교회 중심의 삶"에 대해 말하면서도, 의외로 그리스도께 대한 신앙과 교회에 대한 신앙에 대해 강조하지 않는 경향이 있다. 예수 그리스도의 위대한 종 프란치스코는 무엇보다 **신앙의 사람**이었음을 기억할 필요가 있다.

프란치스코의 초기 회개 과정을 보면 "기도와 묵상"에다 자신을 온전히 바치는 생활이 특징을 이루고 있음을 발견하게 되는데, 이는 그의 신앙 성장 과정을 말해 주고 있다. 그는 "영원하시고 참되신 하느님께서 자신의 길을 인도해 주시고 당신의 뜻을 행할 수 있도록 자신을 가르쳐 주십사고 마음을 다해 기도했고"[1], 성경 말씀들을 묵상했다. 특히 마태복음 13,44-46의 묵상에서 큰 감동을 받았다. "하늘 나라는 밭에 숨겨진 보물과 같다. 그 보물을 발견한 사람은 그것을 다시 숨겨 두고서는 기뻐하며 돌아가서 가진 것을 다 팔아 그 밭을 산다. 또 하늘 나라는 좋은 진주를 찾는 상인과 같다. 그는 값진 진주를 하나 발견하자, 가서 가진 것을 모두 처분하여 그것을 샀다"(마태 13,44-46)[2]. 그는 성당들에 대한 신앙을 갖기 시작했고[3], 십자가에 못 박히신 그리스도께서 발현하신 기적 체험과[4] 성 다미아노 성당에서 체험한 환시 기적은[5] 그에게 예수 그리스도의 수난과 죽으심에 대한 깊은 신앙을

---

1) 『1첼라노』 7.
2) 『1첼라노』 7절은 "…자기가 발견한 보화를 감추었고, 자신의 모든 소유를 팔아서 아무도 모르게 그것을 사고자 하였다"라고 기록하면서 마태복음 13,44을 참조하고 있다.
3) 참조: 『2첼라노』 8; 『세 동료들이 쓴 전기』 8.
4) 참조: 『대전기』 I, 5.

심어 주었다.

프란치스코의 하느님께 대한 신앙에 대해 그 자신의 글들과 그의 전기들이 잘 말해 주는데, 나는 그의 글들 가운데 하나를, 또 전기물인 성 프란치스코의 『잔꽃송이』에서 하나를 소개하겠다. 먼저 그의 글들 가운데 하나를 소개하고자 하는데, 바로 그가 지극히 사랑한 제자 레오 형제의 요청으로 라 베르나 산에서 자신의 손으로 직접 써 준 「지극히 높으신 하느님께 드리는 찬미」이다. 이 찬미의 기도가 길기에 부분적으로만 인용하겠다:

"주님, 당신은 기적을 행하시는 거룩하시고 유일하신 하느님이시나이다. 당신은 힘세시나이다. 당신은 위대하시나이다. 당신은 지극히 높으시나이다. 당신은 전능하신 왕이시나이다. … 당신은 삼위이시고 일체이시오며 신들의 주 하느님이시나이다. 당신은 선(善)이시고 모든 선이시며 으뜸 선이시고 살아 계시며 참되신 주 하느님이시나이다. 당신은 사랑이시오며 애정이시나이다. … 당신은 보호자이시나이다. 당신은 우리의 수호자이시오며 방어자이시나이다. 당신은 우리의 힘이시나이다. 당신은 우리의 피난처이시나이다. 당신은 우리의 희망이시나이다. 당신은 우리의 믿음이시나이다. 당신은 사랑이시나이다. … 당신은 우리의 영원한 생명이시나이다".

나는 프란치스코의 신앙을 간결하게 요약하는 하나의 기도를 『잔꽃송이』 제2장에서 발견한다. 프란치스코의 첫 제자가 된 퀸타발레의 베르나르도가 프란치스코의 성덕이 어느 정도인가 시험하려고 했던 날 밤, 프란치스코가 밤새도록 반복해 바친 기도인 "나의 하느님, 나의 하느님"이다. 『잔꽃송이』의 라틴어 번역판은 이 기도를 "나의 하느님, 나의 전부이시여!"라고 고치고 있다. 어느 것이 프란치스코가 정말로 바친 기도인지는 몰라도, 두 가지 모두 간단하면서도 그의 심원한 신앙을 잘 요약하고 있다고 본다. 사실 "나의 하느님"이나 "나의 전부이시여"나 같은 의미를 지닌다. 성 프란치스코가 "나의 하느님"이라고 기도할 때, 그것은 "나의 주인이시요 나의 생명이신 하느님"을 가리키며, 따라서 이는 "나의 전부가 되시는 분"이 되심을 가리

---

5) 참조: 『2첼라노』 10-11.

킨다. 바오로 사도가 "사실 나에게는 삶이 곧 그리스도이며"(필리 1,21)라고 고백하는 것과 같은 의미를 지닌다.

3. 프란치스코의 이 문장 형식은 그의 신앙에서 특히 주님의 신비롭고 오묘하고 자비로운 인도하심에 대한 감사의 신앙을 잘 드러내 주고 있다. 좀 우스운 이야기가 될지 모르지만, 프란치스코가 1221년 수도규칙(「인준받지 않은 수도규칙」)을 교황청으로부터 인준받지 못한 주요 이유 중의 하나가, 영성적인 사항들을 너무 많이 다루어서, 법을 중시하는 교황청의 요구에 응답하지 못해서라고 학자들은 말한다. 이 이유의 하나가 된 조항이 아마도 「인준받지 않은 수도규칙」(1221년 수도규칙) 제23장일 듯하다. 이 장(章)은 "기도와 감사"라는 부제(副題)를 지니고 있다. 프란치스코 성인의 감사 신앙이 바로 여기서 지극히 아름답고 포괄적으로 또 감동적으로 표현되어 있다. 이 감사 기도는 과거에 입은 은혜, 현재에 입고 있는 은혜, 그리고 미래에 입을 은혜 등 세 차원의 은혜들을 모두 포함시키고 있을 뿐만 아니라, 성인 혼자 감사 기도를 드리는 것이 부족하다고 보아, 우리 주 예수 그리스도께 또 성모님과 천사들, 사도들 및 많은 종류의 사람들에게도 감사 기도를 바쳐 주기를 겸손히 청하고 있다. 성경 말씀을 제외하고 이렇게도 위대한 감사의 신앙 표현을 다른 곳에서 또 찾을 수 있을지! 이 기도문의 첫 몇 구절을 인용하겠다:

"전능하시고 지극히 거룩하시며 지극히 높으시고 지존하신 하느님, 거룩하시고 의로우신 아버지(요한 17,11), 하늘과 땅의 임금이신 주님(참조: 마태 11,25), 당신의 거룩한 뜻에 따라 그리고 당신의 외아드님을 통하여 성령과 함께 모든 영신적인 것과 육신적인 것을 창조하셨으며, 당신의 모습대로 그리고 비슷하게(참조: 창세 1,27) 만드신 저희를 낙원에 두셨으니(참조: 창세 2,15), 바로 당신 자신 때문에 당신께 감사드리나이다. 그런데 저희는 저희의 탓으로 추락했나이다. 또한 당신 아드님을 통하여 저희를 창조하셨음같이, 저희를 사랑하신 그 거룩한 사랑 때문에 (참조: 요한 17,26) 참 하느님이시며 참 사람이신 분을 영화로우시고 평생 동정이신 지극히 복되시고 거룩하신 마리아에게서 태어나게 하셨으며, 또한 포로가 된 저희를 그분의 십자가와 피와 죽음을 통하여 구속하기를 원하셨으니, 당신께 감사드리나이다. 또한 당신 아드님께서 친히 당신 엄위의 영광 중에 오시어, 회개하지 않고 당신을 알아보지 않은 저주받은 사람들을 영원한 불 속으로 보내시고, 당신을 알아보고 흠숭하며, 회개하면서 당신을 섬긴 이들에게 내 아버지께 복을 받은 이들아, 와서, 세상 창조 때부터 너희를 위하여 준비된 나라를 차지하여라(마태 25,34) 하고 말씀하실 것이오니, 당신께 감사드리나이다"(1-4절).

4. 이 문장 형태는 또한 프란치스코의 감사 신앙이 맺어 준 겸손의 자세를 드러내 주고 있다. 이 회고의 부분에서 프란치스코는 "주님"을 모든 업적의 주체로 만들고 "자기 자신"을 묻어 버린다. "내가"가 아닌 "주님께서"이다. 프란치스코는 자신의 헌신적 투신에도 불구하고 자신을 높이거나 자랑하는 어떤 흔적도 보이지 않는다. 과거에 수도회 안에서 이루어진 모든 놀라운 일들을 주님의 업적으로 돌린다. 그는 자신의 「권고」 28에서 이렇게 말한다. "주님께서 자기에게 보여 주시는 좋은 것들을 하늘에 쌓아 두어(참조: 마태 6,20), 그것을 사람들에게 보상을 받을 의도로 드러내려 하지 않는 종은 복됩니다. 지극히 높으신 분께서 친히 당신이 원하는 사람이라면 누구에게나 당신 종의 업적들을 드러내실 것이기 때문입니다. 주님의 비밀을 자기 마음속에 간직하는(참조: 루카 2,19.50) 종은 복됩니다".

II. 해설

1. 1-3절

"주님께서 나 프란치스코 형제에게 이렇게 회개를 시작하도록 해 주셨습니다. 죄 중에 있었기에 나는 나병 환자를 보는 것이 너무나 역겨운 일이었습니다. 그런데 주님 친히 나를 그들 가운데로 인도하셨고 나는 그들에게 자비를 행하였습니다. 그리고 내가 그들한테서 떠나올 무렵에는 나에게 역겨웠던 바로 그것이 도리어 몸과 마음의 단맛으로 변했습니다. 그리고 그 후 얼마 있다가 나는 세속을 떠났습니다"(1-3절).

성 프란치스코는 자신이 주님께 받은 첫 은혜로서, 어쩌면 가장 큰 은혜로서 자신의 **회개 은혜**를 말하고 있다. 성 프란치스코의 초기 전기들인 토마스 첼라노에 의한 성 프란치스코의 『제1생애』와 『제2생애』 및 『성 보나벤투라에 의한 대전기』 등이 여러 사건과 과정을 통한 성인의 회개 생활 시작을 말하는 반면, 성인 자신은 자신의 회개 생활 시작을 단 하나의 사건에 국한시키고 있다. 임종을 앞둔 육신의 고통 때문에 자신의 회개 생활 시작과 관련된 여러 사건들과 과정을 말할 기력이 부족했다고 추측할 수 있지만, "나병 환자와의 만남"이 가장 은혜롭고도 결정적 계기가 되었다고 보기에 이 한 사건만을 언급하고 있다고 생각된다. 따라서 전기들이 성인의 회개 생활 시작과 관련하여 언급하는 것들을 참조해야 하지만, 이 「유언」에서 성인 자신이 고백하고 회상하는 이 체험을 성인의 회개 생활 시작에 있어 결정적 계기로 받아들여야 할 것이다.

성인이 자신의 생애를 가장 포괄적으로 기술하는 것이 자신의 「유언」이다. 그런데 그의 「유언」에 의하면, 우리는 그의 생애를 뚜렷한 두 개의 부분으로 나눌 수 있다. 바로 다음의 두 구절이 이를 뒷받침해 준다. "죄 중에 있었기에"(1절)와 "그 후 얼마 있다가 나는 세속을 떠났습니다"(3절). 성인은 자신의 회두 이전을 "죄 중에 있었다"고 묘사함으로써 자신이 크리스천 생활에 충실하지 않은 채 육과 인간 본능이 지시하는 대로 살았음을 암시하고 있다. 하지만 전기들에 의하면6), 비록 청년들이 보통 겪는 유혹들을 겪었지만, 정중한 자태와 신사다움을 지녔고 천박함이나 상처를 주는 행동을 보이지 않았다. 그리고 윤리성에서 분명히 자기 친구들을 뛰어넘었다. 허영심의 죄나 낭비벽에 빠지기는 했으나 이성 문제에 빠지거나 다투거나 한 일은 없었다.

그의 인생 전환점은 나병 환자들을 방문하여 자비를 행함과 더불어 오게 된 회개이다. "성인 자신의 증언에 의하면, 자신의 한 시기로부터 다음 시기로 옮겨 가는 사이에 나병 환자들과의 만남 체험을 통하여 자신을 변모시킨

---

6) 참조: 『1첼라노』 2; 『2첼라노』 3; 『세 동료들이 쓴 전기』 1-2.

하느님의 직접적 활동이 있었다"7). 이래서 나병 환자와의 만남 체험은 신비로운 신앙 체험을 낳았고, 이는 우선 심원하고도 철저한 인생 변화를 가져왔다. 그의 다음 고백이 이를 증명한다. "역겨웠던 바로 그것이 도리어 몸과 마음의 단맛으로 변했습니다". 회개의 결과를 이토록 단순하면서도 명백히 또 감동적으로 표현한 문장을 쉽게 찾아볼 수 없을 듯하다. 또한 나병 환자와의 만남은 단순히 회두한 열심한 평신도의 삶을 넘어 그를 수도 생활로 이끌어 주었다. "엑시비 데 새쿨로"(exivi de saeculo, 나는 세속을 떠났습니다)라는 표현은 좀 긴 해석을 필요로 하지만, 어떤 형태의 수도 생활이든 수도 생활을 택했음을 의미한다. 카예탄 에써의 말을 듣기로 하자. "그가 얼마 동안의 불확실한 시기를 보낸 후, 처음에는 이 생활의 외적 형태들을 아직 잘 인식하지 못했다 해도, 수도승 생활과 유사한 어떤 수도 생활을 선호하는 방향으로 결정했다는 점을 우리는 인정해야 할 것이다"8).

이 첫 부분(1-3절)은 회상의 부분에서 가장 중요한 부분이기에, 카예탄 에써의 해설과 묵상을 요약하면서 나의 묵상을 약간 추가하고자 한다9).

프란치스코는 지극히 단순한 말로써 자신의 삶 안에서 일어난 어떤 신비에 대해 말하는데, 바로 자신의 회두(혹은 회개)에 대해 그리고 참회생활의 시작에 대해 말한다. 우리는 여기서 우리가 정직히 인정해야 할 세상인, 오늘의 우리에겐 낯선 세상을 놀라워하면서 들여다보게 된다. 이 세상이 우리에게 더욱더 자신을 드러내 보일수록, 이는 다름 아닌 하느님의 세상, 우리가 익숙해져 있는 세상이 아닌 세상, 여기 프란치스코가 "죄 중에 있었기에 나는 나병 환자를 보는 것이 너무나 역겨운 일이었습니다. 그런데 주님 친히 나를 그들 가운데로 인도하셨고 나는 그들에게 자비를 베풀었습니다" 하고 기술하고 있는 바와 같이, 오직 방향을 새롭게 정한 사람들만을 포함시

---

7) Kajetan Esser, OFM, 『Il Testamento di San Francesco d'Assisi』, Edizioni Francecane "Cammino", Milano-viale Piave 2, 1978, 113.
8) 위의 책, 116.
9) 참조: Kajetan Esser, OFM, 「Rule and Testament of St. Francis」, 『Conferences to the Modern Followers of St. Francis』, Chicago, Illinois: Franciscan Herald Press, 1977, 82-90.

키는 단순하고도 너무도 행복한 하느님의 세상임을 깨닫는다.

프란치스코가 여기서 회상하는 참회의 생활(life of penance)은, 자아로부터 방향을 돌려 감사하는 자세 안에서 하느님께로 향함이다. 이 생활은 사람들과 더불어 시작하는 것이 아니고, 심지어는 다른 이들이 잘 되기를 기원하는 데서 시작하는 것이 아니며, 바로 하느님 안에서 시작하는 것이다. 이 생활에서 하느님이 단 하나의 실체가 되신다. 이런 깨달음이 회두(혹은 회개, conversion)에서 꼭 필요한 시작이며 동시에 항구히 성장하는 회두(혹은 회개, conversion)의, 곧 역전된 생활의 열매이다. 이렇게 다른 방향으로 향함이 회두이다. 자신의 인생을 하느님의 처분에 맡겨 너무도 완전히 달라져서, 죄 때문에 자기 자신을 지배 원칙으로 삼을 사람이 만든 그 질서에 정확히 반대가 되는 것이다.

그리고 나서, 프란치스코는 또 하나의 매우 실질적이고 명확한 진리에 대해 말한다. 이 회두는, 이 역전(逆轉)은, 순전히 영적인 영역 어딘가에서 성취되는 것이 아니라는 점이다. 그것은 지성만의 문제도, 의지만의 문제도 아니고 순수한 경건 혹은 경건한 정감도 아니다. 사람의 이 역전은 시작 단계인 하느님께로 향함이다. **하느님의 처분에 자신을 맡겨 버림은 구체적인 것 안에서, 그리고 사람들과의 만남 안에서 성취되는 것이다.** 이는 영신수련 방이나 성당이나 경당에서가 아니고 어려움에 처해 있는 사람들과의 접촉 안에서라고 말할 수 있다. "죄 중에 있었기에 나는 나병 환자를 보는 것이 너무나 역겨운 일이었습니다"라고 프란치스코가 쓰고 있는 대로다. 순전히 인간적 관점에서 보면 프란치스코의 이런 정감은 이해할 만하다. 육체의 악취, 때로는 영혼의 악취, 그리고 부서진 인간의 악취는 다른 이들로부터 결코 친밀성을 이끌어낼 수 없었다. 이외에도, 건강한 이들에겐 감염의 위험이 상존했다. 역겨움과 혐오감이 일어나 나병 환자를 멀리한 것이 잘한 일이라고 믿었다. 토마스 첼라노는, 젊은 프란치스코는 우연히 이 비참한 이들과 마주치게 되면 저 멀리 돌아서 갔고, 더 나아가 그런 사람들이 풍기는 악취를 견디지 못해 코를 막았다고 기록하고 있다[10]. 이것은 그에게 정말 견딜 수 없이 역겨운 일이었다. 그런데 여기에 난제(難題)가 있으니,

바로 주님 친히 그를 나병 환자들 가운데로 인도하신 것이다. 당신 은혜로써 청년 프란치스코를 오랫동안 이끄셨던 하느님께서는 어느 날 한 나병 환자를 그가 가는 길에 갖다 놓으신 것이다. 하느님께서는 이 젊은이 바로 앞에다 결정해야 할 일을 갖다 놓으신 것이다: 바로 그때까지 자신이 누렸던 세상을 떠나라고, 곧 그가 알아왔던 세상을 떠나서, 하느님의 세상, 곧 "너희가 내 형제인 이 가장 작은 이들 가운데 한 사람에게 해 준 것이 나에게 해 준 것이다. … 너희가 이 가장 작은 이들 가운데 한 사람에게 해 주지 않은 것이 바로 나에게 해 주지 않은 것이다"(마태 25,40.45)라고 말씀하신 주님의 세상으로 들어가는 것을 결정하라고. 주님께서 젊은 프란치스코를 인도하신 그 결정은 정말이지 쉬운 것이 아니었다. 그것은 전인(全人)을 요구한 것이다! 하느님의 손길에 이끌려 옛날의 자신을 송두리째 파괴하는 참으로 어려운 일을 감행해야 했던 것이다! 이래서 그는 나병 환자들에게 자비를 베풀 수 있었다.

 프란치스코는, 온전히 그리고 자기 자신에 대한 고려 없이, 하느님과 그 분의 인도하시는 의지에다 완전히 복종했으니, 주님의 종이 되려 했기 때문이다. 그렇게 함으로써 그는 자신의 주님께서 하신 것을 한 것이다. 자비로우신 주님의 행동과 똑같은 행동을 통하여 프란치스코는 새롭고도 완전히 다른 사람으로 변모되었다. 그는 회두(conversion)의 사람, 재(再)방향설정(redirection)의 사람, 참회(penance)의 사람이 되었다. 주님께서 당신 제자들의 발을 씻기시는 이 겸손한 봉사로써 보여 주시면서 다음과 같이 말씀하신 것이 프란치스코 안에서 실현된 것이다. "내가 너희에게 한 것처럼 너희도 하라고, 내가 본을 보여 준 것이다. 내가 진실로 진실로 너희에게 말한다. 종은 주인보다 높지 않고, 파견되는 이는 파견한 이보다 높지 않다"(요한 13,15-16).

 프란치스코는 이 일을 해냈고 그래서 행복감으로 충만했다. "내가 그들한테서 떠나올 무렵에는 나에게 역겨웠던 바로 그것이 도리어 몸과 마음의

---

10) 참조:『1첼라노』17.

단맛으로 변했습니다". 그는 자신의 몸과 마음 모두를 이 결정의 실행에 바쳤다. 그는 몸과 마음 안에 존재하는 저항감을 하느님께 바쳐 버렸고, 이래서 몸과 마음은 이 행동에서 행복한 변화를 체험했다. 그가 가난한 이들에게 쏟아부은 기쁨과 자비와 사랑이 이제는 자신에게 강물처럼 되흘러 들어왔다. 변모가 시작되었다. 순전히 인간적인 세상, 세속적인 생각들과 정감들, 죄에 눌린 인간의 자기중심적인 세상은 뒤로 물러나고 말았다. **하느님께서 다스리시는 온전히 다른 세상 안에서의 생활이 시작된 것이다.**

이 이야기는 지독히도 단순하게 결론짓는다. "그리고 그 후 얼마 있다가 나는 세속을 떠났습니다". 누구든 진정으로 하느님께 매달리고 또 주님을 본받는 사람으로서 자비로운 사랑을 통하여 그분에 의해 정복된다면 – 바로 이것이 프란치스코가 나병 환자들을 만났을 때 체험한 것이다 – **자신이 이전에 살았던 대로 더 이상 살 수 없다.** 그러므로 프란치스코는, 자신의 이전 생활, 곧 사람들이 순전히 인간 수준에 의거해 행동했던 자신의 주위 환경인 세속을 떠났다. 하느님께 모든 것을 되돌리는 길을 따라서 그가 참회의 길로 돌아선 것이 시작된 것이다. 세속에 해당되는 모든 것을 뒤로해 버렸다.

따라서 우리는 이제 이렇게 말할 수 있다: 그는 회두한 사람이요 주님께서 자신에게 명한 것을 조금의 의심도 없이 흔쾌히 행한 하느님의 종이었다고. 이제 그는 하느님을 신뢰하면서 전혀 새로운 길을 여행했다. "주님 친히 나를 … 인도하셨습니다"라고 사랑이 그를 순종하게 만든 것과 마찬가지로, 순종이 그로 하여금 사랑하도록 다그치어 "나는 그들에게 자비를 행하였습니다"라고 고백할 수 있게 했다. 이래서 그는 하느님께 온전히 또 유보 없이 순종하기 위해 그리고 완전히 하느님의 세상에서 살기 위해 순전히 인간적인 세상을 떠났다. **그리고 이것이 어떻게 일어났고 또 이것이 우리 삶에서 어떻게 일어나야 하는지를 자신의 「유언」에서 우리에게 계시한다.** 내세로 떠나기 직전 그리고 그가 이제 충만함 가운데 만나려 하는 죽음에 앞서, 「유언」에서 그는 자비로우신 하느님을 중단 없이 찬미하고 이에 대해 그분께 감사드린다.

우리는 우리 자신에게 묻는다. "성 프란치스코의 이 말씀들에, 우리가 오늘의 우리 삶에 적용할 어떤 것이 있는가?". "회두(conversion) 자체에 대한 그리스도의 복음 메시지가 수도자로서 혹은 재속 프란치스칸으로서의 우리의 매일의 삶 형태에 어떻게 영향을 주고 있는가?". 우리 역시 하느님으로부터 참회의 생활(life of penance)로 부름 받았다. 우리는 참회하기 위해 수도복을 받았고 혹은 재속회의 타우 십자가나 배지를 받았다. 참회의 생활을 영위하기 위해, 우리는 서약을 함으로써 프란치스코회 수도규칙 혹은 재속 프란치스코회 회칙에 따른 생활에다 우리 자신을 묶어 버렸다. 주님께서는 우리를 이 생활에로 부르셨고, 이 성소와 더불어 그분께서는 우리에게 이 성소의 은혜를 주셨다. 이제 주님께서는 우리가 이 성소의 은혜에 따라 살기를 기대하신다. 따라서 만약 우리가 우리 정체성을 찾으려 한다면, 우리는 단순히 이렇게 말할 필요가 있다. **우리는 회두와 참회와 변화에로의 복음적 부름을 일생 동안 따르고 싶다고.**

우리가 가는 길에 늘 서 계시면서, 프란치스코에게 하셨던 것처럼 반드시 나병 환자는 아니라 해도, 우리 삶에다가 곤궁에 처한 사람들, 위험에 처한 사람들, 우리 도움을 필요로 하는 사람들을 데리고 오시는 분이 바로 주님이 아니겠는가? 병자나 볼품없는 사람들, 신경 쇠약 환자들, 행동이 못마땅한 사람들, 풍채가 항상 혐오감을 일으키는 사람들 등등 – 프란치스코의 경우에는 나병 환자들 – 이 특이한 사람들을 돕는 것이 어려울 수가 있다. 정말 우리 신경을 건드리는 사람들을 돕는 것이 거북스러운 그런 경우가 생길 수 있다. 또 우리는 때때로 해야 할 더 중요한 일들이나 더 시급한 일들을 가질 때가 있다고 역시 믿는다. 우리 자신의 우선순위 일들이 다른 일들과 함께 갈 수 있다. 프란치스코는 정말 모든 경우에 똑같은 것을 말할 수 있었을 것이다. 그도 합당한 많은 구실을 댈 수 있었지 않았겠는가? 하느님께서 우리 길에다 갖다 놓으시는 모든 어려운 사람에 대해 "나는 그를 불쌍히 여겼습니다", "나는 그를 도우려 애썼습니다"라고 말할 수 있겠는가? 우리가 참회의 삶의 길로서, 어떤 경우든 어떤 상황에서든, 이런 어려운 이들을 하느님을 기쁘게 해 드리겠다는 자세로 기쁘게 도와줄 수 있겠는가?

여기서 우리는 오늘날 소위 말하는 "수직적 경건(신심)" 대(對) "수평적 경건(신심)"을 성인의 회상과 관련지어 보는 것도 도움이 된다. 수직적 경건이란 하느님과 직접 관련되는 경건인바, 이는 다른 이들과의 관계성 곧 수평적 경건에 의해 입증된다. **프란치스코에겐 이 두 가지 중의 하나가 아니고 두 가지가 늘 서로 연관된다.** "주님께서 친히 나를 그들 가운데로 인도하셨고 나는 그들에게 자비를 행하였습니다"라고 말하고 있기 때문이다. 속량된 사람은 하느님께 순종하여(이것이 수직적 경건이다), 어떤 상황에서건 다른 이를 섬길 준비가 된(이것이 수평적 경건이다) 늘 순종하는 사람이다. 사람은 다른 사람 없이는 존재하지 않는다. 각자는 다른 이가 없다면 하나의 망상이 될 것이다. 우리는 이 두 차원의 경건(신심)이 프란치스코에게서 잘 드러나고 있음을 본다.

"주님께서 ~해 주셨습니다 … 주님께서 나를 그들 가운데로 인도하셨고 나는 그들에게 자비를 행했습니다…". 이로써 정말 모든 것을 다 말했다. 우리는 성 프란치스코가 여기서 말하듯 우리 자신을 극복하고 몸과 영혼의 힘을 다해 하느님의 뜻에 맡기는 정도까지 우리 자신이 주님에 의해 인도되고 지도되도록 해야 한다. 우리는 하느님을 사랑하고 그분이 인도하시고 지도하시는 손길에 순종하기 위해, 하느님의 것이 아닌 모든 것을 또 이 세상에서 오는 모두를 거부해야 하고, 모든 이기주의와 모든 자아-중심성을 뒤로해야 한다.

이런 관찰을 해 볼 때, 우리는 우리가 속한 공동체의 정체성을 찾음에 있어 가장 중요한 요건을 지니게 된다. 우리는 재속 프란치스코회 수도규칙이 말하듯 "참회(회개)의 형제 자매들"이 되어야 한다.

참회(penance)를 향한 회두(conversion)는, 모든 것이 이전의 것으로부터 변화되기 때문에 관행적이었던 것과는 다른 형태로 사는 것을 의미한다. 사도 성 바오로는 그 변화를 이렇게 말한다. "누구든지 그리스도 안에 있으면 그는 새로운 피조물입니다. 옛것은 지나갔습니다. 보십시오. 새것이 되었습니다"(2코린 5,7). 그는 또 말한다. "지난날의 생활 방식에 젖어 사람을 속이는 욕망으로 멸망해 가는 옛 인간을 벗어 버리고, 여러분의 영과 마음이 새로워져, 진리의 의로움과 거룩함 속에서 하느님의 모습에 따라 창조된 새 인간을 입어야 한다는 것입니다"(에페 4,22-24). 이는 우리의 가치관 및 가치 판단에서 새로운 방향을 요구한다. 이는 주님께서 지금 여기서 나에게 무엇을 원하시는지를 거듭거듭 묻는 것을 의미한다. 그리고 이는 내가 그것을 수행하되, 그 성취를 내게 돌리지 않고 또 내가 보상받을 자로 여기지 않으며, 오히려 주님께서 당신의 뜻이 만사에서 이루어지도록 당신께서 원하시는 대로 나를 통하여 역사하실 수 있도록 하는 것을 의미한다.

우리가 이 모두를 깊이 생각해 보면, 회두-참회는 우리에게 효과가 후에도 지속되는, 한때(한 번)의 행동이 아님이 매우 분명해진다. 우리는 다음의 사실을 인정해야 한다: 회두―참회는 매일매일 새로운 과제이며, 그 안에 뭔가 늘 나에게 반대하는 것이 있기 ― "내게 역겨웠던 것"이 있기 ― 때문에 또한 우리는 우리에 대한 이 어려운 요구를 회피하려는 새로운 변명을 늘 발견할 것이기 때문이다. 이 때문에 우리에게 역겹게 보이는 것이 아직 우리에게 몸과 마음에 단맛으로 변하지 않은 것이다. 우리는 아마도 온전한 회두와 진정한 참회의 은총을 한층 더 청원해야 할지 모른다. 우리는 하느님께서 당신의 자비를 매일 충만하게 드러내시는 그리스도의 희생제에 우리가 보다 깊이 잠기도록 해야 한다. 우리 행동으로 진정한 회두를 드러내 주는 동안 우리의 회두가 동시에 다시금 새롭게 성취되는 기회들이 있는 것처럼, 우리 일상생활에서 매 실제 가능성 안에 현존하는, 특히 소위 말하는 "사소한 것들" 안에서, 하느님의 은혜를 인식하는 데에 우리는 각별한 관심을 쏟아야 할지 모른다. **아마도 그것이 바로 프란치스코가 자기 자신의 회두가 이룬 진전을 되돌아보면서 우리에게 주는 가장 중요한 권고일지 모른다. 위대성은 작음 안에서 그 진정성을 입증해야 한다.**

우리를 하느님께로 인도하는 것은 무엇이든 우리를 동료 형제 자매들에 대한 사랑 넘치는 봉사로 이끌어가야 한다. 우리가 하느님 앞에 어떻게 진실하게 서 있느냐는 우리 동료들과 실제로 어떤 인간관계를 갖고 있느냐를 통하여만 드러난다. 하느님의 사랑과 자비가 우리 서로 간의 사랑과 서로에 대한 자비를 통하여 진정으로 명백히 인식될 때에만 우리는 진정으로 회두한 것이다.

우리가 보다 열심히 또 진지하게 하느님께 순종하면 할수록, 우리는 보다 더 교회가 원하는 참회의 생활을 영위할 수 있게 된다. 그리고 나서 우리는 프란치스코가 여기서 우리에게 말하는 것의 진실을 체험하게 될 것이다: 누구든 자기 자신을 전적으로 하느님의 사랑에게로 바치고, 자신이 만나게 될 모든 사람들에게 자신을 생각함이 없이 무한한 자비를 베풀 때, 하느님의 사랑 안에서 참된 기쁨을 발견한다. 분명히 말하지만, 하느님의 세상 그리고 하느님의 나라가 가장 행복한 세상이다. 우리를 진정으로 기쁘게 하는 것은 정확히 말해 바로 여기 하느님의 세상에서 그리고 하느님의 나라에서다. 우리가 참회의 형제회가 되면 될수록 우리는 하느님의 교회에서 더욱더 행복한 사람들의 공동체가 될 것이다.

2. 4-5절

"그리고 주님께서 성당들에 대한 크나큰 믿음을 나에게 주셨기에, 다음과 같은 말로 단순하게 기도하곤 했습니다. '주 예수 그리스도님, 우리는 전 세계에 있는 당신의 모든 성당들에서 당신을 흠숭하며, 당신의 거룩한 십자가로 세상을 구속하셨기에 당신을 찬양하나이다'"(4-5절).

옛 필사본에서 이 문장은 몇 가지 어려움들을 가져다주었기에, 훗날의 필사본은 여기 기도문의 첫 번째 "그리고"(et) 앞에다 "여기"를 삽입했다. 성 보나벤투라나 율리아노가 한 것처럼 "여기"를 제거하면 이 기도의 특별한 성격이 파괴된다[11]. 그러나 작은 형제회 한국 관구는 금번에 『아씨시 성 프란치스코와 성녀 클라라의 글』을 재번역하면서 옛 필사본을 따르기로 하여, "여기"라는 말을 제거했다. 그래서 "우리는 여기와 전 세계에 있는"이 아니고 "우리는 전 세계에 있는"이라고 번역했다. 따라서 이 새 번역서가 출간되면, 현재 우리가 바치는 아도라무스 테(Adoramus Te, 성 프란치스

---

11) 참조: K. Esser, 『Il Testamento di San Francesco d'Assisi』, 118-119.

코 찬미송) 기도문에서 "여기와"라는 단어가 제거되어야 할 것이다.

성 프란치스코는 자신의 회개 은혜를 맨 먼저 말한 후, 즉시 이어 "성당들에 대한 신앙"을 주님께서 주셨음에 대해 감사드린다. "성당들에 대한 신앙"은 바로 "보편 교회에 대한 신앙"을 말해 주는 것인데, 당신 생애에 입은 두 번째 큰 은혜로 이 신앙을 회상하는 것을 보면, 프란치스코의 교회 신앙과 교회 중심적 삶이 얼마나 깊고 열렬했는지를 상징적으로 잘 드러내 주고 있다. 그의 삶에서 "교회에 대한 사랑과 존경심"은 거의 제2본능이 되어 버렸고, 이 본능이 여기「유언」에서 그대로 표출되고 있는 것이다! 임종이 다가오는 육신의 극심한 고통 속에서 하는 말은 그의 심중에서 나오는 진실인 것이다.

프란치스코가 초기 회개의 단계부터 이미 성당들(교회)에 대한 신앙을 갖기 시작했음을 전기들이 말해 주고 있다. 토마스 첼라노는 그가 로마 순례 길에 성 베드로 성당의 베드로 사도 묘지에 가서는 그곳에 온 사람들의 예물이 아주 빈약한 것을 보고는 놀라서 동전 한 움큼을 거기에다 놓았고, 또 가난한 사제들을 위해 여러 번 제의를 만들어 주었고, 교회의 성직자들과 성직에 존경심을 가졌다고 기록하고 있다[12].『세 동료들이 쓴 전기』는 그가 "교회에 필요한 용품들을 구입해서 쪼들린 사제들에게 아무도 모르게 보내 주기도 했다"[13]고 기록하고, 또 "자신의 길을 인도하기 시작하신 하느님과 때때로 아씨시 주교 외에는 아무에게도 자신의 길에 대한 의견을 청하지도 않았다"[14]고 기록하면서 사제들과 아씨시 주교에 대한 존경심과 신뢰심을 말해 주고 있다.

그런데 성 프란치스코로 하여금 교회에 대한 신앙을 갖게 해 준 결정적 계기는 성 다미아노 성당에 기도하러 갔다가 체험한 환시의 기적이다.『성 보나벤투라에 의한 대전기』의 II장 1절과『세 동료들이 쓴 전기』13-15절이 이 기적을 기록하고 있지만, 최초로 전하는 것은 토마스 첼라노가 쓴

---

12) 참조:『2첼라노』 8.
13)『세 동료들이 쓴 전기』 8.
14) 위의 책, 10.

『제2생애』의 10-11절이다. 『제2생애』 10절이 기록하고 있는 이 기적의 한 부분을 인용하겠다. "어느 날 거의 다 허물어져 아무도 돌보지 않는 성 다미아노 성당 근처를 걷고 있었다. 그는 성령의 이끄심에 안으로 들어가 기도하려고 십자가 앞에 겸손하고 경건하게 엎드렸다 … 십자가에 달리신 그리스도의 그려진 고상이 입술을 움직이면서 말을 하였다. '프란치스코야, 보다시피 다 허물어져 가는 나의 집을 가서 수리하여라'". 토마스 첼라노는 이 기적이 그에게 그리스도의 수난에 깊은 신심으로 이끌어 주었다는 것과 그리스도의 그려진 고상이 말씀하신 대로 성당들을 수리하기 시작하게 했다고 말해 주고 있다.

이 기적 체험 후, 그는 아버지와 결별하는 아픔을 겪었고 결별 후 굽비오에 가 친구 집에서 몇 달 머물다가 아씨시로 돌아오는데, 이때부터 그가 하기 시작한 일 중의 하나가 바로 성당들의 수리였다. 맨 처음 다미아노 성당을 수리했고 이어서 아씨시 근교에 있는 베드로 성당과 포르찌운쿨라 성당을 수리했다. 그는 시초에 환시의 기적이 말한 것을 문자 그대로 실천하였다. 즉 성당이라는 물리적 건물을 수리했다. 그러나 그가 훗날 고백했듯이[15], 성령을 통하여 이 환시가 단지 개별 성당이 아닌 그리스도께서 당신 피로써 속량하신 교회(보편교회)를 가리킨다는 것을 점차 깨닫게 되었다. 그는 자신이 수리하고 개선하는 작업을 한, 자신이 작업한 눈에 볼 수 있는 성당들로부터 그리스도께서 당신의 거룩한 십자가를 통하여 속량하신 교회를, 곧 속량된 인류의 공동체인 교회를 바라보는 그 위대한 신비를 배웠다[16]. 그래서 이 성당들에 대한 신앙을 주신 주님의 은혜에 감사를 드리고 있다.

> "다음과 같은 말로 단순하게 기도하곤 했습니다. '주 예수 그리스도님, 우리는 전 세계에 있는 당신의 모든 성당들에서 당신을 흠숭하며, 당신의 거룩한 십자가로 세상을 구속하셨기에 당신을 찬양하나이다'".

---

15) 참조: 『대전기』 II, 1.
16) 참조: K. Esser, 「Rule and Testament of St. Francis」, 『Conferences to the Modern Followers of Francis』, 95.

이 기도, 곧 아도라무스 테(Adoramus Te)는 우리 프란치스칸 가족들에게 하나의 공식적인 기도가 되어, 어쩌면 주모경 다음으로 사랑받는 기도가 되었을지도 모른다. 성 프란치스코가 주님께서 주신 성당들에 대한 신앙을 언급하면서, 특별한 애정과 관심을 갖고 언급하는 이 기도의 기원에 대해 『익명의 페루자 전기』 19절과 『세 동료들이 쓴 전기』 37절이 잘 말해 주고 있다. 이는 프란치스코를 포함한 최초 7명의 형제들이 포르찌운쿨라 성 마리아 성당에서 가까운 숲속에서 최초의 총회를 개최한 후, 두 번째의 선교 여행을 시작할 때였다. 이 두 기록을 보기로 하자. "주님께 봉헌된 이 종들은 길을 걷든지, 성당에 당도하든지, 아니면 조건이 좋든 나쁘든, 길모퉁이에서까지 늘 고개를 숙이고 매우 경건하게 다음과 같이 말하며 기구를 드렸다. '오, 그리스도님, 당신의 거룩하신 십자가로 세상을 구속하셨사오니, 저희는 온 세상에 있는 당신의 모든 성당에서 당신을 흠숭하며 찬양하나이다'"(『익명의 페루자 전기』 19). "성인은 이 말을 하고 나서 그들에게 강복을 주었고, 하느님의 사람들은 그의 권고들을 마음에 경건히 새기고서 떠나갔다. 그들은 성당이나 십자가를 만나면 머리를 숙여 경건히 기도를 올렸다. '그리스도님, 주님의 거룩하신 십자가로 세상을 구속하셨사오니, 우리는 온 세상에 있는 당신의 모든 성당에서 주님을 흠숭하며 찬미하나이다'"(『세 동료들이 쓴 전기』 36).

이 기도를 언제 어디서 바쳤는지에 대해 성인은 침묵을 지키는 반면, 『익명의 페루자 전기』 19절은 "길을 걷든지, 성당에 당도하든지, 아니면 조건이 좋든 나쁘든, 길모퉁이에서까지", 즉 어디에서나 이 기도를 바쳤다고 말하는 반면, 『세 동료들이 쓴 전기』 36절은 "성당이나 십자가를 만나면"이라고 조금 좁혀 말하고 있다. 이 기록을 종합해 보면, 성당이나 십자가 앞에서 우선적으로 바쳤겠지만, 어느 장소에서나 바쳤을 것이라는 추측을 할 수 있다.

한 가지 흥미로운 것은, 이 두 기록이 전해 주는 기도문의 구성이 본질에서는 성인의 「유언」과 같지만, 배열에서는 「유언」과 약간 다르다는 점이다. 일단은 성인의 「유언」이 기록한 기도문 구성을 표본으로 해야 할 것이다.

이 기도문의 내용을 보면, "주님의 십자가와 성당들", 이 두 마디가 핵을 이룬다. 성인의 십자가 중심 영성과 교회 중심 영성을 명백히 읽을 수 있는 기도문이다. 또한 이 기도문은 성인의 다른 기도문들처럼 "흠숭과 찬미"의 특징을 지닌다.

한편, 성인은 자신의 이 기도문의 기본 개념이 아주 오랜 옛날의 십자가 축일 기도문인 "그리스도님, 당신을 흠숭하고 찬미하오니, 당신의 십자가로 세상을 구속하셨기 때문이니이다"라는 공적 전례에서 왔음을 인식했을 가능성이 있다는 점을 우리는 인정해야 할 것이다[17].

3. 6-10절

"그 후 성품(聖品)으로 인해 거룩한 로마 교회의 관습을 따라 그들의 생활하는 사제들에 대한 큰 믿음을 주님께서 나에게 주셨고 또한 지금도 주시기에, 만일 그들이 나를 박해한다 해도 나는 그들에게 달려가기를 원합니다. 그리고 내가 솔로몬이 가졌던 그 정도의 많은 지혜를 가지고 있고, 이 세상의 가엾은 사제들을 만난다 해도, 그들의 뜻을 벗어나 그들이 거주하는 본당에서 설교하고 싶지는 않습니다. 그리고 그들과 다른 모든 사제들을 마치 나의 주인인 듯 두려워하고 사랑하며 존경하기를 원합니다. 그리고 그들 안에서 나는 하느님의 아들을 알아뵙게 되고, 또 그들이 나의 주인이므로, 그들 안에서 죄를 보고 싶지 않습니다. 내가 이렇게 하는 이유는, 사제 자신들도 성체를 받아 모시고 사제들만이 다른 이들에게 분배하는, 주님의 지극히 거룩한 몸과 피가 아니고서는 이 세상에서 하느님의 지극히 높으신 아들을 내 육신의 눈으로 결코 보지 못하기 때문입니다"(6-10절).

성인은 세 번째 은혜로서 주님께서 자신에게 "사제들에 대한 큰 믿음을" 주셨고 또 계속 주시는 은혜에 대해 감사드리고 있다. 성인은 이 은혜에 앞서서 성당들에 대한 신앙을 말했는데, 여기서 회고하는 사제들에 대한 신앙 역시 성인의 교회에 대한 신앙의 연장이라고 볼 수 있다. 그의 교회에

---

17) 참조: K. Esser, 『Il Testamento di San Francesco d'Assisi』, 119.

대한 사랑과 신앙은 필연적으로 교회의 중심 구성원이요 교회 전례, 특히 성체성사의 집전자들인 사제들에 대한 사랑과 신앙을 낳게 된 것이다.

나는 우선 카예탄 에써의 해설을 요약하고[18], 다음으로 나의 생각들을 덧붙이고자 한다. 다음이 카예탄 에써에 의한 해설의 요약이다. 이 구절 (6-10절)에 나오는 몇 가지 표현들을 확실히 밝혀야 한다. 첫 번째로 "이 세상의 가엾은 사제들"(7절: pauperculos sacerdotes huius saeculi)이라는 표현이다. 독일어 번역 대부분은 이 표현이, 수도회 성직자(clerus regularis)에 대칭되는, 교회 용어로 클레루스 새쿨라리스(clerus saecularis, 재속 성직자)라고 하는 의미를 적용하여 오늘날 "가엾은(혹은 가난한) 재속 사제들"이라는 특성을 지니는 것을 의미하는 쪽으로 나아간다. 언뜻 보기에는 이런 생각이 맞을 듯하다. 그러나 이에 반대하는 다른 주장들이 있다. 무엇보다도 그 시대에 재속 성직자와 수도회 성직자라는 반대 명제(대칭개념)가 있었다고 추론하는 것은 믿기가 어렵다. 더 나아가 "파우페르쿨로스"(pauperculos, 가엾은 혹은 가난한)와 "후이우스 새쿨리"(huius saeculi, 이 세상)"라는 두 개의 속성(혹은 특성)은 무엇보다도 세속의 유혹에 빠져 있는 사제들, 곧 죄인들인 사제들을 직관하게 해 준다.

프란치스코는 이런 사제들을 죄인들로 여기는 것을 원치 않는다. 성인은 이 사제들을 다른 이들(et omnes alios)과 구별하면서, 이들의 죄에도 불구하고 마치 자신의 주인인 듯 두려워하고 사랑하며 존경하기를 원하고 있다. 성인의 이 원의를 이해하는 데는 「유언」의 이 부분과 형식 및 내용 면에서 아주 흡사한 성인의 「권고」 26항을 참조할 필요가 있다. "로마 교회의 규범에 따라 바르게 생활하는 성직자들에게 믿음을 지니는 종은 복됩니다. 하지만 이분들을 업신여기는 자들은 불행합니다. 비록 그분들이 죄인들이라 하더라도, 주님 자신만이 이들에 대한 심판을 유보시키시기에 아무도 이분들을 심판하지 말아야 합니다. 그들 자신도 영하며 그들만이 다른 이들에게 분배하는 우리 주 예수 그리스도의 지극히 거룩하신 몸과 피에 봉사하는

---

18) 참조: K. Esser, 『Il Testamento di San Francesco d'Assisi』, 120-127.

직분이 더 큰 것이기에, 이 세상의 다른 모든 사람에게 죄를 짓는 것보다 이분들에게 죄를 짓는 자는 그만큼 더 많이 죄를 범하는 것이기 때문입니다"(「권고」 26).

여기서 논점이 죄인(罪人) 사제들까지에로 확대되는 것이 분명하지만, 여하튼 그들이 지닌 비교할 수 없는 고귀한 직분으로 해서 존경받게 된다. 『2첼라노』 146절과 201절 역시 죄인 사제들에 대해 언급한다. 그러므로 "이 세상의 가엾은 사제들"(pauperculos sacerdotes huius saeculi)은, 죄악의 사슬에 매여 있고, 그다음으로 그들이 참으로 벗어나야 할 세속의 욕심과 이 세상의 유혹에 매여 있는, 그런 사제들을 프란치스코가 생각하고 있었다는 의미로 보아야 할 것이다.

특별히 밝혀야 할 두 번째 표현이 "내 육신의 눈으로 … 보다"(corporaliter video)이다. 그 당시 대중 신심에서는 자주 미신(迷信)이라 할 정도로 성체를 바라보는 것에 대단한 중요성을 두었다. 한 예를 들면, 성체를 바라보는 이는 그날 생계 걱정이 없어지고, 갑작스런 죽음을 당하지 않으며, 만일 실제로 죽는 일이 발생하면 성체를 받아 모셨다 할 때 주님 앞에 가 있는 것으로 간주되며, 위증한 이들도 용서받을 것이며 … 등등이다. 심지어 어떤 이들은 성체를 보기만 해도 미사의 나머지 부분을 다 참석하지 않고 성당 문을 나설 수 있다고 믿었다[19]. 많은 이들이 단지 성체가 축성되는 순간에 성체를 바라보려는 목적만 가지고 이 성당에서 저 성당으로 우르르 몰려다녔다.

그러면 성 프란치스코의 이 표현은 무슨 의미를 지닐까? 그는 이 "바라봄"(응시)을 여기 「유언」에서만 언급하는 것이 아니고 「성직자들에게 보낸 편지」에서도 이렇게 말한다. "사실 우리는 그분의 몸과 피와 … 아니면, 이 지상에서 지극히 높으신 그분을 육신으로 지니지도 보지도 못합니다"(3절). **프란치스코에게 관상은 흠숭의 한 부분이 된다.**

성인이 사용한 전체 표현들을 고찰해 보면, 성인이 당신이 살던 시대에

---

[19] 참조: L. Eisenhoffer, 『Handbuch der katholischen Liturgie』, Freiburg, 1933, 185; K. Esser, 『Il Testamento di San Francesco d'Assisi』의 122쪽에서 재인용.

다른 성인들이 했던 것처럼, 단순한 성체 흠숭에다가 어떤 독특한 의미나 어떤 특별한 힘을 돌리는 이유를 전혀 찾아볼 수 없다. **그에게는 성체를 바라보는 것이, 볼 수 없는 자신의 주님께 신앙 안에서 가까이 나아가고 또 그분을 만나는 장소가 되는 것이다.** 성인의 「권고」 1이 보여 주는 유사한 개념은 이 "코르포랄리테르 비데오"(corporaliter video)라는 표현으로써 자신의 신앙생활 영역에서 무엇을 말하려고 하는지를 암시해 준다. "그리고 당신 자신을 참된 살로써 거룩한 사도들에게 보여 주신 것과 마찬가지로, 지금 축성된 빵으로 우리에게 당신 자신을 보여 주십니다. 그리고 그들은 육신의 눈으로 그분의 육신만을 보았지만, 영신의 눈으로 관상하면서 그분이 하느님이심을 믿었습니다. 이와 같이 우리들도 육신의 눈으로(oculis corporeis) 빵과 포도주를 볼 때, 그것이 참되고 살아 있는 그분의 지극히 거룩하신 몸과 피라는 것을 보도록 또 굳게 믿도록 합시다"(「권고」 1). 이 보는 것과 믿는 것이 성인에게는 눈에 보이지 않게 현존하시는 분을 볼 수 있는 표지로 포용하는 이유가 되며, 곧 육신으로 현존하시는 주님께 그가 돌리는 것과 똑같은 존경으로 포용하는 것이다. 성인은 주님의 말씀으로써 외적 표지 아래 내적인 이 실체를 만드는 권능을 지닌 모든 이들, 곧 주님의 몸을 만지고 그것을 다른 이들에게 분배하는 권능을 지닌 이들에게 같은 공경을 바친다.

성인은 이러한 확신으로 일관되게 사제에 대한 무조건적인 존경을 바쳤고, 그들이 만일 죄인들이라 해도 그들에게 큰 존경을 바칠 것을 자기 형제들에게 요청했다. 이렇게 하여 그는 자신과 자기 형제들을, 죄인 사제들을 거부하고 그들이 집전한 성사의 유효성을 인정하고 싶어 하지 않았던 당시의 발도 추종자들(Waldensians) 및 다른 수도자 그룹들과 철저히 구분했다. 프란치스코는 하느님께서 보증하시고 한 개인의 윤리성에서 독립되어 있는, 성사에 기초한 사제직이 지닌 객관적 품위를 염두에 둠으로써 이단들의 오류에 빠지지 않았다. 이렇게 하여, 우리는 성인이 자신의 철저한 신앙의 자세로써 당대의 이단 단체들이 "아니다"라고 강조했던 것에 대해 "그렇다"라고 최초로 반대하는 것을 보게 된다. 이는 교회에 의한 강압 때문이 아니라, 성인의 교회에 대한 깊은 신앙과 충성심에서이다. 그는 객관적으로 보증된 진리에 매달린다.

교회의 사제 하나하나는 그들이 받은 성품(聖品)으로 해서, 성인에게 어떤 면에서는, 그 안에서 주 예수 그리스도를 보고 존경하고 사랑하는 자신의(즉 성인의) 주인이 된다. 그러므로 "그들 안에서 나는 하느님의 아들을 알아뵙게 되고 또 그들이 나의 주인이므로"라고 말한다.

여기서 또한 우리는 로마 교회에 대해 성인이 취하는 입장이 지니는 깊은 뿌리들을 보게 되는데, 성인에게 로마 교회는 본질적으로 성사들의 교회이다. 교회가 지니는 구원의 힘은 바로 성사적 성격 위에 자리하고 있으며, 이를 통하여 인간은 교회 안에서 그리스도와 온전히 하나가 된다. 왜냐하면, 교회는 성사들의 집전자이고 그리스도께 나아가는 길이기 때문이다. 이 때문에 성인은 교회에 봉사하고, 그 어떤 동기에서든 자신이 또 자신의 형제들이 교회 생활로부터 또 교회의 가르침으로부터 벗어나는 것을 허락하지 않는다. 따라서 생활 양식들이 외적으로 정말 비슷하다 해도, 성인은 자기 시대의 이단 단체들과 확연한 대조를 이루었다.

이 부분의 해설을 마치면서, 성인의 사제들에 대한 신앙이 지닌 몇 가지 특징들을 「유언」과 성인의 초기 전기들에 기초하여 정리하고자 한다.

- 성인은 회개 이전에도 사제들에게 깊은 존경심을 지니고 있었다(참조: 『2첼라노』 8).
- 회개의 삶을 시작한 이후 이 존경심은 점점 발전되었고, 특히 그의 교회와 성체성사에 대한 신앙이 그로 하여금 사제들에 대한 깊은 존경심과 사랑을 갖게 했다. 성인의 「유언」이 이 점을 잘 표현해 주고 있다. 「유언」의 이 부분은 성인이 사제들을 존경하는 몇 가지 이유를 말하고 있다. 우선, 사제들 안에서 하느님의 아드님을 알아뵙기 때문이다. "이 한 가지 표양만 보더라도 그가 교회의 신비를 어떻게 알아들었는지를 알 수 있다. 이 신비란 그리스도 자신의 현존이며, 프란치스코는 이 현존을 나그네인

교회의 표징, 특별히 사제들의 인격 안에서 감명 깊게 그리고 존경하는 마음으로 보는 것이다"[20]. 다음으로, 성체성사에 대한 신앙과 이 성사에서 집전자의 위치를 지니고 있는 사제직을 바라봄으로써 그렇다. 「유언」의 이 부분을 다시 인용한다. "내가 이렇게 하는 이유는, 사제 자신들도 성체를 받아 모시고 사제들만이 다른 이들에게 분배하는 주님의 지극히 거룩한 몸과 피가 아니고서는 이 세상에서 하느님의 지극히 높으신 아들을 내 육신의 눈으로 결코 보지 못하기 때문입니다(10절)". 셋째로, 이미 앞서 카예탄 에써의 해설을 들은 바와 같이, 교회의 사제 하나하나는 그들이 받은 성품으로 해서, 성인에게 있어서 어떤 면으로는 그 안에서 예수 그리스도를 보기 때문이다. 이 부분을 다시 인용한다. "그리고 그들 안에서 나는 하느님의 아들을 알아뵙게 되고(9절)…".

- 성인은 형제들에게 사도적 소명과 관련하여 성직자들을 도와주고 그들에게 복종하고 그들과 평화롭게 지내며 그들의 잘못에 대한 판단을 하느님께 맡기라고 권고했다. 무엇이 하느님을 기쁘게 해드리는가에 늘 집착했던 성인은, 성직자들과 다투면서 또 불화를 빚으면서 신자들에게 구원을 가져다주는 것보다는, 성직자들에게 복종하는 것을 하느님께서 더 기뻐하신다는 신념을 가르쳤다[21].

- 중세기 영성 학자들 중에 성 프란치스코가 「형제회에 보낸 편지」에서 말했듯이 사제 직분과 관련하여 그토록 웅장한 찬사를 보낸 이는 없다[22]. "사제들이여, 여러분의 품위를 생각해 주십시오. 그리고 이러한 봉사직 때문에 주 하느님께서 여러분을 모든 사람 위에 영예롭게 하였으니, 여러분도 모든 사람들 위에 그분을 사랑하고 받들고 공경하십시오. … '살아 계신 하느님의 아드님, 그리스도께서 사제의 손 안에서 제대에 계실 때, 모든 사람들은 두려움에 싸이고 온 세상은 떨며 하늘은

---

20) 나자로 이리아르떼, OFM Cap., 『프란치스칸 영성』, 배요셉 옮김, 프란치스코회 한국 관구, 분도출판사, 1987, 63.
21) 참조: 『2첼라노』 146.
22) 참조: Regis J. Armstrong, OFM Cap, and Ignatius C. Brady, OFM, 『Francis and Clare』, New York, Ramsey, Toronto: Paulist Press, 1982, 15.

환호할지어다. 오, 탄복하올 높음이며 경이로운 관대함이여! 오, 극치의 겸손이여, 오, 겸손의 극치여…'"23).

4. 11-12절

"그리고 이 지극히 거룩한 신비들이 무엇보다도 공경 받고 경배되며 귀중한 장소에 모셔지기를 원합니다. 지극히 거룩한 이름들과 그분의 말씀이 기록된 것이 부당한 곳에서 발견되면, 나는 그것을 모으겠고, 또 그것을 모아 합당한 곳에 모시기를 바랍니다"(11-12절).

성인은, 이 부분 바로 앞에서 자신의 사제들에 대한 신앙을 회상하면서 그 신앙의 원천을 교회와 성체성사에 두었음을 말했는데, 이 회상의 부분에서 자신이 성체와 하느님의 말씀에 대해 지닌 공경심을 간접적으로 말하면서, 이 「유언」의 후반부에서 있게 되는 권고를 여기서 일부분 주고 있다. 그러니까 회상의 맥락에서 권고를 하고 있다.

여기서 우선 "인 로치스 일리치티스"(in locis illicitis)24)라는 표현이 무엇을 의미하는지를 명확히 할 필요가 있다. 이 표현과 유사한 표현들이 다음의 여러 군데에서 나오기에 서로 비교해 보면 그 의미를 이해하는 데 도움이 된다.

1) 「성직자들에게 보낸 편지」에서 "in locis immundis"25).
2) 「보호자 형제들에게 보낸 편지」에서도 위와 같이 "in locis immundis".
3) 「형제회에 보낸 편지」에서 "si non sunt reposita bene vel inhoneste jacent in aliquo loco dispersa"26).

---

23) 「형제회에 보낸 편지」 23-27절.
24) 현재 작은 형제회 한국 관구가 하고 있는 『아씨시 성 프란치스코와 성녀 클라라의 글』의 수정 작업에서는 이 표현을 "부당한 곳에서"라고 번역했다.
25) 이 수정 작업에서는 "깨끗하지 못한 곳"이라 번역함.
26) 이 수정 작업에서는 "잘 간수되어 있지 않거나 혹은 아무렇게나 흩어져 있으면"이라고 번역함.

4) 『완덕의 거울』 65절에서 "non bene et honeste reposita"(잘 그리고 합당히 모셔져 있지 않다면).
5) 델롬이 출간한 『페루자 전기』 80절에서 "non bene reposita vel inhoneste in aliquo loco jacerent dispersa"(잘 모셔져 있지 않거나 혹은 아무렇게나 흩어져 있으면).

따라서 "합당한"(honestus)과 반대되는 "부당한"(illicitus)은, 존중할 의무가 없는, 잘못된 그리고 적절하지 않다는 의미에서의 "허락되지 않는"(혹은 용인되지 않는)을 의미한다. 하지만, 두 개의 편지와 비교해 볼 때 프란치스코는 "일리치투스"(illicitus)라는 표현으로써 "더러운" 혹은 "보기 흉한"의 의미를 생각했으리라는 추측을 낳게 해 준다27).

「유언」의 이 부분에 성 프란치스코의 수도 생활에서 중심이 되는 주제가 드러난다28). 지극히 거룩한 신비들에 대한 성인의 신심에 대해 이렇게 말할 수 있을 것이다. "이 신심은, 특히 그가 그리스도와 지극히 가까이 일치했을 때인 그의 생애 말기에 그의 경건성보다 더 높은 상징이었다"29). 성인은 이 관점으로 계속 되돌아가는데, 특히 그가 쓴 편지들에서 그렇다. 그는 「권고」 1에서 이 성사(성체성사)에 대한 자신의 고찰을 상세히 제시한다. 그는 이상하게도 자신의 두 수도규칙(「인준받지 않은 수도규칙」과 「인준받은 수도규칙」)에서는 이 성사에 대해 언급하거나 강조하지 않는다. 그는 이 성사의 개념에 대해 마지막으로 바로 여기 「유언」에서 언급하고 있다. 이전처럼 구체적이지는 못해도(임종의 고통스런 순간에 이 「유언」을 썼음을 기억해야 한다!), 자신이 늘 마음에 간직해 온 것을 마지막으로 간청하고 마지막으로

---

27) 참조: M. Rederstorff, 『Die Schriften des hl. Franziskus von Assisi』, Regensburg, 1910, 84; 『Il Testamento di San Francesco d'Assisi』의 128쪽에서 재인용.
28) 이에 대해서 카예탄 에써의 『Il Testamento di San Francesco d'Assisi』의 129-133쪽을 요약하고자 한다.
29) V. Kybal, 「Über das Testament des hl. Franz von Assisi」, 『Quellenkritische Studie』, MIOG 36(1915), 326; 『Il Testamento di San Francesco d'Assisi』의 129쪽에서 재인용.

권고할 때에, 자신이 생애 마지막 순간에 있음을 그 단순함과 겸손으로 더 명백히 암시하고 있는지도 모른다30).

성 프란치스코는 자신의 「권고」 1에서 말하고 있듯이, 이 지상에서 예수 그리스도를 좀 더 구체적으로 보고 싶어 하는 강렬한 원의로 해서, 성체성사에 대한 각별한 신심과 공경심을 갖고 있었지만, 1215년에 개최된 제4차 라테라노 공의회가 성체성사와 관련해 결정한 것들을 실천에 옮기는 데에 선봉자의 역할을 했다. 이 공의회의 결정 사항들 중 성체성사와 관련된 제19항과 20항이 성인에게 큰 영향을 주었다. 특히 "성유와 성체를 열쇠로 잠가 보존해야 한다"라는 20항을 실행에 옮기기 위해 교황 호노리오 3세가 1219년 11월 22일자로 「사네 쿰 올림」(Sane cum olim)이라는 칙서를 반포하였을 때 그러했다. 이 법 조항은 감실과 성유 보관소 등을 만들게 했다. 그러니까 이 법령이 나오기 전까지는 성체를 모셔 두면서 열쇠로 잠그고 성체불을 밝혀 두는 감실 제도가 없었다. 어떤 불성실한 사제들은 지저분한 곳에다 성체를 두었고, 때로는 성체를 담고 있는 성합이 마루에 굴러떨어져 쥐들이 먹는 경우도 있었다. 이런 경우들을 볼 때 성인이 얼마나 마음 아파했는지 모른다!

성인은 1220년 초 성지 이스라엘에서 돌아오자마자 "성체 운동"에 몰입했다. 그가 쓴 편지들 대부분이 성체의 보존과 관리에 큰 관심을 보여 주고 있다. 다음의 두 편지 인용을 보면 그가 「유언」의 이 부분에서 간청하고 권고하는 바를 이해하는 데 도움이 된다.

"만일 주님의 지극히 거룩하신 몸이 어느 곳에 형편없이 방치되어 있으면, 교회의 명에 따라 성체를 소중한 곳에 모셔 열쇠로 잠가 두어야 하고 공경심을 다해 성체를 옮기고 다른 이들에게 영해 주어야 합니다. 또한 주님의 이름과 기록된 말씀이 불결한 곳에서 발견되면 주워 모아 온당한 곳에 모셔야 합니다"31).

---

30) 참조: 위의 책, 326; 『Il Testamento di San Francesco d'Assisi』의 129쪽에서 재인용.
31) 「보호자 형제들에게 보낸 편지 I」 4-5절.

"많은 성직자들이 성체를 형편없는 곳에다 놓아두고 내버려두며, 불손하게 옮기고 합당치 않게 먹으며, 다른 이들에게 분별없이 나누어 주고 있습니다. 어떤 때 그분의 이름들과 기록된 말씀까지도 발아래 짓밟힙니다. '짐승 같은 인간은 하느님의 것들을 지각하지 않기'(1코린 2,14) 때문입니다"32).

「유언」의 이 맥락은 성인의 성체성사에 대한 깊은 신앙 및 공경심과 더불어, 교회의 법령과 가르침들을 혼신으로 실천하고 실천하게 하도록 하려는 교회 정신에 충만한 사도의 모습을 보여 주고 있다.

성인은 또한 지극히 거룩한 이름들과 그분의 말씀이 기록된 것에 대해서도 성체와 마찬가지의 공경심과 존중하는 마음을 지녔다. 그래서 그는 거의 습관적으로 성체와 이것들, 즉 지극히 거룩한 이름들과 주님의 말씀이 기록된 것들을 함께 나란히 언급하면서, 이 두 가지 요소의 중요성을 드러낸다. 이런 예를 「성직자들에게 보낸 편지 I」과 「성직자들에게 보낸 편지 II」 그리고 「보호자 형제들에게 보낸 편지 I」에서 찾아볼 수 있다. 이 공경심과 존중하는 마음을 이해하는 최종의 열쇠를 성인이 쓴 다음의 「형제회에 보낸 편지」에서 발견한다. "사실 많은 것들이 하느님의 말씀을 통하여 거룩해지며, 제단의 성사가 그리스도의 말씀의 힘으로 이루어지기 때문입니다"(37절).

5. 13절

"또한 우리는 모든 신학자들과 지극히 거룩하신 하느님의 말씀을 전해 주는 사람들을 우리에게 영과 생명을 주는 사람들로 공경하고 존경해야 합니다"(13절).

이 역시 회상 가운데서 형제들에게 주는 권고 형식을 지니고 있다. 성인은 이에 앞서 성체에 대한 신앙과 공경심 그리고 하느님 말씀(거룩한 이름들을

---

32) 「성직자들에게 보낸 편지 I」 5-7.

포함하여)에 대한 공경심과 존중하는 마음을 지닐 것을 권고한 후, 신학자들과 하느님의 말씀을 전해 주는 이들을 공경하고 존경하기를 권고하고 있다.

여기 프란치스코가 말하는 "신학자"(Theologus)란 그 당시에 각 주교좌 성당에서 사제들과 다른 이들에게 성경 말씀을 가르치고 사목 생활을 위해 알아야 할 모든 것을 제안하는 이들이었다. 이 "신학자"는 교황 인노첸시오 3세 아래서 또 제4차 라테라노 공의회 지향에 따라, 규모가 큰 모든 성당에서 일하도록 요청받았다[33]. 성인은 이 직책과 이 직책이 지닌 개념에 대해 알고 있었다고 본다. 그래서 성인이 자기 형제들에게 이 "신학자"에 대해 관심과 특별한 사랑을 지니도록 요청할 때, 그는 로마 교회의 한 가지 요청을 새로이 수행하는 것이다. 성인은 이 요청을 "하느님 말씀을 전해 주는 사람들", 곧 하느님의 말씀 봉사에 임하는 모든 이들에까지 확대시킨다. 성인은 이들을 "영과 생명을 주는" 이들로 바라본다.

"우리는 모든 신학자들과 지극히 거룩하신 하느님의 말씀을 전해 주는 사람들을 … 공경하고 존경해야 합니다"라는 성인의 말은, 성인 자신이 쓴 작은 형제회 수도규칙에서 한 말과 성인의 전기들이 전하는 성인의 말과 상충되는 인상을 주어 우리를 좀 곤혹스럽게 만든다[34]. 성인은 작은 형제회의 「인준받은 수도규칙」 제10장에서 이렇게 말한다. "글 모르는 형제들은 글을 배우려고 애쓰지 마십시오". 또한 『완덕의 거울』 69절은 성인의 말을 이렇게 기록하고 있다. "심판날에 모든 책들은 창문 밖으로 내던져져 쓰레기 더미에 내팽개쳐질 것입니다". 그런데 이 「유언」에서 성인은 신학자들과 하느님의 말씀에 봉사하는 이들에게 높은 공경심과 존경심을 지닐 것을 형제들에게 청하고 있는 것이다!

성인이 자랑이나 자만이나 교만 등을 낳을 수 있는 지식에 늘 반대한 것은 사실이다. 사실 어떤 지식은 형제들의 이상(理想)에 정면으로 충돌한

---

33) 참조: Du Cange, 『Glossarium』, VI, Sp. 1124; 『Il Testamento di San Francesco d'Assisi』의 134쪽에서 재인용하고 참조함.
34) 이 점에 대해서는 카예탄 에써의 『Il Testamento di San Francesco d'Assisi』의 135-136쪽을 참조했다.

다. 성인은, 그저 단순히 알려고 하는 애착심 때문에만 쌓아가는 지식이나, 자신의 지식을 통해 재물을 얻으려는 욕망으로 해서 쌓아가는 지식을 거부한다. 성인에게 이런 종류의 지식은 생명의 샘이 되지 못하고 오히려 영과 육을 죽이고 만다. 그가 승인하는 지식은, 영으로 인도하는 지식이요 하느님께 더 감사드리는 그런 생활에로 이끌어 주는 지식인 것이다. 이것이 바람직한 지식이다. 바람직한 지식에 대한 성인의 생각을 성인의 「권고」 7이 잘 말해 주고 있다. "사도가 말합니다. '문자는 사람을 죽이고 성령은 사람을 살립니다'(2코린 3,6). 사람들 중에서 더 많은 지식을 가진 자로 인정받기 위해서 또 친척이나 친구들에게 줄 많은 재물을 획득하기 위해서 다만 말마디만 배우기를 열망하는 이들은 문자로 말미암아 죽임을 당한 사람들입니다. 그리고 거룩한 문자의 영(靈)을 따르기를 원치 않고 말마디만을 배우기를 열망하며 다른 사람들에게 설명해 주기를 열망하는 수도자들은 문자로 말미암아 죽임을 당한 사람들입니다. 그리고 알고 싶어 하는 문자를 육신의 것으로 돌리지 않고, 오히려 그것들을 모든 선을 소유하시는 지극히 높으신 주 하느님께 말과 모범으로 돌려드리는 사람들은 거룩한 문자의 영으로부터 생명을 얻은 사람들입니다"(「권고」 7).

성인에게 무지는 결코 이상(理想)이 아니었고, 그는 그것을 또한 바람직한 것으로도 제시하지 않았다. 그는 자신의 영적 「권고」 27항에서 자신의 이상을 특별히 심원한 표현으로 드러내고 있다. "사랑과 지혜가 있는 곳에 두려움도 무지도 없습니다"(참조: 1요한 4,18). 또한 그는 「덕(德)들에게 바치는 인사」에서 무엇보다도 지혜를 여왕으로서 칭송한다. "여왕이신 지혜여, 인사를 드립니다. 주님께서 당신의 자매인 거룩하고 순수한 단순성과 함께 당신을 지켜주시기를!"

앞서 이미 고찰한 3-5항, 즉 이 「유언」의 6-13절을 정리하면, 다음의 특징들이 발견된다[35]: 프란치스코는 성체성사가 의심할 여지 없이 자기 수도 생활의 핵심이기 때문에, 이 성사를 공경한다. 따라서 사제들을 공경하

---

35) 참조: 『Il Testamento』, 137.

는데, 그들이 이 성사를 집전하고 분배하기 때문이다. 프란치스코는 하느님의 이름들과 그분의 기록된 말씀들을 존중하는데, 그것들을 통하여 모든 것이 거룩하게 되고 제단의 성사도 역시 거룩하게 되기 때문이다. 신학자들을 존경하는데, 그들이 하느님의 말씀을 전하고 나누어 주기 때문이다. 이와 마찬가지로, 「유언」의 이 주제에서 프란치스코는 자신의 내적 수도 생활에 가장 중요했던 요소를 말한다: 우선 근본적인 요소는 바로 하느님께서 그에게 주셨고 계속하여 아낌없이 주시는 신앙이다. 이 신앙은 여러 샘들에서 영양을 공급받았고, 다양한 요소들, 곧 사제들, 성사의 은혜, 신학자들 그리고 하느님 말씀의 은혜로부터 지극히 중요하고도 필요한 물줄기를 받아들인다. 그러나 이 살아 있는 신앙은 교회 안에서 살아가는 정도에 의존하는 바, 프란치스코가 결국에 영과 생명을 받는 것은 바로 이 신앙으로부터다.

6. 14-19절

"그리고 주님께서 나에게 몇몇 형제들을 주신 후, 내가 해야 할 일을 아무도 나에게 보여 주지 않았지만, 지극히 높으신 분께서 친히 나에게 거룩한 복음의 양식(樣式)에 따라 살아야 할 것을 계시하셨습니다. 그리고 나는 그것을 몇 마디 말로 단순하게 기록하게 했고, 교황 성하께서 나에게 확인해 주셨습니다. 그리고 이 생활을 받아들이려고 찾아오는 사람들은 가지고 있던 모든 것을 가난한 사람들에게 주었습니다. 그리고 또한 안팎으로 기운 수도복 한 벌과 띠와 속옷으로 만족하였습니다. 그리고 우리는 그 이상 더 가지기를 원치 않았습니다. 우리 성직자들은 다른 성직자들처럼 성무일도를 바쳤고, 평형제들은 주님의 기도를 바쳤습니다. 그리고 우리는 성당에 아주 기꺼이 머물곤 하였습니다. 그리고 우리는 무식한 사람들이었으며 모든 이에게 복종하였습니다"(14-19절).

이 부분에서, 프란치스코는 주님께서 형제들을 주신 후 복음의 양식(樣式)에 따라 살아야 할 것을 계시해 주신 은혜에 감사드리면서, 원(原) 수도규칙을 교황님으로부터 확인 받은 일을 비롯하여, 형제회 초기에 자신과 형제들이 어떻게 살았는지에 대해 간략히 회상하고 있다. 성인의 이 직접적 증언은 형제회(1회)의 초기 생활 모습을 이해하는 데에 매우 가치 있는 자료가 된다. 이 부분의 해설에서 카예탄 에써의 업적이 뛰어나기에, 다소 긴 분량이긴 해도, 그의 해설을 번역하여 여기에 싣고, 나의 고찰 몇 가지를 추가하고자 한다. 여기서 카예탄 에써가 인용하는 여러 학자들의 문헌 주석들은 생략한다(재인용이 되기 때문에).

그러면 카예탄 에써의 해설을 번역하여 소개한다(몇몇 부분은 축약 형태로 번역하고자 한다)[36].

무엇보다도 인상적인 점은, 프란치스코가 이 맥락에서 자신의 형제공동체가 교회의 수도회로 진화(進化)해 나간 것에 대해 조금도 비판하지 않는다는 사실이다. 이 단순한 말들로부터 성인이 교회에 대해 지닌 숨겨진(혹은 암시적인) 비판을 끄집어냈으면 하는 사람들은, 성인의 내외적 생활 안에다 문제점들을 삽입해 넣을 것인데, 적어도 성인 자신은 그에 대해 알지 못했다. 교회의 압력 아래 이루어진 자기 생활의 업적이 실질적으로 자신이 의도했던 것과는 다른 형태로 나아갔다면, 프란치스코가 로마가 행사한 후견인 역할에 대항해 가졌던 투쟁에 대해 「유언」에서 깊은 침묵을 지킨다는 사실은 대단히 놀랄 법하다. 아직 한 가지 더 놀랄 만한 사실은, 그가 「유언」으로써 **6-13절** 그리고 **27-33절**에서 구체적으로 말하는 것처럼, 자신의 형제회를 한층 더 엄격히 로마에 묶이게 하는 점이다.

이 말들로써, 즉 "아무도 나에게 보여 주지 않았지만 … 지극히 높으신 분께서 친히 나에게 … 계시하셨습니다"로써, 프란치스코의 사명 의식과 교회의 사명 의식 간에 갈등이 있음을 보는 사바티에(Sabatier)와 벤츠(Benz)에 반대하는 다음의 많은 것을 염두에 두어야 한다.

1) 프란치스코와 교회 간에 이 사명과 관련하여 전혀 갈등이 없었으며, 다만 프란치스코와 그의 봉사자들(관구장들) 간의 갈등은 부정할 수 없을 것이다. 로마 교회의 자세는 교황 인노첸시오 3세의 다음 말에서 잘 표현되

---

36) 참조: 『Il Testamento di San Francesco d'Assisi』, 138-151.

고 있다. "전능하신 주님께서 그대들에게 수효를 늘려 주시고 그대들을 은 총으로 풍요케 하신다면, 나로 하여금 기쁘게 그것을 맛보게 하라. 이제 그대들에게 역시 이 일들 대부분을 윤허하기를 바라며 충만한 신뢰심으로 그대들에게 보다 큰 소임들을 맡기노라". 교회는 이 운동이 발전되어 그 스스로 훌륭히 증명되는 것을 보고자 기다릴 수 있었다. 그에겐 늘 개입의 시기가 있었다. 바우어(Wauer)는 자신의 연구에 기초하여 다음의 결론에 다다른다: 교황 인노첸시오 3세는 작은 형제회의 발전에 대해 전혀 관심을 보이지 않았고, 오직 교황 호노리오 3세와 더불어 성 프란치스코의 제자들이 교황청으로부터 혜택을 받았다. 그리고 교황 호노리오 3세 아래서 교황청의 직접 개입을 처음으로 볼 수 있게 된 사실은, 그 일이 프란치스코 자신에게까지 되돌아가는 것 같다. 그가 동방으로 여행하던 중 봉사자들의 행동으로 인해 발생한 형제회 내부의 위기를 자신이 홀로 더 이상 통제할 수 없는 정도가 되어 교황청이 개입하기 때문에, 그는 온갖 노력을 다한다.

실제로 성인이 쓴 글이든 성인의 생애를 쓴 초기 자료이든 문맥들을 쥐어짜지 않는 한, 성인과 교회 간의 갈등을 나타내는 어떤 것도 연역해 낼 수가 없다.

이와 정반대로, 우리는 프란치스코와 그의 봉사자들 간에 있었던 갈등의 비극에 대해 우리에게 전해 주는 레오 형제의 증언을 갖고 있다. 프란치스코가 원하는 것은 믿을 수 없을 정도로 새로운 어떤 것이다. 봉쇄의 성격을 지닌 기존의 모든 형태와 근본적으로 다른 수도 생활이다. 그때까지 수도회의 두드러진 특징이 봉쇄 생활이었던 반면, 작은 형제들의 공동체는 완전히 복음적 자유의 정신 위에 세워진 공동체로서, 이 점 때문에 내적 무질서의 관점에서 보아 고통을 겪는다. 이 공동체는 교회의 다른 수도회들처럼 생활의 세세한 규범을 제시하지 않는다. 성 프란치스코라는 인물이 특별히 작음의 생활 규범을 낳는, 살아 있는 구현이다. 그의 삶과 인격이 참되고도 고유한 "작음의 생활 양식"을 만들어 낸다. 따라서 자신의 생생한 현존으로써 자기 형제들 가까이 있을 때까지는 자신에게 고유한 그 방향 안에서 자기 공동체를 유지하는 단계에 있었다. 그러나 작음의 생활 규범을 구현한 그의 인격은 곧바로 이차적인 것이 되어 버리고, 그만 불편들이 나타나야 했다.

또한 성인이 동방에서 여행 중에 있을 동안 발생했던 일들만 생각해 보아도, 그 발생한 일들은 이 무질서로 이끌어갈 수 있는 내부의 가능성들을 아주 명백히 드러내 보여 주고 있다. 하지만 궁극적인 분석에서 보면, 형제들 공동체의 책임자들은 봉사자들(관구장들)이었다. 따라서 어느 총회 때 이 봉사자들이, 성인이 자기 형제회를 위해 교황께 청한 우골리노 추기경에게 다가갔다고 해서 놀라운 일이 아니다. 왜냐하면, "이렇게 이렇게 살아야 한다"는 규범을 주는 성 베네딕토 수도규칙과 성 아우구스티노 수도규칙과 성 베르나르도 수도규칙을 받아들이도록 성인에게 설득하고자 했기 때문이다.

정확히 말하고자 하는 것은, 이 수도규칙들은 어떻게 질서정연하게 살아야 하는지를 일일이 보여 주고 있다는 점이다. 봉사자들은 어떤 면으로는 이처럼 질서를 요청하는 좋은 뜻을 나타내 준다. 그러나 성인은 이런 좋은 뜻에 대해 어떤 이해심을 보이지 않는다. 그는 있는 열정을 다해 이런 "지혜"를 경계한다. 자신의 사명을 실현하고자 미친 사람으로 여겨지는 것을 기꺼이 감수하면서까지, 뭔가 새로운 것을 시작하기 위해, 하느님으로부터 부르심 받고 선택되었음을 알고 있기 때문이다. **이것은 교회와의 갈등이 아닌, 바로 형제회 봉사자들의 현실적이고 객관적인 뜻과 성인 생애의 마지막 몇 년을 어둡게 한 성인의 과격한 이상주의 간의 비극적인 갈등인** 것이다. 교회는 이 두 당사자 모두로부터 중재 역할을 해 주도록 요청받았다. 교회는 그리고 특별히 프란치스칸 운동에 대한 교회 측의 대표자인 우골리노 추기경은, 두 개의 관점에 모두 만족을 주기 위해 애를 써야 했다.

2) 이 갈등에서 하나의 결정적인 부분은 성인이 지녔던 자신의 고유한 사명에 대한 인식이었다. 이 충돌을 우리에게 전해 주는 레오 형제가 기록한 문맥이 성인의 「유언」의 이 부분의 말들과 크게 다르지 않다. 봉사자들과의 논쟁 뒤에는 의심할 여지 없이 사명에 대한 인식이 있다. "아무도 나에게 보여 주지 않았지만, 지극히 높으신 분께서 친히 나에게 … 계시하셨습니

다", "아무도 나에게 보여 주지 않았다"라는 말로부터 프란치스코의 생각을 무리하게 열어본다면, 벤츠(Benz)가 이 문맥에서 그렇게 하듯이, "결코 교회가 아닌"이라고 추론하고 싶어 한다. 성인이 무모하게도 이와 유사한 생각을 정말 가졌다고 하는 점에 의심을 두는 것이 옳다. 성인은 자신의 사명에 대한 인식을 다음의 단순한 형식으로 하느님의 한 계시로 상승시키고 있다. 즉, 자신의 사명은 아무런 이면의 영향이 없는, 그리고 갈등의 가능성을 전혀 생각함이 없는, 자신의 고유한 것이라는 점이다.

특별히 하느님의 이 계시가 일어난 장소가 우리에게 알려져 있지 않다. 성인이 "계시"라는 개념을 지나치게 문자 그대로의 의미로 취하지 않았다는 것을 우리는 확실히 안다. **그는 자신에게 어디서든지 말씀하시는 하느님의 활동 앞에 늘 서 있었다.** 만일 복음서를 펼쳐 자신의 순간 상황에 합치하는 하느님의 말씀 같은 구절을 발견하면, 그는 그것을 하느님의 계시라고 말했다. 이면의 분석 없이도, 프란치스코는, 하느님께서 내면을 통하여 자신에게 말씀하시어 계시되는 것이든, 자신의 주교님 입에서 나오는 생생한 음성을 통하여 자신에게 드러나게 되는 하느님의 말씀이든, 자신이 찾던 것이 실베스테르 형제나 클라라 자매처럼 거룩한 사람들의 결정을 통하여 드러나는 하느님의 뜻이든 간에, 다양한 색채로서 "계시"라는 용어를 사용한다는 것이 분명하다. 「유언」에서 두 차례 언급하는 "계시하다"는 성인이 복음서를 펼친 일과 어떤 성경 문맥을 들은 것을 생각하게 해 주는데, 이것들은 성인에게 개인적 계시가 되었다. 이 부분의 「유언」 14절이 말하는 "계시하다"는, 아마도 『2첼라노』 15, 『익명의 페루자 전기』 2절, 그리고 『세 동료들이 쓴 전기』 25-29절이 기록하고 있는 그런 의미, 곧 복음서를 펼쳐 자신의 순간 상황에 합치하는 것으로 설명할 수 있을 것 같다. 「유언」 23절이 말하는 것, 곧 "'주님께서 당신에게 평화를 내려 주시기를 빕니다' 하고 우리가 해야 할 인사를 주님께서 나에게 계시하셨습니다"의 "계시하다"는 그 의미가 명백하다. 이 인사는 「레오 형제에게 내린 축복」이 증명하듯이, 프란치스코가 암기하고 있었던 옛 축복문에서 따온 것이기 때문이다. **이렇듯 성경 구절에서 따온 살아 있는 말씀들은 프란치스코에게 있어 하느**

님께서 그에게 행하시는 계시가 된다. 그는 자신의 생활 유형에서 뭔가 달라지고 특별한 것을 이와 유사한 계시로 보고 있다. 따라서 어렵기는 해도 "지극히 높으신 분께서 친히 나에게 계시하셨습니다"에다가, 「유언」에서 반복하여 힘주어 강조되는 "주님께서 나에게 ~해 주셨습니다"보다 실질적으로 보다 더 큰 가치를 부여할 수 있다.

「유언」 14절에서 하느님의 한 가지 계시에다 호소하는 것은 프란치스코의 사명 인식을 이렇듯 명백하게 보여 준다. 즉, 그는 자신의 직분에서 결코 임의적으로 행동하는 사람으로 보이지 않으며, 자신이 하나의 특별한 사명에로 하느님에 의해 소명 받았음을 알고 있고 또 깊이 확신하고 있다. 하느님의 사절로서, 하느님의 도구로서 살고 일한다. **여기서 확실히 드러나는 것은, 작은 자로서 사는 생활 양식과 "복음의 양식"(樣式)을 구현하는 것을, 프란치스코는 하느님의 특별한 개인적 호소로 해석했다는 점이다.** 이것들을 실현하는 것이 그의 특별한 사명이었다. 이 특별한 명령이 그의 생애를 역군(役軍)으로 형성해 나갔고 온갖 어려움을 헤치고 이끌어 나갔다.

3) 한편, 그의 사명을 정당화시키는 하느님의 계시에 관한 이야기 곁에는 "교황 성하께서 나에게 확인해 주셨습니다"라는 단순한 것과 지극히 자연스러운 것이 있다. 이는 최근의 많은 프란치스코 연구가들이 간과했고 이해하려는 것조차 거부했던 하나의 사실이다. 하느님으로부터 개인적으로 선택받았다고 확신하는 모든 이들처럼, 프란치스코에게도 권한자와 충돌할 위험이 있어, 그는 근본적으로 이 지상에서 하느님의 진정한 대리자이신 분의 설득에 따라 살았다. 자신의 머리이신 로마 교황 안에서 볼 수 있게 되는 교회는, 역시 그에게 있어 당시의 많은 대단히 열심한 수도자들처럼 조난당하는 것을 막아 주는 위험 표지가 될 수 있었다. 우리는 시초부터 프란치스코 안에서 놀라운 사실을 만나게 되는데, 그가 교회에 요청했고, 그에게는 자신의 이념에 대한 확인이 교황에게서 표현되었다는 점이다.

따라서 이 맥락에서 『세 동료들이 쓴 전기』 46절이 기록하고 있는 내용의 전승이 지니는 참된 가치를 생각할 수 있다. "열두 번째 형제가 성인에게 입회자로 온 후, 프란치스코는 말했다. '우리의 어머니이신 거룩한 로마 교회에 가서, 교황님께 하느님께서 우리를 통하여 하시고자 시작하신 것과, 교회의 법령과 교황님의 뜻에 합치하여 우리 사명을 계속하고자 하는 목적을 알려드리도록 합시다'". **이처럼 프란치스코는 시초부터 자기 자신을, 또 자신에게서 솟아나왔고 자신의 사명 인식에 의해 형태를 취한 그 운동을, 로마 교회의 결정에다 맡겼다.**

이는 성인 자신의 증언인 이「유언」에서만이 아니고, 그의 수도규칙에서, 그의 전기들에서, 또한 당대의 연대기 저술가 등에서 확인되었다.

따라서 다음과 같이 주장할 수 있다: 성 프란치스코의 사명 의식은 자신의 생애에서 자기 스스로가 원하고 수용함으로써 한계성을 지니게 되었다. 이 제약(혹은 한계성)은 교회의 뜻이자 교회의 법령이었다. 성인이 지닌 교회 개념을 본 후에는 이 사실에 대한 이해가 그다지 어려운 것이 되어서는 안 된다. 성인은 복종의 개념을 절대로 포기하지 않았고 이는 여기「유언」에서도 마찬가지다. 여기「유언」에서 한 번 더 분명한 표현으로 자연스런 사실로서 선언했다. 틸레만(Tilemann)이 말하듯, 그의 강렬한 확신에서 나온「인준받은 수도규칙」의 다음 종결문이 프란치스코에겐 생애를 마치는 순간까지 항구했다. "형제들은 거룩한 교회의 발아래 항상 매여 순종하고 … 주 예수 그리스도의 거룩한 복음을 실행할 것입니다".

성인의 이런 인격과 관련하여, 이 고찰들로써도「유언」의 이 부분이 지닌 의미를 충분히 설명하지 못한다. 그럼에도 이 부분은 우리에게, 진정성의 향기를 지닌 채, 성인의 중심인 성인 주위에 모여든 형제회의 창립 원천에 관한 정보를 전해 주고 있다. 그리고 이 점에서 학자들의 견해가 다양하다. 레난, 보이츠, K. 뮐러, 만도네트, 피에론은, 프란치스코가 처음에는 교회의 수도회를 세우려는 마음을 전혀 갖지 않았고 다만 모두에게 열려진 회개의 형제회를 세우려 했다고 주장한다. 이는 정말 맞는 말이다. 성인을 개인으로 고찰해 본다면, 그는 자신의 회개 시초에, 주님께서 그에게 지시하신 대로 혼신으로 복음을 따르려고만 한 것이 분명하다. 이 시기에는 그 후에 있게 된 그런 의미에서의 한 수도회 설립을 분명히 생각하지 않았다. 하지만 주님께서 형제들을 주셨을 때, 그는 자신의 인격이 생활 규범이 되고 자신에게 계시된 이상(理想)이 추진체가 되게 한, 한 수도공동체의 중심이 되었다. 역시 여기에는 아직 후속 의미에서 수도회의 볼 수 있는 이념이 감지되지 않는다. 모여든 형제들은 성인의 이상 안에서 자신들로서 인식할 수 있는 그런 형태로 복음을 단순하게 살아갔다.

「유언」의 이 부분이 전하는 증언의 바탕에는 이미 이 작은 범주 안에서 **어떤 원초적 요소들을 계시하는데, 이 요소들이란 형제들의 수효가 증가하고 또 형제들에게 맡겨진 직무들이 증가하면서 한 수도회의 형성에 필요로 한 것들이다.** 이 원초적 요소들은 발전해 나가고, 프란치스코는 자신이 개입하지 않고도 교회법적 의미에서 수도회의 지도자가 된다. 분명히 확인할 수 있는 것은, 성인을 꽉 조인 이 운동은 시간이 흐르면서 "작은 형제회"(Ordo Fratrum Minorum)가 된다. 그러나 중요한 것은 이것이다: 이 발전에로 효과 있게 이끌어 간 것은 프란치스코의 원의와 보살핌으로부터였다는 점이다.

이상으로 이 부분의 **14-15절**에 대한 카예탄 에쎄의 긴 해설 소개를 마친다. 이제는 **14-15절**에 대한 카예탄 에쎄의 해설에 대해 나의 고찰 몇 가지를 추가하고자 하며, 이어서 이 부분의 **16-19절**에서 성인이 회고하는, 성인과 초기 형제들의 삶이 지닌 몇 가지 특징들을 카예탄 에쎄의 연구를 참조하면서 나 나름대로 고찰을 말하고자 한다.

4) 14-15절에서 카예탄 에쎄의 해설에 몇 가지 추가하고자 한다. 편의를 위해 이 두 절을 다시 인용하겠다. "그리고 주님께서 나에게 몇몇 형제들을 주신 후 내가 해야 할 일을 아무도 나에게 보여 주지 않았지만, 지극히 높으신 분께서 친히 나에게 거룩한 복음의 양식(樣式)에 따라 살아야 할 것을 계시하셨습니다. 그리고 나는 그것을 몇 마디 말로 단순하게 기록하게 했고, 교황 성하께서 나에게 확인해 주셨습니다".

프란치스코는 여기서 우선 자신의 삶에 동참한, 소위 말하는 "입회자"형 제들을, **하느님께서 자신에게 주신 선물**로 보고 있다. 그러니까 자신이 살아가야 할 삶을 하느님께서 복음을 통하여 계시해 주신 은혜에 앞서서, 형제들을 선물로 주심에 대해 감사드리고 있는 것이다. 그리고 자신이 살아가야 할 삶에 대해 "복음의 양식"이라는 길을 계시하신 하느님의 은혜에 감사드리면서, 간접적으로 하느님 말씀의 은혜에 대해서도 감사드리고 있는 것이다. 그가 하느님 말씀을 얼마나 소중히 여겼는지는 이「유언」을 비롯하여 그의 여러 글들에서 발견할 수 있다.

이 부분에서 우리는 또한 성 프란치스코가 자신이 어떤 영적 스승이나 안내자를 두지 않은 가운데 하느님 말씀, 특히 복음서의 가르침이 그 자신에게 유일한 영적 안내자가 되었음을 알게 된다. 이 점에서 사도 성 바오로의 경우와 유사하다. 바오로 사도는 자신의 편지에서 사도직 소명을 회상하면서 이렇게 말한다. "내가 당신의 아드님을 다른 민족들에게 전할 수 있도록 그분을 내 안에 계시해 주셨습니다. 그때에 나는 어떠한 사람과도 바로 상의하지 않았습니다. 나보다 먼저 사도가 된 이들을 찾아 예루살렘에 올라가지도 않았습니다. 그냥 아라비아로 갔다가 다시 다마스쿠스로 돌아왔습니다. 그러고 나서 삼 년 뒤에 케파를 만나려고 예루살렘에 올라가, 보름 동안 그와 함께 지냈습니다"37). 이렇게 사도 바오로는 자신이 영적 스승을 두지 않은 채 온전히 하느님의 계시에 의해 사도로서 양성되었음을 회상하고 있다.

사실 하느님께서 프란치스코에게 "복음의 양식"에 따라 살도록 계시하신 것은, 교회 역사에서 완전히 새로운 수도 생활을 가져온 엄청난 결과를 낳았다. 교회의 수도 생활 역사에서 기념비적인 일이 된 것이다. 그의 생애를 보면, 하느님께서 그에게 "몇몇 형제들을 주시기" 전에도, 당신의 말씀, 특히 복음서들의 말씀을 통하여 그에게 계시의 빛을 주셨음을 알 수 있다. 무엇보다도 사도직 소명을 받게 해 준 성 마티아 축일에 들은 복음 말씀(아마도 루카 9,1-6)이 그러했고38), 첫 제자인 퀸타발레의 베르나르도가 찾아왔을 때 하느님의 뜻을 알기 위해 아씨시의 성 니콜로 성당에 함께 가서

---

37) 갈라 1,16-18.
38) 참조:『1첼라노』22;『대전기』III, 1;『세 동료들이 쓴 전기』25.

기도한 후 복음서를 세 번 펼쳤을 때 나온 세 구절들, 곧 마태오 16장 21절, 마태오 19장 21절 그리고 루카 9장 3절을 읽었을 때도 그러했다[39]).

성인의 이「유언」부분은 또한 최초의 작은 형제회 수도규칙(원수도규칙)의 작성과 교황의 인준에 관한 소중한 정보를 주고 있다. 성인이 써서 1209년 교황 인노첸시오 3세께 보여 드렸고 구두로 인준받은 이 수도규칙은 훗날에 안타깝게도 분실되고 말았다. 그래서 그 내용을 정확히 알 수는 없지만, 바로「유언」의 이 부분에서 성인이 한 말 가운데 그리고 작은 형제회의 「인준받지 않은 수도규칙」(1221년)의 내용을「인준받은 수도규칙」(1223년)의 내용과 비교하면서 상당 부분을 추정할 수 있다. 성인은 이「유언」에서 분실된 원(原) 수도규칙에 대해 "몇 마디 말로 단순하게 기록케 했다"고 말함으로써, 무엇보다도 이 원수도규칙이 짧은 수도규칙이었음을 알게 해준다. 그리고 성경 구절 인용이 중심이 되고, 특히 성 니콜로 성당에서 읽게 된 마태오 16장 21절, 마태오 19장 21절 그리고 루카 9장 3절이 중심 역할을 했으리라는 추측을 할 수 있다. 여기서 한 가지 흥미로운 것은, 교황 호노리오 3세가 작은 형제회의「인준받은 수도규칙」을 인준하는 교령에서 "우리의 선대 교황 고(故) 인노첸시오께서 **인준하신**"이라고 기록하고 있는 반면, 성인은 여기「유언」에서 "나에게 **확인해** 주셨습니다"라고 좀 다른 용어를 사용하고 있다는 점이다. 허락 차원에서 본다면 "인준"이라는 용어가 "확인"이라는 용어보다 더 강한 의미를 지닌다.

이제「유언」의 이 부분에서 성인이 회상하는 초기 형제들 생활의 특징을 보기로 한다:

- 성인은 자신의 두 수도규칙에서처럼[40]) 수도회 혹은 수도원 입회를 "이 생활을 받아들이려고 찾아오는 사람들"이라고 특이한 표현을 사용한다. 성인은 수도회 혹은 수도원이라는 물리적 기관 혹은 기구를 넘어서서 "수도자의 생활"을 강조한다.

---

39) 참조:『세 동료들이 쓴 전기』27-29;『2첼라노』24.
40) 참조:「인준받지 않은 수도규칙」제2장과「인준받은 수도규칙」제2장.

- 형제회 초기의 입회자들이 "가지고 있던 모든 것을 가난한 사람들에게 주었습니다"는, 훗날「인준받은 수도규칙」(1223년 수도규칙) 제2장이 규정한 것, 곧 "그때에 봉사자들은 '가서 너희의 모든 것을 다 팔아 가난한 사람들에게 나누어 주도록 힘쓰라'(참조: 마태 19,21)고 하신 거룩한 복음의 말씀을 이야기해 줄 것입니다. 만일 이렇게 할 수 없으면 좋은 뜻만으로도 넉넉합니다"보다 더 엄격했음을 알 수 있다. 이 입회 규정과 정신은 이미 입회자들이 "철저한 가난의 생활"로 들어가고 있었음을 암시해 준다. 예수님께서 부자 청년에게 하신 포기의 요구를 입회자들이 실천하라는 요청인 것이다.
- 입회자에게 이미 요청한 이 철저한 포기는 형제들의 극단적 가난으로 연결된다. 초기 형제들에게 요청되었고 또 그들이 실천한 극단적 가난은 성인의 다음과 같은 간결한 증언에서 잘 표현되고 있다. "그리고 또한 안팎으로 기운 수도복 한 벌과 띠와 속옷으로 만족하였습니다. 그리고 우리는 그 이상 더 가지기를 원치 않았습니다". 이 극단적 가난은 사실 초기에도 어려움을 낳았다. 특히 추운 지역에 선교를 나간 형제들은 많은 고통을 겪어야 했다.
- 공동의 의복인 수도복[41]: 초기 형제들은 프란치스코처럼 안팎으로 기운 수도복과 띠 그리고 속옷을 기꺼이 입었다. 모든 전기들은 프란치스코가 자신을 따르는 사람들에게 시초에 형제회의 수도복이라는 특징적인 의복을 입도록 했다고 말하고 있다. 따라서 형제들의 "특징적인 표지"로서 또 그리스도인들이 존중한 이 의복이 시초부터 도입되었다.
- 성무일도[42]: 이 기도는 교회 안에서 수도공동체라는 조직이 갖는 힘보다 더 큰 힘을 지녀왔다. 형제들이 언제부터 이 기도를 바치기 시작했는지는 정확히 알 수 없다. 이 성무일도와 관련된 조항들이 원 수도규칙에 이미 들어 있었는지는 확인할 수 없는 어려운 문제다. 여하튼 프란치스코는 자신의 공동체 생활 시초에 이 기도문이 있게 되었음을 언급하고

---

41) 참조: 『Il Testamento di San Francesco d'Assisi』, 146.
42) 참조: 위의 책, 147.

있다. 공동체에서 이 성무일도는 성직형제들과 평형제들을 구분하고 있다. 곧 성직형제들은 성무일도를 바쳤고 평형제들은 주님의 기도를 바쳤다. 그 이유는 평형제들 대부분이 글을 읽을 줄 몰랐기 때문이다.

- 성인은 "우리는 성당에 아주 기꺼이 머물곤 했습니다"라고 말하는데, 이는 그들이 아직도 정해진 주거지, 곧 수도원을 갖고 있지 않았음을 말해 준다. 또한 그들이 순례 생활을 할 때 밤이 되면 잘 곳으로 성당의 다락방이나 너그러운 사람들이 제공하는 방이나 장소를 찾아야 했다[43].

- 성인은 자신을 포함한 형제들이 무식한, 곧 "배우지 못한"(illitteratus) 사람들이라고 칭하면서 모든 이에게 복종하는 삶을 추구했다고 말하고 있다. 성인이 말하는 것처럼 성인과 초기 형제들 모두가 전혀 공부하지 못한 사람들은 아니었지만, 초기 형제들 대부분의 교육 수준이 낮았던 것은 사실이다. 성인의 전기를 최초로 쓴 성인의 제자 중 하나인 토마스 첼라노는 자신이 쓴 성인의 『제1생애』, 곧 『1첼라노』의 57절에서 이렇게 말한다. "그가 포르찌운쿨라의 성 마리아 성당으로 돌아온 후 얼마 안 있어 교육도 받았고 고매한 인품을 지닌 사람들이 감사하는 마음으로 그에게 합세했다". 토마스 첼라노는 자신이 이때 입회한 사람들 중의 하나임을 암시하고 있는데, 그가 입회한 것은 1215년경이다. 따라서 이때부터 높은 교육을 받은 이들이 형제회에 입회하기 시작했다고 볼 수 있다. 카예탄 에써는 이 초기에 학문적 양성이 아직 없었다고 말하고 있다[44]. 성인은 이어서 자신과 형제들이 모든 이에게 복종하는 삶을 살았다고 말한다. 여기서 성인이 사용하는 라틴어 단어는 "수브디티"(subditi)로, 여기 번역된 대로 "복종하다"이다. 이는 모든 이의 발아래에서 머물면서 종속되는, 그야말로 온전히 낮추는 삶을 살았음을 말해 준다. 성인의 한없는 겸손을 다시 한 번 읽을 수 있는 부분이다!

---

43) 참조: 『Il Testamento di San Francesco d'Assisi』, 148.
44) 참조: 위의 책, 148.

7. 20-22절

"그리고 나는 내 손으로 일을 하였고 또 지금도 일하기를 원하며 다른 모든 형제들도 올바른 허드렛일에 종사하기를 간절히 바랍니다. 일할 줄 모르는 형제들은 일을 배워야 하고, 일의 보수를 받을 욕심 때문이 아니라 모범을 보이고 한가함을 쫓기 위해서 일을 배울 것입니다. 그리고 우리에게 일의 보수가 주어지지 않을 때에는 집집마다 동냥하면서 주님의 식탁으로 달려갑시다"(20-22절).

이 부분에 대해 먼저 카예탄 에써의 해설을 듣기로 한다[45]. 수입을 얻기 위해서가 아니라 사도적 생활을 본받는 것으로서의 손노동은 12-13세기 수도 단체들이 지닌 이상(理想)의 한 면을 차지했다. 또한 일에서 얻는 수입이 충분하지 못할 때면 곧장 동냥을 청하러 달려간 사실도 말해 준다. 따라서 여기서는 자주 믿어 온 바처럼 작은 자들의 전형적인 자세를 다루지는 않는다.

손노동과 동냥을 청함에 대한 작은 형제회의 수도규칙들의 조항들은 「유언」과는 반대로, 손노동 가까이에 있는, 더구나 이 수도규칙들에서 많이 반복되어 언급된 이 동냥은, 마지막 수단으로서만이 아니고 그 자체 독립된 목적으로서 또 덕의 수행(修行) 차원으로 들어간다는 인상을 준다. 「인준받은 수도규칙」 5장에서 노동은 이미 그것으로 해서 선물을 받는 그런 형제들의 일이 된 듯하다.

그런데 이런 말들을 아주 엄밀히 설명할 수 있는가? K. 뮐러는 초기 상황에서부터 출발하는데, 「인준받은 수도규칙」과 더불어 우리 수도회는 탁발 수도회가 되는 데로 넘어갔다고 결론짓는다. 키발 역시 「유언」의 말씀들에서 자신이 볼 때에는 성인의 의도가 왜곡된 듯한 수도규칙 규정들의 수정을 보고 있다.

성인은 자신의 회개의 삶을 시작할 때, 동냥을 청하는 것에서 가난하신

---

[45] 참조: 위의 책, 149-150.

그리스도를 따르는 길의 하나로서 고유한 수치를 느꼈다. 따라서 시초부터 동냥을 청하는 것은 지극히 높은 가난의 표현으로서 작음의 삶이 지닌 이상(理想)에 속한다. 가난한 이가 타인의 재물에 온전히 의존하는 것을 표현하기 때문이다.

우리가 말하고 있는 것을 할 수 있는 한 명료화하기 위해, 다음의 사실을 분명히 확언할 수 있다: 프란치스코는, 만일 자기 형제들이 손노동을 통해 여분의 것을 동냥을 되돌려 줄 만큼 많은 수입을 얻는다면, 분명히 반대되는 강한 입장을 취할 것이라는 점이다. 틸레만은 다음과 같이 쓸 때, 정말 늘 어려운 이 문제에서 표지 가운데 사물의 본질을 끄집어낸다: "프란치스코는 사람들이 적선하는 것들을 모으는 것을 하나의 응급책으로 보았다. 그런데 이는 자신이 생각한 유일한 관점이 아니다. 오히려 그는 자신의 계획 안에 엄청나게 중요한 교육의 수단으로서 '동냥을 청하러 나간다'라는 구절을 첨가시켰고, 자기 제자들이 특별히 가치 있는 일을 다루듯 의무감에 젖어야 함을 힘주어 역설했다". 동냥은 이렇듯 프란치스코에게 두 개의 관점을 갖게 한다. 예외적인 경우들에는 생계 유지의 원천이 되지만, 이를 넘어서서 항상 덕의 수행이 된다는 것, 즉 작은 자다운 겸손에다 엄격히 묶어 주어, 동냥하는 형제의 면전에 지극히 높은 가난 안에서의 자신의 삶이 지니는 불안정성을 대단히 구체적으로 보여 주어야 한다. 성인은 「유언」에서 단지 동냥이 지니는 첫 번째 의미만을 말하고 있다. 수도규칙에서는 두 가지 관점 모두가 나오고 있다.

이제 나는 카예탄 에써의 해설에 몇 가지를 첨가하고자 한다. 성인이 이 부분에서 일, 특히 손노동과 허드렛일을 대단히 강조하고 있음에 유의할 필요가 있다. 이와 관련해 성인은 "내 손으로 일을 하였고"라고 말함으로써, 자신이 손노동을 비롯한 여러 가지의 일의 모범을 보였음을 간접적으로 보여 주고, 지금 임종을 앞둔 육체적인 무능의 상태에서도 "지금도 일하기를 원하며"라고 말하고 있다. 여기서도 성인은 일에 대한 회고를 하면서 형제들에게 일하고 일을 배우기를 간곡히 권하고 있다. 성인은 자신의 두 수도규칙과 「유언」에서 일의 목적을 다음 몇 가지로 말하고 있다[46]).

(1) 생계유지를 위해서, (2) 영혼의 원수인 게으름을 쫓기 위해(수덕의 목적), (3) 봉사하고 모범을 보이기 위해. 성인은 또한 이 두 수도규칙과 「유언」에서 일하는 자세도 말해 주고 있는데, 무엇보다도 "기도와 헌신의 정신" 안에서 일할 것이며 땀 흘려 열심히 일하고 작은 자와 낮은 자의 자세, 곧 겸손한 자세로 일하기를 바라고 있다.

옛날에도 그랬지만 지금에도 해야 할 일에서 게으름의 유혹이 있고, 소위 인정받고 존경 받는 그리고 남에게 쉽게 드러나는 그런 일을 선호하고, 손노동과 수도원 안의 허드렛일 등 힘들고 잘 드러나지 않는 일들을 피하고 싶어 하는 경향과 유혹이 있다. 성인이 여기 수도규칙들과 「유언」에서 언급하는 손노동과 허드렛일은 1회의 수도자 형제들 가운데서도 기피의 위험을 보이는 분야이다. "다른 모든 형제들도 올바른 허드렛일에 종사하기를 간절히 바랍니다" 하고 말하는 성인의 간곡한 요청이 나온 것은, 성인 생존 시에 이미 허드렛일 기피 현상이 일어나기 시작했다는 간접적 증거가 된다. 특히 복음화 과업에서도 전문 지식이 더욱더 요청되는 현대에, 자칫하면 수도원 안의 손노동과 허드렛일을 소홀히 할 우려가 크며, 사실 그 우려가 현실화되고 있다는 징조도 나타나고 있다. 사도 성 바오로는 신자들에게 폐를 끼치지 않으려고 천막을 만들어 팔아 생계를 유지했고, 여러 손노동을 했다. 그의 말을 하나 인용하겠다. "지금 이 시간까지도, 우리는 주리고 목마르고 헐벗고 매 맞고 집 없이 떠돌아다니고, 우리 손으로 애써 일합니다"[47].

8. 23절

"'주님께서 당신에게 평화를 내려 주시기를 빕니다'(참조: 2테살 3,16) 하고 우리가 해야 할 인사를 주님께서 나에게 계시하셨습니다"(23절).

---

46) 참조: 「인준받지 않은 수도규칙」 7장; 「인준받은 수도규칙」 5장; 「유언」 21-22절.
47) 1코린 4,11-12.

이 부분에 대해서는 카예탄 에써의 해설을 소개하는 것으로 충분하다고 본다48). 거의 순진하다고 볼 수 있는 이 단순한 인사는 성 프란치스코의 제자들과 당시의 사람들에게 깊은 감화를 주었다. 프란치스코의 생애를 기술했을지 모를 이들 중 그 누구도 특별한 형태로 이 인사를 되새기는 일을 빠뜨리지 않았다. 그토록 시끄러운 시기에 살았던 이들로서, 사람들은 이 인사가 지닌 힘과 효과에 대해 분명히 하나의 특별한 민감성을 지녔다.

여기에서 회상된 이 인사는 본질상 작은 형제회의 수도규칙이 권고한 복음적 인사 "이 집에 평화를 빕니다"(루카 10,5)에 상응한다. 이 두 가지 형식 모두 성경 구절에서 온 것이기에, 성인에게는 역시 계시가 될 수 있다. 이것은 원천에 기초하여 결정하기가 어려울 듯하다. 왜냐하면 성인이 구약 성경이 말하는 인사를 선호하는 것 같기 때문이다.

만디치는 두 가지 형태 중 하나에 담긴 인사가 원 수도규칙의 한 부분이었을 것이라는 의견을 내고 있다. 그러나 그의 생각은 절대적인 확신을 주지는 못한다.

이 인사가 성인과 제자들의 선교 여행의 큰 사명들 가운데 하나를 표현해 준다. 그들은, 상류층과 하류층 간에 또 부유한 이들과 가난한 이들 간에 적대감이 가득 찼던 세상에서, 그리고 도시들 간에 또 나라들 간에 서로 전쟁하는, 특히 그 당시 이탈리아에서는 스타우펜 가문과 구엘피 가문 간의 엄청난 분쟁이 시작된 그런 세상에서, 평화의 전달자가 되어야 했다. 이런 분위기에서 작은 형제들은 프란치스코가 자신의 생애에서 늘 했던 것과 같이, 반목을 극복하고 평화를 중개하는 자신들의 위대한 사명을 수행해야 했다. 하느님께서 지극히 중요한 요소로서 프란치스코에게 계시하신 이 인사는, 형제들에게 이 모든 것을 계속 상기시켜야 했다.

자노의 조르다노는 자신의 『연대기』에서 프란치스코가 이 인사를 사용한 방법에 대한 정확한 실례(實例)를 기록하고 있다. 어느 날 성인이 굉장히 중요한 일 때문에 교황 호노리오 3세를 알현하게 되었을 때, 성인은 "아버지

---

48) 참조: 『Il Testamento di San Francesco d'Assisi』, 151-152.

이신 교황님, 주님께서 귀하게 평화를 주시기를 빕니다"라고 말하면서 교황께 인사했던 것이다.

III. 끝맺음하면서

"유언"이란 문자 그대로 어떤 사람이 세상을 떠나면서 남기는 말이다. 따라서 자신의 가슴 속 깊이 담아 두었던 것을 표출하기 마련이다. 그러므로 유언은 소중한 말이며 본인의 진심이 담긴 말이라 할 수 있다. 대개의 유언들은 권고 사항이거나 생시에 못다 한 말의 추가이거나 남기는 재물에 대해 본인이 희망하는 사용처 등을 기록하는 데 반해, 성 프란치스코는 자신의 「유언」 절반 이상을 "과거의 회상", 곧 주님의 신비롭고도 자비로운 인도하심에 대한 감사에 충만한 회상에 할애하고 있다. 성인은 자신의 「유언」을 너무도 소중히 여겨, "형제들은 이 글을 수도규칙과 같이 항상 지녀야 할 것입니다. 그리고 개최하는 모든 회의에서 수도규칙을 읽을 때 이 글도 읽을 것입니다"라고 「유언」 마지막에서 말하고 있다. 성인의 이 말은, 물론 성인이 세상을 떠난 후 형제들 간에 과연 이 「유언」이 "수도규칙"과 동등한 법적 구속력과 가치를 지니는가로 논쟁하게 되고, 마침내 교황 그레고리오 9세가 "「유언」은 수도규칙과 동일한 법적 구속력을 지니지 못한다"고 답했지만, 지금까지도 사실상 수도규칙 다음으로 영적 권위를 지닌 소중한 문헌으로 남아 있다.

나는, 성 프란치스코가 과거를 회상하는 – 물론 몇 차례의 권고도 나오지만 – 이 「유언」의 1-23절까지를 작은 형제회의 위대한 학자인 카예탄에서 형제의 해설에 상당 부분 의지하면서 해설했다. 성인은 겸손함 가운데 감사의 신앙에 기초하여 여러 가지의 은혜에 감사드리고 있다. 가장 큰 은혜로서 "자신의 회개" 은혜를 맨 먼저 말하고, 이어서 성당들에 대한 신앙, 교회의 사제들에 대한 신앙을 갖게 해 준 은혜를 말하면서 이와 관련하여 성체와 하느님의 말씀과 하느님의 거룩한 이름들에 공경심을 촉구하고 있다. 계속하여 성인은 몇 가지의 은혜들을 회상하는데, 주님 친히 자신과 자신의 형제들이 살아가야 할 생활 양식을 거룩한 복음을 통해 계시해 주신 은혜를 말하고, 여기에 이어서 극단적 가난과 기도의 삶, 복종의 자세, 손노동과 동냥의 삶이 특징을 이룬 형제회 초기의 복음적 삶을 회상하고 있다. 그리고 끝으로 프란치스코와 형제들의 삶에서 참으로 중요한 역할을 한 "평화의 인사"를 주님께서 계시해 주신 은혜에 감사드리고 있다. **성인의 이 회상들이 우리에게 참회와 보속의 삶을 다시 시작하게 하는 원동력이 되기를 희망한다!**

「유언」 24-26절: 가난

김찬선, 작은 형제회(프란치스코회)

많지도 않지만 적지도 않은 프란치스코의 글 중에서 「유언」이 차지하는 의미는 무엇인가? 유언은 생애 마지막으로 남기는 말이다. 그러므로 먼저 한 말보다 나중에 한 말이 더 발전되고 앞의 것을 종합하는 말이듯, 맨 나중에 남긴 말인 유언은 앞에 한 말보다 발전된 말이고 앞에 한 말의 종합이라고 할 수 있을 것이다. 유언은 생애의 마지막에 가장 중요하다고 생각하는 것을 남기는 것이며, 그것도 너절하게 얘기하지 않고 진수라고 생각되는 것을 요약하여 남긴 것이다.

유언이 이러하다면 「유언」에서 얘기하는 가난도 마찬가지이다. 프란치스코 자신이 지금까지 가르치고 형제들과 살았던 가난의 종합이요 진수라고 할 수 있을 것이다. 그러므로 지금 우리의 고찰은 먼저 가난에 대한 프란치스코의 여러 가르침과 가난의 발전 과정을 종합하는 것이어야 할 것이고, 다음으로 「유언」에서 가난의 진수로 얘기하는 것이 어떤 의미인지를 고찰하는 것이어야 할 것이다.

1. 가난의 발전 과정과 종합

프란치스코가 「유언」에서 얘기하고 있는 것은 다른 무엇이 아니라 집, 처소(locus)에 대한 가난이다. 집, 처소를 소유하지 않음이 다른 모든 가난의 바탕이요 종합이라는 뜻일 것이다. 집이 없고, 일정한 처소 또는 거처가 없는데 다른 무엇을 소유하는 것은 애초에 불가능하기 때문이다.

이런 그의 가난은 복음에 근거한다. 복음 중에서도 마티아 사도 축일에 그가 들은 복음, 제자들을 파견하시는 복음에 근거한다. 이 복음은 원래 가난을 얘기하기 위한 복음이 아니다. 이 복음은 복음을 선포하기 위해서는 돌아다녀야 하고, 돌아다니기 위해서는 어떤 곳을 소유하거나 머물러서는 안 될 뿐 아니라 지니는 것이 없어야 하기 때문에 가난할 수밖에 없다는 뜻에서 가난을 얘기하고 있을 뿐이다. 아무튼 이 복음을 통해 프란치스코는 복음을 실행하는 것을 자기 삶의 양식으로 삼고, 자기 복음화를 위해서나 세상의 복음화를 위해서나 순례자와 나그네로 사는 삶을 생활 양식으로 삼았다.

이런 생활 양식이 처음으로 시련을 받은 것은 리보토르토에 살 때이다. 어떤 사람이 남의 집 헛간에서 살고 있는 형제들을 내쫓고 그 사람이 거기에 살려고 당나귀를 끌고 들어왔을 때 프란치스코는 두말하지 않고 형제들과 함께 그곳을 떠나 포르찌운쿨라로 옮겼다(참조: 『1첼』 42-44).

거처를 포르찌운쿨라로 옮겼지만, 모든 프란치스칸들의 못자리요, 영원한 고향인 포르찌운쿨라는 그가 수리한 작은 성당이지 집이 아니었다. 형제들은 기본적으로 떠돌이 생활을 하였으며, 복음 선포를 마치고 돌아와 이 성당에서 기도하다가 근처 어디에서 잠을 자곤 하였다. 당시 형제들이 여행을 하며 겪은 거처의 가난에 대해서 첼라노는 다음과 같이 기술한다.

"여행 중에 자주 큰 불편함을 겪는 처지였으면서도 어디에서건 밤의 거처를 걱정할 줄을 몰랐다. 가끔 혹한 중에 마땅한 거처가 없을 때면 가마솥의 보호를 받았으며, 할 수 없는 경우에는 작고 큰 굴에 숨어 겸허하게 밤을 보냈다"(『1첼』 39).

이 포르찌운쿨라에 프란치스코의 의도와 달리 건물이 세워진다. 총회를 앞두고 머물 곳이 필요하였기 때문이었는지, 프란치스코가 없을 때 짓기 위해서인지 아씨시 사람이 서둘러 집을 지었다. 프란치스코가 돌아와 이

건물을 허물려고 하자 사람들은 시에 속하는 것이라고 함으로써 허물지 못하게 하였다(참조: 『2첼』 57).

이와 같은 일은 볼로냐에서도 일어났다. 형제들의 집이 세워졌다는 말을 듣고 프란치스코는 형제들 모두 그 집에서 나오게 하였고, 우골리노 주교가 자기의 소유라고 하여 형제들은 거기서 겨우 살 수 있었다(참조: 『2첼』 58). 반면 형제들이 "프란치스코의 방"에서 오고 있다는 말을 듣고는 프란치스코가 그 방에 다시는 들어가지 않은 사건도 있다(참조: 『2첼』 59).

그러다가 형제들을 위한 집이 어쩔 수 없이 세워질 수밖에 없는 상황이 생겼다. 1220년 수련기 제도가 도입된 것이다. 형제들의 수가 많아지면서, 또 형제회가 다른 지역으로 널리 퍼져 나가면서 프란치스코의 영향을 직접 받지 못할 뿐 아니라 순종 생활을 벗어나 제멋대로 돌아다니는 형제들이 생겨났고, 가톨릭 신자답지 않은, 즉 이단과 같은 형제들도 생겨났다. 그 결과로 도입된 것이 관구 제도와 수련기 제도인데, 수련기를 보내기 위한 수련소가 필요했던 것이다.

1223년 「인준받은 수도규칙」에서는 형제들이 집이나 처소를 형제들의 것으로 소유하는 것을 금하고 있다. "형제들은 집이나 장소나 어떤 물건, 그 어느 것도 자기 소유로 하지 말 것입니다"(6,1). 그 이후에 형제들이 머무는 곳에 대해 언급을 한 것은 1224년에서 1226년 사이에 쓰인 「형제회에 보낸 편지」이다. 여기서는 "형제들이 머무는 곳에서 거룩한 교회의 규범에 따라 하루에 미사 한 대만 드리도록 하십시오. 한 곳에 여러 명의 사제가 있을 경우에는 사랑하는 마음으로 다른 사제가 집전하는 미사에 참례하는 것으로 만족하십시오"라고 말하고 있다. 어떤 식으로든 공동 생활이 이루어지고 있는 것으로 해석될 수 있는 대목이며, 따라서 「인준받은 수도규칙」과 이 편지를 쓴 시기 사이에 수련소뿐 아니라 다른 곳에서도 형제들이 머물 집이 세워졌거나 적어도 형제들을 위해 성당이 세워졌다는 것을 알 수 있는 대목이다. 「은둔소를 위해 쓴 회칙」도 형제들에게 일정한 거처와 집이 있었다는 증거가 된다.

그리고 죽음 직전에 쓰인 이 「유언」에서는 "형제들을 위해 지은 성당이나 초라한 집이나 다른 건물이 수도규칙에 따라 서약한 거룩한 가난에 맞지 않으면 형제들은 절대로 받아들이지 말 것을 명심할 것입니다. 그리고 거기에서 항상 나그네와 순례자같이 기거하십시오"라고 얘기한다. 형제들을 위해 성당이나 집이 세워졌음을 확실히 보여 주는 언급이다.

이상을 정리하고 종합하면, 애초에는 형제들을 위해 세워진 성당이나 건물이 없었지만, 수련소가 형제들을 위해 세워진 것을 시작으로 차츰 다른 곳에서도 공동 생활이 이루어지고 건물도 형제들을 위해 세워졌다고 할 수 있을 것이다. 그러나 수도규칙에서 언급한 대로 소유는 형제들에게 있지 않았고, 지어진 집도 돌로 짓지 않고 나무로 지은 작은 집이었다(참조:『2첼』56) 그곳에서 머물고 사용하기는 하되 순례자와 나그네와 같이 사는 것이다.

2. 순례자와 나그네의 가난

"형제들을 위해 세운 성당과 초라한 집 그리고 모든 건물이 우리가 수도규칙에서 서약한 거룩한 가난에 맞지 않으면 형제들은 그것들을 절대로 받아들이지 않도록 조심할 것이며, 거기서 '나그네와 순례자같이' (참조: 1베드 2,11) 항상 손님으로 머무십시오"(「유언」 24).

(1) 총체적이고 실존적인 가난

프란치스코는 「인준받은 수도규칙」에서 가난에 대한 장을 12장 가운데 한가운데인 제6장에 위치시키는데, 이는 다른 무엇보다도 그가 가난을 중요하게 여겼다는 것을 상징적으로 보여 주는 것이라고 할 수 있다. 여기에서 그는 프란치스칸의 가난을 순례자와 나그네의 가난으로 얘기하면서 이 가난이 가난 중에서도 최고의 가난이라고 얘기한다. "이것이 바로 지극히 사랑하는 나의 형제 여러분을 하늘 나라의 상속자와 왕이 되게 하고, 물질에 가난한 사람이 되게 하면서도 덕행에 뛰어나게 하는 지극히 높은 가난의 극치입니다". 물질에 대해서도 가난하게 하고 덕에 대해서도 가난하게 하는, 말하자면 총체적인 가난을 가능하게 하는 가난이며, 그렇기에 하늘 나라에 안전하게 도달하게 하는 가난이라는 뜻이다.

그리스도교가 로마의 국교가 됨으로써 교회는 실존적인 차원에서 볼 때 더 이상 순례하는 교회가 아니게 되었다. 더 나아가서 민족의 대이동이라는 혼란도 끝나고 봉건시대에 접어들고, 사막에 머물던 수도자들이 사람들 가운데로 들어와 마을의 한 중심이 되면서 가난은 그야말로 수덕 가난에 머물 수밖에 없었다. 그런데 실존적으로는 전혀 가난하지 않으면서 수덕적으로 가난하기가 쉬운 것인가? 호화로운 집에 살면, 영적으로 가난하고 겸손하기 어려울 뿐 아니라 하느님 나라를 갈망하고 하느님 나라를 향한 순례를 잘하기 어렵다. 이런 면에서 순례자와 나그네의 가난이야말로 우리를 실존적으로 가난하게 하고, 덕에서도 가난하게 하므로 하느님 나라로 우리를 확실하게 인도한다고 프란치스코는 말하고 있는 것이다.

순례자와 나그네의 가난은 우리를 실존적, 전 존재적으로 가난하게 함으로써 우리로 하여금 실존적으로 가난하신 예수 그리스도를 만나게 하고, 실존적으로 가난하신 예수 그리스도를 통하여 가난이신 그리스도를 존재론적으로 만나게 한다. 그리고 이때부터 그리스도는 더 이상 굳이 예수가 아니다. 가난도 되고, 「시에나 유언」에서 볼 수 있듯이 귀부인도 되고, 우리 자신도 되고, 우리가 실제로 만나는 가난한 사람도 된다. 실존적 가난이 전 존재적인 가난을 가능하게 하므로 가난과 존재가 불가분리적(不可分離的)이신 그리스도를 만나게 하고, 마찬가지로 다른 존재들과도 불이(不二)이신 그리스도를 만나게 한다는 것이다.

(2) 복음적 불안정을 살게 하는 가난

인류 문화사적으로 문화는 두 가지로 구분된다. 유목 문화와 농경 문화다.

유목 문화는 목축을 위해 떠돌이 생활을 하고, 농경 문화는 농사를 지으며 한곳에 머무는 생활을 한다. 유목 문화권에서는 자연이 인간에게 혜택을 제공하는 것은 충분치 않고 오히려 생명을 위협하기도 하는 데 비해 농경 문화권에서는 인간이 자연의 이치를 잘 알고, 자연의 이치를 잘 따르기만 하면 자연은 인간을 보호한다. 따라서 농경 문화권에서 인간은 자연의 한 부분으로서 자연에 대해 겸손해야 할 뿐 아니라 자연을 숭배한다. 이에 비해 유목 문화권에서는 광포한 자연의 위협과 두려움에서 인간을 구할 하느님께 절대적으로 의지해야 하기에 하느님을 숭배한다.

그리스도교 영성사적으로 볼 때 두 가지 전통이 존재하며 교차한다. 구약의 전통 안에서는 광야의 전통과 왕조 전통이고, 신약의 전통에서는 나그네 영성과 정주(定住) 영성이다. 구약의 모세로 대표되는 광야의 전통에서는 일정(一定)한 영토, 정처(定處)가 우선 없고, 그러하기에 일정한 계획이 있을 수 없다. 계획이 있다면 하느님 계획만 있을 뿐인데, 이것을 인간은 알 수가 없다. 구름 기둥이 상징하듯 어디에 머물러 있다가도 구름 기둥이 움직이면 머물던 곳을 떠나야 한다. 계획이란 주도함(initiative)의 문제인데, 시작에서부터 결말에 이르기까지 내가 이렇게 해야지 하는 것은 행위와 상태의 능동적 주체가 나이다. 이에 비해 하느님 계획만 있다면 내가 무엇을 하고 어떤 상태에 처하게 되는 주체이기는 하지만 시작에서부터 결말에 이르기까지 완전히 수동적이다. 생존의 문제가 인간의 손에 달려 있지 않고, 안위도 인간에게 달려 있지 않다. 하느님이 주셔야지 만나를 먹든 메추리를 먹든 먹게 된다. 바위에서 물이 솟는 것은 대단히 상징적이다. 자연도 그렇고 우리 인간도 그렇고 물 한 방울 생산하지 못하는 존재들이고 물 한 방울 없는 상태다. 하느님의 의지와 계획만 있을 뿐이다. 주실지 말지, 언제 줄지는 온전히 하느님께 달려 있다. 주시면 목을 축이고, 안 주시면 목이 마른다. 언제 주실지 모르기에 인간의 전 존재는 갈망 상태에서 대기(stand by)해야 하고, 완전한 수동태가 되어야 한다.

안위도 인간에게 달려 있지 않다. 군대라 해도 갖춰진 군대는 없다. 지휘관도 없다. 적이 쳐들어오면 훈련도 안 되어 있고, 조직도 안 되어 있는 군대가 싸우러 나가지만, 모세는 후방에서 손을 치켜들고 하느님께서 우리 군대의 지휘관이 되어 몸소 싸워 주십사고 기도할 뿐이다. 다윗이 말년에 병적 조사를 한 것처럼 자기 군대를 조직하고, 군대를 믿고, 자기 군대를 보고 흐뭇해해서는 안 된다.

말할 것도 없이 다윗으로 대표되는 왕조 전통은 이와 정반대이다. 일정한 영토를 가지고, 계절에 맞춰 거기에 작물을 심고 거둬들여 먹고 살 수 있다. 인간의 문화가 발전하고 법과 제도와 군대가 잘 정비되어 거기에 의존하여 삶을 영위한다. 매우 안정적이다. 당연히 하느님께 의탁하지 않을 뿐 아니라, 더 나아가 자기의 계획과 욕구에 신을 복속시키고자 한다. 그래서 입맛 대로 우상을 수없이 만들어낸다.

그리스도교 영성에서 나그네와 순례자의 영성도 같은 맥락이다. 분도회의 정주 영성과 정주 서원이 대표적으로 의미하는 바와 같이 일정한 곳에 안정적으로 머물며, 잘 정해진 규정과 시간표를 엄격히 준수하며 잘 짜인 수덕(修德) 생활을 하는 것을 거부하는 것이다. 왜 굳이 그러할까?

인간이 정(定)하는 것, 다시 말해 인간의 결정(決定)이 전혀 없도록 함으로써 불안정(不安定)함이 그 목적이다. 일정(一定)한 거처와 집이 없고, 일정(一定)한 계획이 없으며, 규정(規定)도 없고, 그래서 안정(安定)이 없다. 인간은 어떻게든 정해져야 마음이 편안하다. 암인지 아닌지 모를 때는 불안한데, 암으로 판정(判定)이 나면 숫제 마음이 편안하다. 그런데 인간에게 결정권이 없고, 하느님의 뜻과 계획이 있을 뿐 아무것도 정해진 것이 없거나, 하느님의 뜻과 계획 안에서 정해진 것이 있다 하더라도 그것에 대해 인간이 아무것도 모른다면 불안하다. 프란치스칸의 가난은 이렇게 정해진 것이 없고, 그래서 안정이 없는 것이다. 가난이란 무엇이 없는 상태인데, 인간의 손 안에 있는 것이 아무것도 없게 함으로써 안정이 없는 것, 이것이 프란치스칸 가난이다. 예를 들어 우리 인간은 내 손에 다만 몇 푼이라도 돈이 있어야 안심이 되고, 하루 계획이나 시간표가 정해져 있어야 마음이 편한데 돈이 없고 시간표가 없으면 불안하다. 불안(不安)한 실존(實存)을 우리는 추구한다. 왜 굳이 그러할까?

안정(安定)은 종종 안주(安住)로 이어진다. 인간은 불안을 너무 싫어하고 안정을 너무도 사랑하기에 안정을 하면 엉덩이가 무거워지는 것이다. 그 안(安)에 정(定)하고 머무는(住) 것이다. 그러나 예수님은 그러지 않으셨다. 프란치스코가 「주님의 수난 성무일도」 15,7에서 노래하듯 "지극히 거룩하며 사랑스런 아이가 우리에게 주어져, 우리를 위하여 여행 중에 태어났으며 구유에 눕혔으니 여관에는 그들이 머무를 방이 없었으며" 머리 둘 곳조차 없으셨고, 사람들이 붙잡아도 오늘도 내일도 가야 한다고 하신 분이다. 천상에서 지상으로 여정을 하신 분이고, 지상에서 천상으로 다시 여정을 하실 분이며, 이 지상에서도 끊임없이 여정을 하신 분이다. 그런데 안(安)에 정주(定住)하면 예수님이 불러도 일어서기 싫고 따라나서기 싫다. 하느님 나라 순례를 가자고 해도 가기 싫다.

(3) 은총을 살게 하는 가난

우리 여정, 순례의 궁극적인 목적지는 하느님 나라이지만 그 여정은 이 세상에서부터 시작이다. 하느님 나라는 시작되었다. 그래서 좋은 뜻에서 욕심 많고 성질 급한 사람은 이 세상에서부터 하느님 나라를 소유하기 위해 아무것도 소유하지 않는다. 아무것도 소유하지 않음으로써 은총만을 소유하기 위해서다. 아무것도 소유하지 않을 때 은총을 소유하고, 은총으로 주어지는 것들을 소유하게 된다. 내가 소유하는 것이 아니라 소유하게 되는 것이다. 은총은 본질적으로 주어지는 것이고, 그래서 가난한 사람과 낮은 사람에게 주어진다. 이는 상선약수(上善若水)와 같다. 가장 좋은 것은 물과 같다. 물이 차 있는 곳은 그냥 넘쳐흐르고, 높은 곳은 그냥 흘러내려가 낮은 곳에 머문다. 은총이야말로 상선(上善)으로서 가난한 곳(소유하지 않아 선이 없는 곳)에 주어지고 낮은 곳으로 흘러내린다.

3. 낮음과 작음이라는 가난

"나는 모든 형제들에게 순종으로 단호히 명합니다. 형제들이 어디에 있든지, 성당을 얻기 위해서도, 다른 장소를 얻기 위해서도, 설교를 하기 위한 구실로도, 박해를 피하기 위해서도, 직접적으로나 간접적으로나 로마 교황청에 어떤 증서도 감히 신청하지 말아야 할 것입니다. 환영받지 못하거든 오히려 하느님의 축복 속에 회개를 하기 위해 다른 지방으로 피할 것입니다"(「유언」 25-26).

가난은 무엇이 없는 상태임을 앞서 봤다. 돈이 없음, 집이 없음, 정보가 없음, 권력이 없음 등 무엇이 없는 상태이다. 힘, 권력이 없음도 가난 중의 하나이고, 프란치스코는 「유언」 25-26절에서 이 가난에 대해 얘기하고 있다.

로마 교황청으로부터 어떤 증서를 받는다는 것이 의미하는 것은 무엇인가? 당시 교황청은 최고의 힘이 흘러나오는 곳이다. 따라서 로마 교황청으로부터 어떤 증서를 받는다는 것은 특전적 위치에 있게 되는 것이며, 지역교회의 통제나 간섭으로부터 면속되는 특권을 받는 것이기도 하다. 자기가 하는 일이나 자기가 처한 상황이 다른 사람에 의해 좌우되지 않고, 자기가 뜻하는 대로 일이나 상황을 만들어 갈 수 있는 위치에 있는 것이다.

그런데 어떤 증서도 신청하지 말라고 하는데, 프란치스코는 역사적으로 아무런 특전도 교황청으로부터 받지 않았다는 뜻인가? 특전이라면 정말로 그 어떤 것도 받지 말라는 뜻에서 어떤 증서도 받지 말라는 것인가? 프란치스코 생전에 형제회 또는 형제들에게 주어진 특전이 여럿 있었다. 자신을 포함하여 평형제들이 설교할 수 있는 허락을 인노첸시오 3세에게 청해 받은 것을 시작으로 포르찌운쿨라 전대사, 성사와 미사를 작은 형제들의 모든 공동체에서 거행할 수 있는 특전(1224. 12. 3 「Qui populares tumultus」) 등 특전들이 형제회에 주어졌고, 호노리오 3세가 프랑스 성직자들에게 작은 형제들이 진실한 가톨릭 신자요 수도자들임을 입증하는 편지(1219. 11. 6 「Cum dilecti filli」와 1220. 5. 29 「Pro dilectis filli」)를 시작으로 형제들을 옹호하고 보호하기 위한 교황의 편지들이 주교들에게 계속해서 보내졌다. 그러므로 프란치스코가 어떤 증서도 로마 교황청으로부터 받지 말라는 것은 필립보 롱고(Filippo Longo) 형제가 클라라 자매들의 시찰자로서 클라라회의 모든 적들을 파문할 수 있는 특전을 청해 받은 것과 같이 가난과 작음을 사는 것에 현저히 반대되는 증서를 청하지 말라는 것이었다. 이것은 나중에 교회사적으로 증명된 바와 같이 매우 위험한 것임을 프란치스코가 예견한 것이 아닐까?[1]).

(1) 힘이 없음 - 자기 주도성의 포기로서의 가난

프란치스코 이전의 수도 생활은 수도승적인 수도 생활이었다. '기도하고 일하라'(Ora et Labora)로 표현되는바, 수도원 담장 안의 정주적 생활이었고 자신들의 수덕 생활이 첫째 목표였으며 신자들을 위한 사목은 삼갔다. 그리고 신자들을 위한 사목은 교구 성직자들의 주된 임무였다. 그러던 것이 탁발 수도자들의 등장과 함께 교구 성직자들의 몫이었던 신자들을 위한 직접 사목에 수도자들이 참여하게 된 것이다. 한마디로 교구 성직자들의 텃밭에 탁발 수도자들이 침입을 한 셈이다. 이것은 나중에 본당 사목까지 하는 것으로 확대되었지만, 프란치스코 당시에는 대중 설교의 형태로 교구 성직자들의 영역 안으로 탁발 수도자들이 들어가 휘젓고 다니는 형국이었던 것이다.

그리고 이것은 당시 이단들이 교회의 반대를 무릅쓰고, 아니 교회를 반대하고 비판하며 설교를 하고 다니던 것과 겉모양은 같은 것이었다. 다른 점이 있다면 교회를 비판하지 않았다는 점과 교회에 대해 순종적이었다는 점인

---

1) 교회사적으로 볼 때 종교 재판에 탁발 수도자들이 많이 참여하였다. 특히 이단들과 싸우기 위해 도미니칸들이 이들을 단죄할 수 있는 권한을 많이 청해 받았지만, 작은 형제들도 교회 역사적으로 이 종교 재판의 가해자이며 피해자였다.

데, 이를 알지 못하는 주교들과 지역 교회 성직자들은 당연히 탁발 수도자들을 의심하였고, 자기 지역에서 설교를 하지 못하게 하였다. 또 여러 곳에서, 특히 독일과 같이 언어가 다른 곳에서는 형제들이 이단으로 몰려 박해를 받기까지 하였다.

그러므로 교황청으로부터 어떤 증서도 받지 말라는 것은 이러한 일이나 상황이 벌어질 때 작은 형제들은 교황청의 힘을 빌려 유리한 상황으로 만들려고 하지 말라는 것이다. 그것이 비록 하느님의 말씀을 선포하는 일을 못하게 되는 것일지라도 하느님의 말씀을 선포하기 위해 싸우고 대결하지 말 것이며, 지역 교회가 원하지 않는데도 교황청의 힘을 빌려 하느님의 말씀을 선포하려 들지 말라는 것이다. 이는 프란치스코가 마티아 사도 축일 복음에서 들은바, 예수님께서 제자 파견을 하시면서 제시한 방법이고, 바오로 사도가 선교 여행 중에 취한 태도이다. 사람들이 환영하지 않으면 발의 먼지를 털고 다른 지방으로 가는 것이다.

이때 질문이 생긴다. 이것의 진짜 의미는 무엇인가? 정말 사람들이 원하지 않으면 더 노력하지 않고 그냥 포기해 버리는 것을 말하는가? 프란치스코는 그렇게 했는가? 1209년 프란치스코는 수도규칙에 대해 구두 인준을 받으면서 설교를 할 수 있는 허락도 교황으로부터 받았다. 교황의 허락을 받았지만 이후 그는 돌아다니며 설교를 할 때마다 그 지역 주교의 허락을 받아 설교를 하였는데, 이몰라 교구에 갔을 때도 허락을 얻기 위해 주교를 찾아갔다. 주교는 자신이 직접 해도 된다고 하며 거절하였고, 주교가 나가라고 하자 프란치스코는 나갔다가 다시 들어갔다. 왜 다시 왔냐고 묻자 프란치스코는 "주교님, 한 아버지가 자기 아들을 이쪽 문에서 쫓아내면, 그 아들은 저쪽 문으로 돌아와야 합니다"라고 대답한다. 프란치스코는 주교의 환영을 받지 못했을 뿐 아니라 가라고 하는데도 발의 먼지를 털고 그 교구를 떠나지 않았다. 순종한 것처럼 나갔지만 다시 들어왔으니 순종한 것이 아니다. 하느님 뜻에 순종하기 위해 주교에게 불순종하였지만 주교를 아버지로 존경하는 태도를 보였다. 이렇게 했는데도 또 자기 교구에서 떠나라고 하면 떠날 생각이었을 것이다. 프란치스코는 앞의 「유언」에서 아무도 내가 해야 할 것을 보여 주지 않고 지극히 높으신 분께서 친히 자기에게 계시하였고 교황 성하께서 확인해 주었다고 말하는데, 하느님과 교황이 자기와 형제들의 설교를 허락하였어도 최대한의 겸손과 사랑의 태도로 지역 교회 성직자의 허락을 받아내지 못한다면 상위의 힘을 빌리거나 내세워 끝까지 설교하려 해서는 안 된다고 생각한 것이다. 끝까지 겸손과 사랑을 다했는데도 주교나 성직자가 반대한다면, 나중에 어떻게 될지는 몰라도 그때, 그 상황에서 하느님의 뜻은 그곳을 떠나는 것이라고 생각하였을 것이다.

다른 사람을 좌우하는 위치에 있지 않고 오히려 내가 좌우되는 위치에 있는 것, 이것이 힘이 없는 것이다. 손가락 하나 까닥일 힘이 없으면 파리가 얼굴을 간지럽게 해도 어찌 할 수 없는 것과 같다. 힘이 있으면 그 힘으로 어떻게든 남을 좌우하려 드는 것이 인간임을 프란치스코는 너무도 잘 알고 있었던 것 같다. 내가 힘이 없을 때 다른 힘을 빌린다. 내가 하지 않을 때 다른 사람이 한다. 내가 힘이 없을 때 하느님의 힘을 빌린다. 내가 하지 않을 때 하느님께서 역사하신다. 무위(無爲)의 위(爲)이다. 그러므로 프란치스코가 힘을 소유하려 하지 않음은 하느님의 주도하심(initiative)에 온전히 순응하는 우리가 되기 위함이다.

(2) 순응 – 하느님 주도성에 따름으로써의 가난

"하루는 성 프란치스코가 맛세오 형제를 데리고 길을 가고 있었다. 맛세오 형제는 조금 앞서 가다가 피렌쩨와 시에나와 아레쪼의 세 곳으로 갈라지는 네거리에 당도하자, '사부님 어느 길로 가야 합니까?' 하고 물었다. 성 프란치스코는 '하느님께서 원하시는 길로…'라고 대답하였다. 맛세오 형제는 다시, '그러면 어떻게 하느님의 뜻을 알 수 있습니까?' 하고 물으니 성인은 이렇게 말했다. '내가 그 방법을 알려주겠습니다. … 이제 거룩한 순종으로 명하니, 형제가 서 있는 이 네거리에서 아이들처럼 혼자 빙글빙글 도십시오. 그리고 내가 말할 때까지 그치지 말고 계속 도시오'. 맛세오 형제는 빙글빙글 돌기 시작하였다. 얼마나 많이 돌았던지 이런 운동에 으레 생기게 되는 현기증 때문에 돌다가 쓰러지면 또다시 일어나서 돌곤 하였다. 마침내 그가 가장 빨리 돌고 있는 순간, 성 프란치스코는 '그만, 더 움직이지 마시오!'라고 말하여, 그는 딱 멈추어 섰다. 성인이 '어느 쪽으로 얼굴이 향하고 있습니까?' 하고 물으니, 맛세오 형제는 '시에나 쪽입니다' 하고 대답하였다. 성 프란치스코는 '그 길이 바로 하느님께서 우리가 가기를 원하시는 길이오'라고 말했다". 인간의 생각과 의지가 개입되지 않는 하느님의 완전한 주도성에의 순응을 잘 나타내 주는 프란치스코『잔꽃송이』11장의 일화이다.

프란치스코에게는 내 뜻대로 되지 않을 때 그것이 하느님의 뜻이다. 그러므로 나에게 일어나는 일은 그것이 죄악을 저지르는 데 동조하는 것이 아닌 한 하느님의 뜻으로 받아들인다. 그래서 「인준받은 수도규칙」 10장에서 그는 얘기한다. "박해와 병고에 겸허하고 인내하며, 또한 우리를 박해하고 책망하고 비방하는 사람들을 사랑하도록 힘쓰십시오. '원수를 사랑하고 너희를 박해하고 중상하는 사람들을 위해 기도하여라, 옳은 일을 하다가 박해를 받는 사람은 행복하다. 하늘 나라가 그들의 것이다. 끝까지 참는 사람은 구원을 받을 것이다' 하고 주님이 말씀하시기 때문입니다". 박해와 병고를 피하려 하거나 그것과 싸우지 말라는 것이고, 더 나아가 사랑하라는 것이다. 왜냐하면 하느님께서 주시는 것이기 때문이다. 내가 잘못해서 박해가 생긴 것이 아니라 하느님께서 원해서 생긴 것이며, 내가 건강 관리를 잘못해서 병이 든 것이 아니라 하느님께서 원해서 병든 것으로 받아들이라는 것이다. 우리는 '왜 이런 일이?', '왜 이런 병이?' 하며 받아들이지 못하고 거부하는데, 그것을 우리는 하느님이 원하시는 것으로 받아들이며, 좋으시고 우리를 가장 사랑하시는 하느님이 원하시는 것이라면 그것이 지금 나에게 가장 필요하고 좋은 것으로 받아들이라는 것이다. 믿음의 순응을 하라는 것이다.

(3) 회개 – 영원하고 오롯한 나의 것

애초에 프란치스코는 은수자로 자기의 회개와 복음화를 위해 살고자 했다. 그래서 초창기 그와 형제들은 '아씨시의 회개자'로 불렸다. 세상의 복음화는 사명으로 주어진 것이며, 자기의 회개와 복음화를 이룬 사람, 적어도 자기의 회개와 복음화를 살아가는 사람만이 할 수 있는 것이다. 그러므로 복음 선포의 사명을 수행할 수 없게 되면 즉시 본업인 회개 생활로 돌아갈 것이다. 하느님께서 주셔서 복음 선포 사명을 수행하게 된 것이라면 복음 선포를 할 수 없게 된 것도 하느님의 뜻으로 받아들일 것이며, 회개 생활을 하는 것이 그때의 하느님의 뜻이라는 것이다.

프란치스코에게 회개란 자기의 의지를 자기의 것으로 소유하지 않음이요(참조:「권고」 2), 자기의 뜻을 하느님 뜻에 맞추는 것이며(참조:「2신자」 1,10), 하느님께서 원하시는 것을 항상 원하게 되는 것(참조:「형제편」 50)이기에 회개 생활이란 순종 생활이라고 해도 무방할 것이다. 그러므로 하느님의 뜻에 따라 복음 선포를 하는 것도 회개 생활이고, 하느님의 뜻에 따라 박해를 묵묵히 그리고 겸손히 견디는 것도 회개 생활이며, 하느님의 뜻에 따라 병고를 기꺼이 받아들이는 것도 회개 생활이고, 하느님의 뜻에 따라 아무것도 하지 않는 것도 회개 생활이다.

그래서 프란치스코는 환영받지 못하거든 하느님의 축복 속에 회개 생활을 하기 위해 다른 지방으로 피할 것을 얘기한 다음, 순종 생활에 대해서 얘기한다.

「유언」 27-41절: 순종

호명환, 작은 형제회(작은 형제회)

들어가면서

프란치스코의 글들을 분석해 보면 프란치스코의 순종에 대한 개념은 다른 어떤 덕들보다도 급격한 변화를 겪었음을 알 수 있다. 우리가 지금부터 살펴볼 「유언」에 나오는 그의 순종 개념은 이런 변화의 과정에서 마지막 단계에 있는 개념이다. 그런데 문제는 이 「유언」에 나오는 그의 순종 개념을 그의 복음적 삶의 이상 전체와 함께 고려해 볼 때 온전히 그의 순종 개념 전부로 받아들일 수 있느냐 하는 것이다. 사실 이에 대해서는 숙고의 여지가 있기 때문이다.

따라서 「유언」에 나오는 순종 개념을 분석해 가면서 프란치스코의 순종에 대한 생각이 어떤 변화를 어떻게, 그리고 왜 거쳤는지를 살펴보고, 그가 참으로 원했던 복음적 삶의 이상 안에서 순종이라는 덕이 어떤 자리를 차지하고 있는지를 살펴볼 것이다.

「유언」 27-29절(9번): 프란치스코의 순종과 성무일도의 실행

"[27] 그리고 나는 이 형제회의 총봉사자와, 그리고 총봉사자가 나에게 정해 주고 싶어 하는 수호자에게 기꺼이 순종하기를 간절히 원합니다.

^{28}그리고 수호자는 나의 주인이기에 순종과 그의 뜻을 벗어나서는 아무 곳에도 가지 못하고 무엇을 하지도 못할 정도로 그의 손안에 매여 있기를 원합니다. ^{29}그리고 비록 내가 우매하고 병약한 사람이라 할지라도, 수도 규칙에 있는 대로 나에게 성무일도를 읽어 줄 성직형제 한 분을 항상 모시기를 원합니다".

프란치스코는 여기에서 자신이 창설한 수도회의 외적 구조에 대해 말하고 있다. 그는 형제들이 이 수도회의 체제를 받아들였으면 하고 바라는 그대로 자신도 그렇게 수도회를 받아들였다. 그래서 그는 총봉사자와 자신에게 정해진 수호자에게 순종하기를 바랐다.

그런데 문제는 여기서 말하고 있는 순종에 관한 개념이 「인준받은 수도규칙」에서의 순종 개념보다 더 엄격하다는 것이다. 수도규칙에서는 "형제들은 주님께 지키기로 약속했고 영혼과 우리 수도규칙에 반대되지 않는 모든 일에서 자기 봉사자들에게 순종하십시오"라는 조건을 붙임으로써 순종에 어떤 제한을 두고 있는 반면에, 여기서는 한정 없는 순종을 요구하고 있다. 이는 "눈먼 순종"에 가까운 순종이다. 이렇게 해서 프란치스코는 "완벽한 순종"을 요구하고 있는 것이다. 왜 이런 변화가 있었던 것인지에 대해서 정확한 원인과 그 증거를 찾아내기가 어려운 것이 사실이지만, 초기의 수도회의 발전과 관련하여 생각해 본다면 이를 어느 정도 짐작할 수 있다. 말하자면 형제들의 양심과 자유로운 책임에 무게를 둔 순종의 정신이 시간이 가면서 남용되었을 것이고, 이런 상황에 대해 프란치스코는 심각한 걱정을 하게 되었을 것이라는 점을 추측해 볼 수 있다는 것이다.

프란치스코의 순종에 관한 개념 변화에 있어 실마리가 될 만한 구절은 「권고」말씀 3번에서 찾아볼 수 있다.

"^{7}그러나 만약 장상이 그의 영혼에 거스르는 어떤 것을 하도록 명한다면, 그 장상에게 순종하지 않아도 되지만 그를 버리지는 말아야 합니다. ^{8}그리고 만일 이 때문에 다른 이들로부터 핍박을 당하더라도 하느님 때문에 그들을 더욱더 사랑하도록 해야 할 것입니다. ^{9}왜냐하면 자기 형제들과 헤어지기를 바라기보다는 핍박을 감수하는 이가 자기 형제들을 위하여 **자기의 목숨을 내놓기에**(참조: 요한 15,13) 완전한 순종에 참으로 머무는 사람이기 때문입니다. [10]사실 자기 장상들이 명하는 것보다 더 나은 것을 본다는 핑계로, **뒤를 돌아다보며**(루카 9,62), **토해 낸**(참조: 잠언 26,11; 2베드 2,22) 자기 의지로 되돌아가는 수도자들이 많습니다. [11]이들은 살인자들이며 또한 자기들의 악표양으로 많은 영혼을 잃게 합니다".

여기서 우리는 프란치스코가 수도규칙에서 말하는 순종의 개념을 말하고 있으면서도 그 뒤에 바로 절대적 순종에 대한 말을 덧붙이고 있음을 볼 수 있다. 그런데 「형제회에 보낸 편지」(혹은 「총회에 보낸 편지」)에서는 수도규칙을 지키고 성무일도를 바치는 것에 대해 아주 강력하게 요청하고 있고, 이어서 이를 따르지 않으려는 형제들에게 가해질 벌에 대해서도 매우 단호하게 말하고 있다. 이 내용은 「유언」 9번(27-29절)과 10번(30-33절)의 내용과 맥을 같이하는 것이다. 그런데 다음의 중요한 말이 「형제회에 보낸 편지」에서는 덧붙여지고 있다.

"[45]수도규칙이 정하는 규율을 제쳐놓고 떠돌아다니는 모든 형제들에게도 나는 같은 말을 하겠습니다. [46]왜냐하면 우리 주 예수 그리스도께서 지극히 거룩하신 아버지께 대한 순종을 떠나지 않기 위하여 당신의 목숨을 바치셨기 때문입니다".

이 내용을 보면 형제들이 장상들에게 순종하기를 거부하고 형제회 밖에서 떠돌아다니는 상황이 있었다는 것을 알 수 있다. 이는 무엇이 수도규칙과 영혼을 거스르는 것인지를 판단하는 것이 형제들 개개인에 맡겨져 있었기에 나온 남용이었을 것이다. 즉 공동체를 결속시켜 주는 규정이 느슨해지면서 공동체 자체가 무질서와 혼동의 체험을 했을 것이다. 그래서 「권고」 말씀 3번 첫 부분에서 프란치스코는 "자신이 말하고 행하는 선"을 장상의 뜻 밑에 둘 것을 말하고 있고, 두 번째 부분에서 수하 형제의 순종이 불가능하다고 여겨질 때라도 공동체의 일치를 먼저 생각할 것에 대해 말하고 있는 것이다. 프란치스코가 가장 중요하다고 여겼던 것은 형제적 일치였다는 것이다.

이런 그의 생각은 「유언」 10번에서의 교회가 규정하는 대로 성무일도를 바치라는 강력한 요청과도 연결되는 것이다. 즉 교회가 규정하는 대로 성무일도를 바치는 것은 형제회의 내부적 일치를 지향하는 것이면서 동시에 교회에 대한 순종의 표현이라고 프란치스코는 생각했던 것이다. 사실 당시의 이단들(특히 카타리파)은 구약 성경을 인정하지 않았기에 시편이 주를 이루고 있었던 성무일도를 바치지 않았다. 그들은 선한 신이 영적 세계를 만들었고, 악한 신이 물질적 세계를 만들었다고 믿었으며, 선한 신은 신약의 신이고 악한 신은 구약의 신이라고 믿었기 때문에 그랬다.

프란치스코는 자신이 아파서 성무일도를 바치지 못할 때라도 성무일도를 읽어 줄 성직형제 한 사람을 요청할 정도로 성무일도를 충실하게 바치고자 하였다. 이는 자신이 만든 수도규칙의 규정일 뿐 아니라 가톨릭교회의 규정이었으며, 이로써 교회와의 결속을 굳건히 하고자 했던 것이다.

프란치스코는 초기에 좀 더 자유롭고 책임감 있는 순종을 선호했던 것으로 보이는데, 형제회의 발전 역사와 더불어 이런 그의 생각이 엄격한 쪽으로 변해 갔음을 우리는 알 수 있다. 여기서의 문제는 형제들의 숫자 증가와도 크게 관련되어 있다. 즉 형제회가 시작된 지 겨우 11년 만에 형제들의 수가 엄청나게 늘어났다는 것이다. 초기에 12명이었던 형제들의 수가 3,000명(혹은 5,000명 이상)으로 늘어났고, 이에 따라 형제들의 양성에 문제점이 드러나게 된 것이다. 그래서 프란치스코는 스스로 형제회의 총장직을 사임하고 이런 큰 조직체를 통제할 수 있는 형제를 총장직에 올렸던 것이다[1].

그래서 카예탄 에써 형제는 프란치스코 생애 말년에 점점 더 경직된 듯한 순종을 요구하는 것의 상황을 이해하면서 그의 순종의 개념을 파악해야 한다고 말한다. 말하자면 「유언」의 이 부분에서 표현되고 있는 프란치스코의 순종의 개념이 그의 순종에 대한 생각 전체를 포함하고 있는 것이라고

---

[1] 참조: Kajetan Esser, OFM, 「Rule and Testament of St. Francis」, 『Conference to the Modern Followers of Francis』, Chicago, Illinois: Franciscan Herald Press, 1997, 168-169.

볼 수 없다는 것이다. 에써 형제는 이렇게 된 이유 중 하나로 프란치스코의 급하고 충동적인 이탈리아인적 성격도 지적하고 있다. 「권고」 말씀 3번에서 프란치스코가 쏟아내고 있는 신랄한 비판적 언어는 프란치스코의 형제들에 대한 걱정이 심각해진 상태임을 짐작하게끔 해 준다. 결국 프란치스코는 나중에 가서 시체의 이미지를 쓸 만큼 더욱더 정확하고 엄격한 순종을 요구하게 된다. 여기서는 그가 애초에 가졌던 이상과 기사도적인 자유가 거의 남아 있지 않다[2].

에써 형제는 이에 대해 다음과 같이 결론 내리고 있다[3].

1) 초기의 프란치스칸 역사를 보게 되면 모든 상황이 그리 낙관적이지 않았다는 것을 알 수 있다. 프란치스코와 같은 성인마저도 이제 갓 태동된 자신의 공동체 안에 존재하는 너무도 인간적인 요소들 전부에 대항하여 싸워야만 했다. 형제회의 급속도의 성장이 가져다준 실질적인 현실 때문에 프란치스코는 자신과 자신의 이상에 실망스러운 체험을 하게 되었다. 그러나 그는 이에 굴복하지도 않았거니와 그저 낭만적인 열성주의에 빠지지도 않았다. 오히려 그는 현실과 현실 안의 사람들을 있는 그대로 생각하게 되었다. 그래서 이제 그는 형제 공동체가 순종이라는 덕을 통해 결속되어야만 공동체의 존속이 가능하다는 것을 깨달았던 것이다.

2) 이제 프란치스코는 가난의 문제보다도 순종의 문제가 더욱 커다란 중요성을 띠고 있음을 깨달았다고 볼 수 있다. 실제로 프란치스코의 「권고」를 보게 되면 가난에 관한 내용보다 순종에 관한 내용이 2배 이상 나오고 있다는 것을 우리는 볼 수 있다. 프란치스코에게 가난의 문제가 그의 우선 관심사라는 것은 분명하다. 하지만 이제 프란치스코의 눈에는 순종이 가난의 본질적인 요소라는 것을 알게 된 것이다. 말하자면 참된 가난은 자신의 의지를 포기하는 순종에 의해서만 검증될 수 있음을 프란치스코는 알게 된 것이 아닐까?!

프란치스코는 「권고」 3에서 다음과 같이 말한다.

---

2) 참조: 위의 책, 169.
3) 참조: 위의 책, 173-174.

"³가지고 있는 것을 모두 버리고 자기 자신을 잃는 사람이 자기 장상의 손안에서 순종하기 위해 자기 전부를 바치는 사람입니다".

그리고 첼라노의 『2생애』 140항에는 다음과 같은 내용이 나온다.

"그는 한 형제가 의견 주머니를 간직하고 있다면, 그 형제는 주님을 위하여 아무것도 포기하지 않은 것이라고 이야기하곤 하였다".

3) 프란치스코에게는 주님을 위해 모든 것을 포기하는 것이 관건이었다. 이것은 그에게 매우 중요한 문제였다. 프란치스코는 순종 안에 살아간다는 것이 믿음 안에서 살아가는 것이고, 믿음 안에서만 가능한 것이라는 점을 뚜렷이 인식하게 된다. 그가 주님의 삶에 대해 언급할 때에도 이 부분을 강조하고 있다는 점에 주목해야 한다. 그는 믿음 안에서 살아가는 것은 그리스도처럼 자신을 희생할 준비, 즉 자신의 형제들을 위해 자신을 희생할 준비가 되어 있는 것임을 강조하고 있다.

여기서 우리는 순종의 위기에 대해서 말할 때 그 배후에 믿음의 위기가 숨어 있지는 않은지를 질문해 보아야 한다. 그리고 순종 안에서의 삶을 살아갈 수 있도록 기도하기 전에 믿음이 커지게 해 달라고 청해야 한다. 그렇게 해서 깊고도 굳센 믿음에서부터 시작하여 믿음으로 채워진 순종의 삶에 도달할 수 있게 되는 것이다.

4) 순종적인 사람은 믿음 안에서 자신을 희생할 줄 안다. 왜냐하면 이럴 때만이 참된 공동체가 성장하기 때문이다. 그러나 순종적이지 않은 사람은 프란치스코가 표현하는 대로 "형제들로부터 떨어져 나가는 사람"이다. 이런 이탈은 외적으로만 드러나지 않는다. 오히려 이런 이탈이 내면적으로, 숨겨진 채로 나타나는 것이 더 큰 문제이다. 공동체 삶을 살면서도 마음은 공동체에서 떨어져 나가 있는 삶이 바로 그것이다. 공동체 일에 무관심하고, 또 공동체 형제들에게도 신뢰심을 두지 않는 삶이 바로 그것이다. 이제 순종의 문제는 믿음과 사랑의 문제와도 밀접하게 연결되어 있음을 우리는 알

수 있다.

여기서 우리는 간략한 결론에 도달하게 된다. 프란치스코가 시체의 순종과 같은 개념을 쓰고, 냉정하게 몰아치는 듯한 표현을 쓰면서까지 순종의 삶을 단호하게 강조하는 것은 참된 신뢰와 사랑의 삶에 대한 그의 간절한 바람이 들어가 있는 것이라고 보아야 한다는 것이다.

「유언」 30-33절(10번): 모든 형제들의 순종

"[30]그리고 다른 모든 형제들도 수호자들에게 이와 같이 순종해야 하고 수도규칙에 따라 성무일도를 바쳐야 합니다. [31]그리고 수도규칙에 따라 성무일도를 바치지 않고 그것을 다른 형식으로 변경하려고 하는 이나 또는 가톨릭 신자가 아닌 듯한 이를 발견하게 되면, 어디서 이런 이를 만나든, 형제들은 순종으로, 모두 그를 만난 곳에서 가장 가까운 관할 보호자에게 데리고 가야 합니다. [32]그리고 보호자는 단호히 순종으로, 그를 그의 봉사자의 손에 직접 넘겨줄 때까지 자기 손에서 도망갈 수 없도록 감옥에 주야로 갇혀 있는 사람처럼 엄중하게 지켜야 합니다. [33]그리고 봉사자는 단호히 순종으로, 그 형제를 전 형제회의 주인이며 보호자요 감사관이신 오스티아 추기경에게 넘겨줄 때까지 몇몇 형제들을 시켜 그를 감옥에 갇혀 있는 사람처럼 주야로 지키게 하고 그를 추기경에게 보내야 합니다".

앞서 자신의 순종에 대해서 언급한 프란치스코는 이제 형제들이 어떤 순종의 삶을 살아야 할 것인지를 구체적으로 언급하고 있다. 이런 식의 이야기 전개는 프란치스코에게 전형적인 형식이다. 여기서 프란치스코는 성무일도를 바치는 것이 일치를 가져다주는 아주 중요한 수단임을 매우 강력하게 말하고 있다. 프란치스코가 여기서 언급하는 것과 같은 엄격한 벌칙은 오로지 성무일도를 바치는 것과 가톨릭 신앙에 매달려 있는 것에 대해 말할 때에만 나온다는 것에 주목해야 한다.

여기서의 순종에 대한 개념은 시간경을 규정대로 바치고 가톨릭 믿음에 굳게 서 있는 것에 연관되어 있다. 이런 순종이 형제들이 서로 간에 관계를 맺고 상호의존적으로 살아가는 비결로 제시되고 있다.

이런 순종을 어기는 형제들에 대해 프란치스코가 제시하고 있는 처벌 과정을 보면 놀라울 정도이다. 사실 이는 프란치스코가 선호했고 또 그렇게 살아왔던 사랑과 온유함의 정신과는 완전히 반대되는 내용이기 때문이다. 특히「어느 봉사자 형제에게 보낸 편지」의 내용과 이 부분을 비교해 보면 이 부분은 분명히 논쟁의 여지가 있다.

"[10]그리고 그 형제가 자비를 청하지 않으면 그대는 그가 자비를 원하는지를 물어보십시오. [11]그리고 그 후에도 그가 그대의 눈앞에서 수천 번 죄를 짓더라도 그를 주님께 이끌기 위하여 나보다 그를 더 사랑하시고, 이런 형제들에게 항상 자비로우십시오".

그리고 그다음의 내용은「1221년 수도규칙」보다도 더 발전된 형태임을 보여 준다.

"[13]우리는 주님의 도우심으로 성령강림총회에서 형제들의 조언을 받아 대죄에 관하여 언급하는 수도규칙의 모든 장(章)을 한 장으로 이렇게 만들겠습니다. [14]형제들 중에 어떤 형제가 원수의 충동으로 대죄를 지으면, 그 형제는 자기 수호자 형제에게 갈 순종의 의무가 있습니다. [15]그리고 그가 죄를 범한 줄을 알고 있는 모든 형제들은 그에게 창피를 주거나 비방하지 말고, 오히려 그에게 큰 자비심을 품도록 해야 하며, 자기 형제의 죄를 철저히 비밀에 부쳐야 하겠습니다. '튼튼한 이들에게는 의사가 필요하지 않으나 병든 이들에게는 필요하기'(마태 9,12) 때문입니다".

이렇게 사랑과 관용, 용서를 중시하는 프란치스코가 혹독한 처벌을 부과하려는 이유는 과연 무엇일까? 그래서 더러는「유언」이나「어느 봉사자 형제에게 보낸 편지」중 어느 하나는 프란치스코의 작품이 아닐 수 있다고 생각할 수도 있다.

「1221년 수도규칙」에도「유언」의 이 부분과 유사한 내용이 있다.

"⁶만일 세 번째 권고 후에도 스스로 고치려 하지 않으면, 될 수 있는 대로 빨리 그를 자기 봉사자요 종에게 보내거나, 아니면 그 일을 알릴 것입니다. 봉사자요 종은 하느님 앞에서 더 유익하다고 판단하는 대로 그 형제의 일을 처리할 것입니다".

그러나 이 부분마저도 「유언」보다는 「어느 봉사자 형제에게 보낸 편지」의 내용에 더 가깝다.

그런데 「유언」의 이 부분과 비슷하게 쓰인 프란치스코의 글들을 살펴보자.

1) 「형제회에 보낸 편지」(「총회에 보낸 편지」): "⁴⁴형제들 중에 누구라도 이것들을 지키려 하지 않으면, 나는 그들을 가톨릭 신자로도 나의 형제로도 여기지 않겠습니다. 또 그들이 회개할 때까지 보기도 싫고 말하기도 싫습니다. ⁴⁵수도규칙의 규율을 제쳐놓고 떠돌아다니는 모든 형제들에게도 나는 같은 말을 하겠습니다".

2) 「1221년 수도규칙」 13장: "¹형제들 가운데 누군가가 마귀의 충동으로 간음을 범했다면, 자기의 더러운 죄로 인해서 입을 자격을 잃어버린 수도복을 벗길 것이며, 그 자신도 수도복을 완전히 벗어야 하고, 그는 우리 수도회에서 완전히 제명되어야 할 것입니다. ²그런 후에 그는 죄에 대한 보속을 해야 할 것입니다".

3) 「1221년 수도규칙」 19장: "²만일 어떤 형제가 말이나 행동에 있어서 가톨릭 신앙과 생활에서 벗어나 있는데도, 스스로 이를 고치려 하지 않는다면 그는 우리 형제회에서 완전히 쫓겨나야 합니다".

프란치스코가 죄지은 형제들을 대하는 태도들이 두 개의 양상으로 나타나고 있음을 알 수 있다. 하나는 관용적인 태도이고 하나는 매우 단호하고 결단적인 태도이다. 그런데 여기서 주목할 만한 것은 「1221년 수도규칙」 13장의 내용만을 제외하고 프란치스코가 강력하고 엄격하게 죄지은 형제들을 처벌하고자 하는 죄는 가톨릭 신앙과 관련되어 있음을 알 수 있다. 이는 당시의 이단들에 대한 프란치스코의 경계가 얼마나 대단했었는지를 암시해 주는 내용이다. 프란치스코는 교회에서 떨어져 나가는 형제들에 대해서만은 사랑과 선을 전혀 보이지 않고 있다. 여기서 우리가 짐작할 수 있는 것은 프란치스코가 교회는 모든 것을 포용하는 보편적 실재라는 사실을 믿음으로 갖고 있었고, 그래서 형제들이 교회에 굳게 매달려 있다는 사실은 서로 다른 모든 것을 보편적으로 끌어안는 삶을 살아가는 참된 형제 공동체를 창조해 갈 의지를 갖고 있다는 것으로 여겼을 것이다. 그는 교회를 단순히 무언가를 생산해 내는 실재로서보다는 수용하고 끌어안는 실재로 인식하고 있었다. 이것이 바로 프란치스코가 바라보고 있는 교회의 상징이며, 더 나아가서는 어머니의 상징인 것이다. 그래서 프란치스코는 교회의 어머니이신 동정녀 마리아께 드리신 인사에서 그분을 집이요 궁전이요 장막 등으로 표현하고 있는 것이다. 모든 것을 만드신 하느님을 수용하는 상징은 모든 것을 수용하는 상징으로 바꾸어 말할 수 있는 것이기 때문이다.

그런데 문제는 이런 처벌이 이탈리아 혹은 중부 이탈리아에서만 행해졌다는 점을 우리가 주목해야 할 것이다. 그 이유는 이탈리아 지역이 교황청과 가까웠고 보호자 추기경도 교회를 대표하여 이런 일에 쉽게 관여할 수 있었기 때문이다[4]. 우리가 여기서 잠정적으로 결론 내릴 수 있는 것은 프란치스코가 초기의 그의 생각과는 다르게 형제회의 체제에 대해서도 관심을 기울이고 있었다는 점이다.

카예탄 에써는 프란치스코가 순종에 기반을 둔 직책들로 조직된 형제회 구조를 갖고자 했고, 이것이 바로 교회의 지시에 따른 것이었다고 말한다. 또한 에써는 프란치스코가 이 재판권을 지방의 주교들에게 주지 않았던 이유도 형제회 내의 권한 체제 안에서(보호자 추기경을 통하여) 이와 관련한 사안들이 다루어지길 프란치스코가 바랐기 때문이라고 말하고 있다. 그리고 에써는 「유언」 10번이 우골리노 추기경과 프란치스코의 친분 관계

---

4) 참조: Kajetan Esser, OFM, Trans. Madge Karecki, SSJ-TOSF, 『The Testament of Saint Francis』, Paulski, Wisconsin: Franciscan Publishers, 1982, 79-80.

안에서 설명되어야 한다는 점을 강조하여 말하고 있다5).

지금까지 살펴본 내용과 관련하여 몇 가지 점에 대해 우리의 이해를 도울 수 있는 설명을 하는 것이 좋을 것이다.

① 프란치스코가 가톨릭교회의 규정대로 성무일도를 바칠 것을 고수한 것에 대해:

프란치스코 시대에는 거의 모든 교구와 수도회들이 자신들의 성무일도서 혹은 시간경 기도서를 갖고 있었다고 한다. 거의 같은 시기에 창설된 도미니칸들도 자신들만의 성무일도를 갖고 있었는데, 프란치스코는 그러지 않았다. 그는 공동 기도 안에서 교회와의 일치를 원했던 것으로 보인다.

프란치스코는 「인준받은 수도규칙」 1장에서 다음과 같이 선언하고 있다.

"^{2} 프란치스코 형제는 호노리오 교황 성하와, 교회법에 따라 선출되는 그의 후계자들과 로마 교회에 순종과 존경을 약속합니다. ^{3} 그리고 다른 형제들은 프란치스코 형제와 그 후계자들에게 순종할 의무가 있습니다".

그의 이런 약속이 위험에 처하기도 했고, 또 앞으로도 그럴 수 있을 것이라는 생각을 했었기에 자신의 수도규칙 맨 처음에 이 내용을 넣고 있는 것이라고 보아야 한다. 교회가 정한 공적인 성무일도를 바치는 것도 이러한 맥락에서 이해해야 할 것이다. 교회가 정한 기도를 하는 것이 그에게는 교회와의 일치에서 최상의 방법이라고 생각했던 것이고, 이것이야말로 형제들이 가톨릭(보편) 정신 안에서 형제적 일치를 실현할 수 있게 해 주는 가장 중요한 수단이라고 믿었던 것이다.

② 그렇다면 성 프란치스코의 「주님의 수난 성무일도」는 어떤 것인가:

당시의 수도승들은 성무일도를 바친 후 마리알레(Mariale), 즉 복되신 동정 마리아를 위한 소성무일도를 바쳤다. 이것은 하느님의 어머니께 봉헌된 한 개의 시편과 응답송 그리고 다른 기도들로 되어 있었던 기도이다. 레온 브라칼로니(Leone Bracaloni)가 주장하기를 프란치스코는 점차적으

---

5) 참조: 위의 책, 81-82.

로 이 기도에다 주님의 수난을 기리기 위해 시편을 첨가하여 바쳤다고 한다(「수난 성무일도」). 브라칼로니에 의하면 성 프란치스코의 「주님의 수난 성무일도」 안에 성삼일과 연중 평일에 하도록 되어 있는 시편 배정이 가장 잘 정리되어 있으며, 프란치스코는 여기서 주님의 수난을 가장 많이 강조하였다고 한다6). 그래서 이 「주님의 수난 성무일도」 전체는 우리 주님의 강생부터 승천까지를 모두 아우르는 시편 내용으로 되어 있으면서도 '주님 수난'이라는 제목이 붙게 된 것이다.

그러나 프란치스코는 병중에 있을 때에도 이 기도를 교회의 공식적인 성무일도 대신 바치지는 않았다고 한다. 말하자면 이 기도는 공식 성무일도를 바친 후에 바쳤던 기도였다는 것이다.

③ 성무일도 대신 시간경으로 「주님의 기도」를 바치는 것에 대해:

형제회 초기에는 전기 작가들이 전하는 대로, 형제들이 성무일도서를 가지고 있지 않을 때 「주님의 기도」를 정해진 횟수로 바치거나 묵상을 하였다. 프란치스코의 첫 번째 전기 작가인 토마스 첼라노 형제는 형제들이 성령에 의해 불타올라 「주님의 기도」를 노래로까지 바쳤다고 전하고 있다.

>"형제들은 지상적인 염려나 괴로운 근심걱정에 마음 쓰는 일이 없었기 때문에 성령의 불에 타올라 정해진 성무일도 시간만 아니라 어느 때고 항상 탄원하는 아름다운 목소리로 주님의 기도를 노래하였다"(『1첼』 47항).

사실 형제들은 성무일도서를 지니지 않고 여행을 할 경우나 글을 읽을 줄 모르는 경우에 「주님의 기도」를 바쳐 공동체의 공동 기도에 함께 하였고, 더 나아가서는 온 교회의 공동 기도에 참여하였다. 그래서 예전에는 7단 묵주(70개의 작은 알과 6개의 큰 알로 이루어진 묵주)를 가지고 76번의 「주님의 기도」를 하였다고 한다. 이는 주로 평형제들이 했던 기도였다고 한다7). 사실 프란치스코는 「1223년 수도규칙」 3장에서 시간경마다 「주님

---

6) 참조: L. Bracaloni, 「L'ufficio composta da S. Francesco d'Assisi」, 『Studi Francescani』 37(1940), 251-265.

의 기도」를 몇 번씩 해야 하는지에 대해서까지 정해 주고 있다. 프란치스코는 형제들이 더욱 깊은 묵상 분위기 안에서 「주님의 기도」를 바치기를 바랐고, 이 기도로써 교회의 기도이자 공동체의 기도인 성무일도에 형제들이 함께 할 수 있게끔 하였던 것이다.

「유언」 34절(11번): 수도규칙과 「유언」의 관계

"³⁴그리고 형제들은 이것이 또 하나의 수도규칙이라고 말하지 말 것입니다. 이 글은 우리가 주님께 약속한 수도규칙을 더욱더 가톨릭 신자답게 실행하도록, 나 작은 형제 프란치스코가 축복받은 나의 형제 여러분에게 주는 회고요 권고와 격려이며 나의 유언이기 때문입니다".

사실 이 부분이 우리에게 혼동을 주는 것은 이전까지의 이야기를 통해서 프란치스코가 순종의 이름으로까지 명하고 있는 강력한 요청들 때문이다. 그런데 여기서는 이 「유언」이 그저 회고요 권고요 격려라고 말하고 있다. 이것은 그가 강력한 요청들을 하고 나서 생각해 보니까 자신이 총봉사자직을 사임했다는 것이 떠올랐기 때문일까? 아마 그랬을 것이라고 카예탄 에써 형제는 단언하고 있다. 실제로 프란치스코는 수도규칙이 인준된 후에 형제회에 어떤 권한을 갖고 관여하고자 하지 않았고, 형제들이 그렇게 해달라고 했을 때에도 이를 거절했었다. 그는 자신의 모범을 통해 어떻게 형제들이 수도규칙을 지켜가야 하는지를 보여 주고자 했을 뿐이다[8]).

그런 프란치스코가 「유언」 10번 부분에서 11번 부분으로 넘어가는 과정 속에서 자신이 이 글을 전하고 있는 상황을 직시하게 된 것이다. 그런 의미에서 「유언」 11번 부분의 내용은 프란치스코가 이 「유언」을 통해 무엇을 말하고자 하는지를 파악할 수 있게 해 주는 것이다.

에써가 말하기를 프란치스코는 논리적 사고 전개를 하는 사람이라기보다

---

7) 참조: 『Rule and Testament of St. Francis』, 178.
8) 참조: 『The Testament of St. Francis』, 82.

는 자신의 삶에서 구체적으로 지각되는 이미지에 의해 사고를 전개해 가는 사람이라고 한다. 그래서 이「유언」의 전개 과정도 프란치스코의 순간순간의 직관력에 의해 진행되고 있다는 것이다9). 그래서「유언」을 전개하는 과정 속에서 이런 갑작스런 전환이 일어나게 된 것이라고 생각해야 한다.

이런 관점에서 볼 때 우리는 프란치스코가 이 부분에서「유언」의 전체 요점을 말하고 있으며, 새롭게 전개되고 있는 형제회 내의 문제점들을 염려스런 눈으로 바라보면서 형제들이 교회로부터 공식 인준을 받은 수도규칙을 어떻게 하면 충실히 지켜갈 수 있는지를 더욱 명확하게 설명하려 하고 있다고 말할 수 있다. 말하자면 프란치스코는 이「유언」을 쓰는 이유를 이 부분에서 정확하게, 그리고 설득력 있게 설명하고 있는 것이다. 에써 형제는 이에 대해 다음과 같이 설명하고 있다.

"성 프란치스코의 마지막 유언(last will)은 실제적인 면에서 볼 때 이「유언」의 내용이 아니라 수도규칙의 내용이다. 그는 수도규칙이 자신의 마지막 유지(遺志)이기를 바랐다. 그리고 그가 하느님께 약속한 수도규칙이란 이전 것이 아닌 1223년 것이다.「유언」안에서 그가 말하고자 하는 바는 이 수도규칙이 그의 관심사 전체의 대상이었으며, 죽음의 시간에서까지도 그랬다는 것이다. 그러므로 이「유언」에서 프란치스코가 형제들에게 수도규칙을 넘어서는 상위의 임무들을 지우려 했다고 생각하는 것은 아주 잘못된 것이다. 프란치스코는 형제들이 수도규칙을 가톨릭 정신으로 충실하게 지킬 수 있고, 또 그렇게 지키게 하도록 이「유언」에서 수도규칙을 위반하는 구체적인 내용들을 해설한 것이라고 여겨야 한다"10).

이런 관점에서 본다면 이「유언」은 오늘날 우리가 갖고 있는 **'회헌'**의 의미를 띠고 있는 것이라고 말할 수 있다. 말하자면 이「유언」은 우리 수도회의 첫 번째 회헌인 셈이다.

다른 한편으로 이「유언」이 형제들에게 주는 또 다른 의미가 있다. 그것

---

9) 참조:『Rule and Testament of St. Francis』, 188.
10)『The Testament of St. Francis』, 84.

은 바로 '**결속**'이다. 라틴말의 "테스타멘툼"(testamentum)은 기록된 문서라는 말이면서 동시에 우리가 갖는 유대 혹은 결속이라는 말도 된다. 이것은 마치 구약 성경과 신약 성경이 구약의 계약 혹은 신약의 계약으로 대치되는 것과 같은 이치이다. 말하자면 이 말은 사람들을 하느님 앞에서, 한 정신 안에서 일치시켜 주는 유대를 뜻하는 것이다[11].

그래서 우리는 이 「유언」을 통해 소유 없음의 정신 안에서 죽음을 넘어서까지 프란치스코와의 결속을 이루는 것이다. 물론 이는 법적인 것으로서가 아니라 영적인 것으로서의 의미를 지니는 것이다. 그래서 우리가 이 「유언」을 받아들일 때 이 「유언」이 우리에게 있어 프란치스코의 회고요 축복이 되는 것이다.

프란치스코가 쓰고 있는 '나의 축복받은 형제들'이라는 표현에는 심오한 의미가 들어 있다. 이 말에는 형제들이 하느님으로부터 사랑받고 축복받으며 인정받고 있다는 의미가 들어 있다. 프란치스코는 하느님 앞에서 형제들이 지니고 있는 그 품위를 마음 깊이 확신했던 사람이다. 이런 확신이 우리 공동체를 복음의 정신 안에서 변화시켜 갈 수 있게 해 준다.

프란치스코는 형제들을 하느님의 사랑하시는 은총 안에서 바라보고 있다. 달리 말하면 그는 형제들을 자신의 판단으로 바라보는 것이 아니라 하느님의 판단으로 바라보고 있다는 것이다.

프란치스코가 이 「유언」을 쓴 것은 우리가 잘 계획된 도표에 따라서도 아니고 명확하게 형태를 띤 프로그램에 따라서도 아닌 가톨릭적으로(교회에 대한 신앙 안에서, 모든 것을 수용하는 보편적 사랑으로) 우리 수도규칙을 지킬 수 있도록 하려는 것이었다. 이는 마음에서부터 마음으로 자유롭게 용솟아 오르는 것이다. 이것이 바로 이 「유언」의 가장 심오한 의미이다. 비록 오늘날은 많은 면에서 상황이 다르지만 이 「유언」의 중요성은 잃지 말아야 할 것이다.

교회의 삶이 공격받고 상처받는 곳이면 어디서라도 프란치스코는 단지

---

[11] 참조: 『Rule and Testament of St. Francis』, 191.

더 위대한 믿음과 살아 있는 사랑을 갖고 굳건히 나아갈 뿐이다. 이것이 바로 오늘날 프란치스코의 축복 속에 그가 시작한 복음적 삶의 프로젝트를 살아가는 우리가 해야 할 일인 것이다.

「유언」 35-39절(12번): 「유언」의 보전과 해석

"^{35}그리고 총봉사자와 다른 모든 봉사자들과 보호자들은 순종으로, 이 말에 아무것도 덧붙이거나 삭제하지 말아야 합니다. ^{36}그리고 형제들은 이 글을 수도규칙과 같이 항상 지녀야 할 것입니다. ^{37}그리고 개최하는 모든 회의에서 수도규칙을 읽을 때 이 글도 읽을 것입니다. ^{38}그리고 수도규칙과 이 글에 이렇게 알아들어야 한다고 말하면서 해석을 붙이지 말 것을 나는 성직형제이건 평형제이건 나의 모든 형제들에게 단호히 순종으로 명합니다. ^{39}오히려 주님께서 나에게 수도규칙과 이 글을 단순하고 순수하게 말하게 하고 또 기록하게 해 주신 것과 같이, 여러분도 단순하게 해석 없이 이해하며 거룩한 행동으로 끝까지 실행하도록 하십시오".

프란치스코는 자신의 「유언」을 마무리 지으면서 그에게 있어 전형적인 내용들을 여기서도 다시 언급하고 있다. ① 어떤 말도 바꾸지 말 것. ② 이 내용을 외울 것. ③ 이 내용을 전파할 것. 이 부분에는 이 유언에서만 특징적으로 나타난다고는 생각되지 않는 내용들, 즉 프란치스코의 다른 글들에서도 나타나는 내용들을 담고 있다. 단, 하나의 예외가 있는데, 그것이 바로 수도규칙과 「유언」에 대한 "해설"('이렇게 알아들어야 한다'는 식의 해설)을 금지시키는 내용이다. 이런 내용은 여기에서 처음으로, 유일하게 나타난다12).

이와 비슷한 그의 다른 글들의 종결 부분을 이 내용과 비교해 보면 이해가 좀 더 쉬워질 수 있다. 「1221년 수도규칙」의 마지막 부분은 이렇게 끝을

---

12) 참조:『The Testament of St. Francis』, 85.

맺는다.

> "¹**주님의 이름으로!**(참조: 콜로 3,17). 나는 모든 형제들에게 청합니다. 형제들은 우리의 영혼을 구하기 위하여 이 생활 안에 적혀 있는 모든 것들의 내용과 의미를 배우고 또한 자주 이것을 상기하도록 하십시오. ²그리고 우리의 영혼을 구하기 위하여 여기에 적은 것을 가르치고 배우고 간직하고 기억하고 실천하는 사람들에게, 그들이 이것들을 매일 되풀이하여 말하고 행동으로 옮길 때마다, 전능하시고 삼위이시며 일체이신 하느님께서 친히 축복해 주시기를 빌며, ³이것을 극진히 사랑하고 보관하고 보존할 것을 모든 이의 발에 입 맞추며 간청합니다. ⁴그리고 전능하신 하느님과 교황 성하의 이름으로 또한 순종으로, 나 프란치스코 형제는 단호히 명하며 여러분에게 의무를 부과합니다. 아무도 이 생활 안에 적혀 있는 것 중에서 무엇을 삭제하거나 무엇을 덧붙이지 말 것이며, 또한 형제들은 다른 수도규칙을 가지지 마십시오".

이 내용이 「유언」의 12번 내용과 비슷하다. 형식적인 면에서나 동의를 구하는 단어 사용에 있어서 이 부분은 「유언」과 별반 다르지 않다. 그리고 「어느 봉사자 형제에게 보낸 편지」 마지막 부분도 이와 비슷하다.

> "²¹그대는 이 글을 더 잘 실행할 수 있도록 그대의 형제들과 함께 참석할 성령강림총회 때까지 소지하고 계십시오".

그리고 「신자들에게 보낸 편지」 마지막 부분에서도 프란치스코는 그 편지의 수취인들에게 사랑과 겸손 안에서 그 편지를 받아들이고 실행할 것을 부탁하고 있다. 그리고 글을 읽을 수 없는 사람들은 그 편지를 다른 이들에게 읽어달라고 자주 부탁하고, 그 편지를 잘 간직하라고 말하고 있다(첫째 편지). 그리고 그 편지의 내용을 충실하게 지키고 이를 베껴서 다른 이들에게 전해 주는 이들을 축복해 주고 있고(둘째 편지), 그것을 충실히 지키지 않는 이들은 영원한 심판자의 심판대에서 해명해야 한다고 말하고 있다(첫째 편지).

「형제회에 보낸 편지」 마지막 부분에서는 장상들에게 이 글을 소지하여 실천하시고 열성껏 보관하라고 부탁하고 있다. 그리고 그렇게 하는 이들을 위해 축복의 기도를 해 준다.

이런 비슷한 내용은 「성직자들에게 보낸 편지」, 「보호자들에게 보낸 편지」, 「백성의 지도자들에게 보낸 편지」의 마무리 부분에서 다 나온다.

이렇게 볼 때 「유언」의 12번 부분에는 그리 특징적인 내용이 없다고 생각할 수도 있다. 즉 위의 이야기들이 뜻하는 바는 이 모든 글들을 잘 지키고 전하라는 것 이외에 다른 것이 아니라는 것이다. 그런데 「유언」 12번 부분에서만 유일하게 나오는 내용에 주목해야 한다. 그것은 '이렇게 알아들어야 한다'는 식의 해설을 금지시키고 있는 내용이다. 이것이 바로 수도규칙의 기원에 대한 성인의 개인적 증언이다. 우리가 이 내용에 주목해야 하는 이유는, 이 내용은 법적인 구속력이 있는 수도규칙에 관한 그의 첫 번째 증언이기 때문이다. 그는 "주님께서 영감을 주시어 이 글들을 단순하고 순수하게 기록하게 해 주셨다"고 말하고 있다. 프란치스코는 여기서 수도규칙과 「유언」을 하느님의 도움을 받아 스스로가 차분하고 겸손하게 쓴 작품으로 간주하고 있다. 그런데 실제로 프란치스코는 이 글들을 혼자의 생각으로만 쓴 것이 아님을 우리는 「어느 봉사자에게 보낸 편지」를 통해 알 수 있다. 그는 이 편지에서 이렇게 말하고 있다.

"[21]그대는 이 글을 더 잘 실행할 수 있도록 그대의 형제들과 함께 참석할 성령강림총회 때까지 소지하고 계십시오. [22]그리고 그때에 가서 수도규칙에 누락되어 있는 이 문제와 다른 모든 문제들을 주 하느님의 도우심으로 보완하게 될 것입니다".

그런데 왜 프란치스코는 이것을 자기 혼자서 쓴 것으로 간주하고 있는 것일까? 그 이유는 프란치스코가 이 글들 거의 모든 부분을 스스로 작성한 것이기 때문이기도 하고, 또한 총회의 도움, 즉 형제들의 도움을 받긴 했어도 도움을 받은 내용을 기록하는 것은 하느님의 도우심을 통해 스스로가 결정했기 때문이라고 카예탄 에써 형제는 말하고 있다[13]. 프란치스코는 형제들이나 다른 이들의 도움 안에서 하느님의 도우심을 보았던 것이다.

그런데 문제는 여기에 나오는 프란치스코의 "해설" 금지이다. 프란치스코가 수도규칙의 규정들과 「유언」의 지시 사항들이 하느님의 영감에 의해 작성된 것이며 모든 상황에 맞는 결정적인 것이라고 간주했던 것이 문제였던 것이다. 카예탄 에써에 의하면, 프란치스코는 이상과 현실 간의 조화를 제대로 이루지 못했던 것으로 보인다. 그는 온 세상이 활동 영역으로 주어진 형제회와 형제들에게 그저 이탈리아 지역의 구체적인 상황만을 고려하여 작성한 수도규칙을 부과하고 다른 상황에는 유동적으로 대처할 수도 없게 함으로써 오게 된 비극의 전조를 전혀 눈치 채지 못했다. 그래서 형제들에게 수도규칙의 규정 하나하나를 놓고 갈등하게 되는 가능성을 만들어 준 것이다. 이런 상황의 배후에서 형제들의 순수하고도 실질적인 필요, 즉 수도규칙과 실제 삶의 조화를 이루기 위한 투쟁의 필요성이 없어져 버렸던 것이다. 프란치스코는 이것을 완전히 간과했다. 그가 현실을 고려하지 않았기에 형제회의 방향은 그의 의도를 벗어났을 뿐 아니라 그의 금지 명령마저도 벗어나 버렸다[14]. 이것이 프란치스코가 원했던 것일까? 확실히 그것은 아닐 것이다.

그렇다면 우리는 여기서 멈추지 않고 프란치스코의 말이 지닌 더 깊은 의미를 파악해 가야 한다. 이럴 때 우리는 프란치스코가 참으로 원했던 이상을 우리의 현실 속에서 실현시켜 나갈 수 있을 것이다. 주님의 도우심을 청하면서 말이다.

그러므로 여기서 제2차 바티칸 공의회의 교회 정신을 살아가는 우리가 해야 할 일이 있다. 그것은 두 가지 표현법의 구분이다. 하나는 역사적으로 그 말이 나오게 될 때 그 시대와 상황에 따라 특별하게 사용되는 표현법[이를 현대 주석가들은 "지츠 임 레벤"(Sitz im Leben; 실제 삶의 상황)이라고 부른다]이고, 다른 하나는 시간적 제약을 받고 있는 표현법 배후에 숨어 있는 시간을 초월하는 영적이고도 타당한 의미이다. 이는 우리가 성경에

---

13) 참조: 『The Testament of St. Francis』, 87-88.
14) 참조: 위의 책, 88-89.

나오는 하느님의 계시를 올바로 이해하기 위해서 해야만 하는 구분이다. 바오로 사도는 우리에게 단정적으로 말한다.

"문자는 사람을 죽이고 성령은 사람을 살립니다"(2코린 3,6)[15].

우선 우리는 프란치스코가 「유언」을 쓸 당시의 상황은 형제회 내의 자유가 남용되었던 상황이었고, 프란치스코는 이에 대해 심각한 걱정을 하고 있었다는 사실을 염두에 두어야 한다. 주님께 약속한 삶을 살지 않고 프란치스코의 이상을 따라 살지 않는 형제들이 많은 상황이었다. 그 이유는 무엇일까? 좋지 못한 의향을 갖고 있었던 형제들이 있었기 때문이기도 했고, 또 원죄로부터 기인하는 인간의 나약성 때문에도 그랬겠지만, 더욱 큰 이유는 주체할 수 없이 증가하는 형제들의 숫자로 인해 여기에 맞는 바르고 즉각적인 양성 체제와 인력이 거의 전무한 상태였기 때문이었을 것이다. 그렇다면 실제로 프란치스코가 지향했던 이상이 각 형제들에게 미치지 못했을 것이라고 추측하는 것은 무리가 아닐 것이다. 그래서 첼라노에 의한 프란치스코의 전기를 보면 프란치스코 자신도 "나는 내가 할 일을 마쳤습니다. 그리스도께서 여러분들이 할 일을 가르쳐 주시기를 빕니다"(『2첼』 214)라고 말하고 있는 것이다.

그리고 수도규칙 10장에 나와 있는 다음의 내용을 자의적으로 해석하여 장상이나 형제 공동체가 마음에 들지 않을 때 형제들을 떠나 떠돌아다니는 상황도 있었을 것이다.

"[1]형제들의 봉사자요 종인 형제들은 자기 형제들을 방문하고 권고하며, 겸손과 사랑으로 잘못을 바로잡아 줄 것이며, 그들의 영혼과 우리 수도규칙에 반대되는 것을 명하지 말 것입니다. [2]그리고 아래 형제들은 하느님 때문에 자기 의지를 포기했다는 것을 기억할 것입니다. [3]그러므로 나는 그들에게 단호히 명합니다. 형제들은 주님께 지키기로 약속했고 영혼과 우리 수도규칙에 반대되지 않는 모든 일에서 자기 봉사자들에게

---

15) 『Rule and Testament』, 199.

순종하십시오".

거기에다 당시 이단자들의 증가 역시도 프란치스코를 몹시도 괴롭혔을 것이다. 이런 상황 속에서 프란치스코가 이런 극단적 언어를 사용할 수밖에 없었다는 것은 이해할 만한 것이다.

이제 여기서 프란치스코가 사용하고 있는 표현법(어투)에 대해 살펴볼 필요가 있다.

무엇보다 먼저 여기서 사용하고 있는 프란치스코의 말투는 구약 성경(참조: 신명 4,2; 12,32; 잠언 30,6)에서 모든 계약을 특징짓는 표현으로 사용되고 있는 것이다. 더구나 이 말투는 신약 성경(참조: 묵시 22,18)에서도 사용되고 있다. 계약의 문서라는 것은 절대로 손상되어서는 안 되는 것으로 간주된다. 이는 백성들을 한데 묶어 주는 것이면서 또한 백성의 지도자들을 결속시켜 주는 것이기 때문이다. 프란치스코는 형제들과 더불어 자신을 하느님의 새로운 백성으로 간주하고 있다. 여기서 이들을 한데 묶어주는 계약 문헌이 바로 성경을 중심으로 쓰인 수도규칙이었던 것이다. 그래서 그는 수도규칙을 "생명의 책이요 복음의 정수며 구원의 희망"이라고 칭했을 뿐 아니라 "영원한 계약의 유대"라고 일컬었다(참조:『2첼』208).

그래서 프란치스코는 이「유언」을 수도규칙과 더불어 항상 소지할 것을 부탁했던 것이다.

> "그는 모든 형제들이 이것을 소지하기를 바랐고 누구나 이것을 알고 있기를 바랐으며[16], 고달플 때 위로를 주며, 자신들이 한 수도서원을 일깨우도록 하기 위해서 그 수도규칙이 누구에게나 마음에서 들려오기를 바랐다. 그들이 마땅히 해야 할 생활을 생각나게 하기 위해서 언제나 그들의 눈앞에 이것을 간직하기를 바랐으며, 더욱이 이 수도규칙을 손에 쥐고 죽기를 바랐다"(『2첼』208).

여기서 프란치스코가 요구하고 있는 것은 외적인 소지 그 이상의 것임을

---

16) 참조:「인준받지 않은 수도규칙」24,1.

우리는 알 수 있다. 즉, 이것은 마음 안으로 간직함을 의미하는 것이고 그것을 마음속으로부터 끄집어내 삶 속에서 실현시켜 갈 것을 의미하는 것이다.

결과적으로 우리가 추측해 볼 수 있는 것은 프란치스코가 이런 표현법을 쓰고 있는 이유는 결국 형제회와 교회, 그리고 형제들 간의 결속과 관련된 그의 강력한 소망을 표현하려는 것이라는 사실이 아닐까?

그래서 실제로 수도규칙과 회헌이 절대 해석되어서는 안 된다는 점을 우리가 글자 그대로만 알아들어서는 안 될 것이다. 사실 우리가 앞서 본 대로 「어느 봉사자 형제에게 보낸 편지」에서 프란치스코가 증언하고 있는 것처럼, 프란치스코는 이 수도규칙을 총회에서 읽었고 이를 논의하여 보완하고 수정할 의지가 있었다. 비록 수도규칙과 「유언」(오늘날의 표현으로 하면 수도규칙과 회헌)이 안정되고 지속적인 공동체 삶을 위한 규정들이긴 하지만 이 문헌들이 그 자체들만을 위해서 존재하는 것은 아무 의미가 없는 것이다. 오히려 이것들은 형제 공동체의 삶을 위해 봉사하는 것들이어야 한다. 이런 관점에서 총회에서 이 규정들이 삶에 맞게 적용될 수 있었던 것이 아닐까! 이는 개인의 일이 아니라 총회를 위해 모이는 공동체의 일이었다. 이렇게 해서 프란치스코는 형제회 전체에 역동적인 요소가 발전되게끔 하였다.

이 일은 오늘날도 우리가 회헌을 이 시대의 상황과 문화에 맞게 적용해 가는 노력을 함으로써 이루어지고 있는 일이다. 그래서 이 일은 끝이 없는 우리의 임무인 것이다. 만일 우리 모두가 원죄의 왜곡된 결과로부터 영향을 받고 있지 않다면 우리에게 수도규칙이나 회헌은 필요 없을 것이다. 수도규칙과 회헌의 첫째가는 가장 중요한 임무는 모든 인간 안에 뿌리 내려 있는 이기심을 제어하여 함께 견뎌 나갈 수 있는 공동체를 가능하게 만들어 가는 것이다. 여기서 우리는 수도규칙이 우리의 주저함을 극복하게끔 해 주는 격려의 권고가 되어야 한다고 프란치스코가 말했던 것을 기억해야 한다. 이런 주저함과 꺼려 함은 우리 개개인의 삶과 공동체의 삶 양쪽에서 다 나타날 수 있다. 그래서 수도규칙과 회헌은 이런 붕괴를 막아 주는 우리의 지지 세력이 되는 것이다. 이들은 공동체를 엮어 주고 보존해 주는 유대가 된다17).

  프란치스코가 당시 너무도 걱정하고 염려했던 위험은 한 사람이나 하나의 어떤 그룹이 자기중심적인 생각에서 수도규칙과 「유언」(회헌)을 해석하려 했던 것이다. 이런 이유 때문에 프란치스코가 초기의 자신의 노선을 접고 경직된 듯한 어조로 순종을 강조하고 이를 거스르는 이들에 대해 강력한 처벌을 규정으로 만들어 놓았다고 볼 수 있다. 그렇다면 수도규칙과 「유언」의 본 의미인 개개인이나 개별 그룹의 이기심과 주저함, 그리고 안주하려는 나태함을 극복하게 해 주는 차원을 살려 나가기 위해 수도규칙과 「유언」을 지금, 여기의 삶에 적용시켜 가는 것은 반드시 필요한 우리의 의무가 아닐까 한다.

  이렇게 할 때 비로소 우리는 요한 바오로 2세께서 온 세상의 수도자들에게 요청하신 **"창조적 충실성"**을 살아갈 수 있게 될 것이다.

「유언」 40-41절(13번): 마지막 축복

  "40 그리고 이것을 실행하는 사람은 누구나 하늘에서는 지극히 높으신 아버지의 축복을 충만히 받고, 땅에서는 지극히 거룩하신 위로자 성령과 하늘의 모든 권품(權品)18) 천사들과 모든 성인들과 함께 사랑하는 아들의 축복을 충만히 받기를 비는 바입니다. 41 그리고 여러분의 보잘것없는 종 나 프란치스코 형제는 할 수 있는 데까지 이 지극히 거룩한 축복을 내적 외적으로 여러분에게 내리는 바입니다".

  프란치스코의 글들에 나오는 축복들 중에서 이 축복은 가장 상세하고 가장 장엄하다. "내적 외적으로"라는 말을 통해 프란치스코가 의도한 바는 어느 것도 자신의 축복에서 제외되지 않는다는 것이다. 하늘에 계신 하느님과 지상의 그리스도, 성령, 그리고 천사들과 성인들의 합창대 등, 이 모든

---

17) 참조:『Rule and Testament of St. Francis』, 202-203.
18) 참조: 「인준받지 않은 수도규칙」 23,6.

존재가 자신의 축복에 효력을 내준다. 프란치스코는 자신의 이상을 받아들여 이를 실현해 가려는 모든 이들에게 얼마나 진지하게 축복을 내려 주기를 바라는지를 자신의 형제들에게 보여 주기 위해 간절한 마음으로 하늘과 땅의 마음을 움직이게 하고 있는 것이다[19].

프란치스코가 '축복'이라는 말을 사용할 때 그것은 무엇을 의미하는 것일까? 프란치스코가 직접 쓴 글들을 보면 우리는 그가 쓰고 있는 '축복하다'라는 말의 라틴어는 "베네디체레"(benedicere)라는 단어임을 알 수 있다. 이 말이 이탈리아어에서는 "베네-디레"(bene-dire)라는 두 단어의 합성어가 된다. 이것을 번역하면 "좋은 말" 혹은 "훌륭한 말", "행복을 비는 마음", "행복을 빌어 주다" 등이 된다. 그런데 이 말은 어떤 것이 좋은 것임을 확인해 주는 말로서, "승인해 주다"라고도 번역된다. 그러므로 프란치스코가 "하느님께서 여러분을 축복하시기를 빕니다"라는 말을 통해 "하느님께서 여러분을 인정해 주시길 빕니다" 혹은 "하느님께서 여러분에게 '잘했다! 맞다!'라고 말씀해 주시길 빕니다!"라는 말을 하려는 것이다[20].

하느님께서 우리 삶의 방식에 "좋다!"라고 말씀하시는 것보다 더 큰 행복을 가져다주는 것이 있을까? 그분께서 우리의 삶을 인정해 주신다는 것보다 더 큰 행복이 있을까?

그런데 "베네디레"(benedire)라는 단어에는 또 다른 뜻이 있다. 그것은 하느님께서 우리에게 좋은 말씀을 해 주셔서 그분께서 우리 안에서와 우리를 통해서 좋은 일을 이루신다는 것이다. 왜냐하면 그분의 말씀은 절대적으로 효력을 내기 때문이다. 하느님의 축복을 통해 우리는 하느님 당신의 선의 물줄기에 합류되는 것이다. 이 물줄기는 하늘에 계신 성부께로부터 나와 지상의 성자께로 오는 것이며 성령 안에서 하늘에 있는 모든 존재와 지상의 모든 존재가 일치되는 그런 물줄기이다. 이를 관상하는 모든 사람은 하느님의 선으로 충만하게 된다. 우리가 이 마지막 축복의 관점에서 수도규칙을 숙고해 본다면 뭔가 다른 이해의 빛줄기가 우리의 마음속 깊은 곳으로 들어

---

19) 참조: 『The Testament of St. Francis』, 90.
20) 참조: 『Rule and Testament of St. Francis』, 210-211.

오고 있다는 것을 느끼게 될 것이다. 무엇보다 먼저, 모든 좋은 것이 흘러나오는 원천이신 하늘에 계신 전능하신 성부의 축복이 있다. 이 원천으로부터 모든 좋은 것이 끊임없이 흘러나오면서도 불가항력적으로 다가오지 않는 그런 선의 물줄기가 흘러나온다. 이 선의 물줄기는 모든 것을 채워 주며 이 선의 물줄기를 받아들일 수 있도록 한정 없이 그 모든 것을 개방시켜 준다. 이것을 받아들이는 사람은 누구나 하느님의 세계 안에 살게 되고 이미 하늘 나라 안에 있는 것이다. 왜냐하면 성부께서 이미 그의 삶에 대해 "바로 그것이다!"라고 말씀하셨기 때문이다[21].

복음적 삶을 살아가며 더욱더 깊이 이 삶에 젖어드는 사람은 누구나 "이 지상에서 성부의 사랑하시는 아드님의 축복으로 채워질 것이다". 그리고 기쁨 가운데서 더욱 열정적으로 복음적 삶을 살아가고자 하는 열망을 갖게 될 것이다. 비록 우리 복음적 삶의 자리에 부족함과 나약함, 그리고 이기심과 상처가 존재하고 있지만 이를 극복하기 위해 확신 있게 은총을 청하며 기쁨을 살아가게 될 것이다. 이것이 바로 성 프란치스코가 이런 삶을 살고자 몸부림치는 이들을 위해 청하고 있는 축복이다.

모든 존재 - 하늘에 계신 하느님, 지상 교회의 그리스도, 교회 안에 계신 성령, 하늘의 천사들과 성인들 - 를 활동하게 하는 이 축복을 통해 우리가 알 수 있는 것은 성 프란치스코가 자신의 사명과 은사 그리고 하느님께서 부여해 주신 자신의 일에 연결되어 있는 모든 이들을 위해 얼마나 열렬하게 이 축복을 간구하고 있는가이다[22].

---

21) 참조: 위의 책, 210-211.
22) 위의 책, 212.

「인준받지 않은 수도규칙」 4, 5, 6장을 근거로 하여 살펴본 성 프란치스코의 순종 개념

　프란치스코의 순종 개념이 변화하는 형제회의 분위기와 더불어 변화했다 하더라도 그의 본래 이상, 즉 상호 사랑의 순종 안에서 서로가 어우러지는 그런 형제 공동체를 실현시켜 가고자 했던 그의 이상은 변함이 없었다는 것을 우리는 이 연구를 통해서 알 수 있었다. 그래서 조심스럽게 이야기해야 할지 모르지만, 우리는 형제들이 프란치스코의 이상을 남용했다 해서 그의 이상이 변화된 것은 아니라고 말해야 할 것이다. 물론 형제회 내의 변화와 더불어 프란치스코마저도 주체할 수 없는 남용의 상황과 시련 때문에 이런 강한 어투의 권고가 나왔다는 것도 이해할 수 있는 일이고, 또한 그런 강력한 조치가 꼭 필요했을지도 모르지만, 인류 역사 안에서 증명된 바에 의하면 강압에 의한 변화 시도는 성공하지 못했거나, 성공했다 하더라도 그 명이 그리 길지 않았다는 것을 분명하게 보여 주고 있기 때문이다. 사실 「유언」을 쓸 당시의 프란치스코의 속마음을 완전히 감지한다는 것은 불가능한 일이지만 「유언」 전체를 통해, 특히 마지막 부분의 축복 기원을 통해 본다면 그가 그렇게 간절히도 원하던 것은 그의 본래 이상의 실현이라는 것을 알 수 있다.

　그래서 우리는 프란치스코의 「유언」에 나오는 그의 순종의 개념 근저에서 그가 원했던 참된 순종의 개념을 찾아내야 하고 이를 참으로 살아가기 위한 우리의 노력이 지금 우리 삶의 자리에서 이루어져야 하리라고 본다. 순종에 대한 프란치스코의 초기 이상을 잘 보여 주고 있는 「인준받지 않은 수도규칙」 4, 5, 6장을 통해서 이를 살펴보겠다.

(1) 순종의 일반 원리:

5장 9절: "모든 형제들은 이 점에 있어서[23] 특히 형제들 서로 간에 어떤 권한이나 지배권도 가져서는 안 됩니다".

6장 3절: "그리고 아무도 장상이라고 부르지 말고[24], 반대로 모두가 똑같이 작은 형제들이라 부를 것입니다".

우선 본문 전체를 보고 두 가지 차원을 살펴볼 필요가 있다. 한쪽에서는 "봉사자들" 혹은 "봉사자들이며 종들"이라는 말이 각각 3번과 8번 나오고 다른 한쪽에서는 이에 상응하는 말로 "다른 형제들"(이들)이라는 말이 나온다. 이 구분은 단순히 호칭(용어법)의 문제가 아니고 법적 중요성을 지니는 문제이다.

여기서 중요한 것은 순종의 차원이 수평적 차원과 수직적 차원을 다 포함하고 있다는 것이다.

4장 2절: "다른 형제들의 봉사자요 종이 된 모든 형제들은 자기 관구나 지역 내에 자기 형제들을 배치할 것이며, 또한 그들을 자주 방문하고 영적으로 권고하고 굳건히 해 줄 것입니다".

이들의 역할은 봉사를 받는 것이 아니라 봉사하는 것으로서, 형제들을 영적으로 보살피는 일이다.

4장 6절: "그리고 봉사자요 종들은, 나는 **섬김을 받으러 온 것이 아니라 섬기러 왔다**(마태 20,28)고 하시는 주님의 말씀과, 또한 자신들에게 형제들의 영혼을 돌보는 일이 맡겨져 있기에, 만일 자신들의 잘못이나 나쁜 표양 때문에 형제들이 영혼에 어떤 해라도 입게 된다면, **심판 날에** 우리

---

23) 어떤 사본에는 "이 점에 있어서"(in hoc)가 누락되어 있다.
24) 기존 수도원의 아빠스(Abbas)에 준하는 대수도원장(Prior)의 호칭을 피하라는 뜻이다.

주 예수 그리스도 앞에서 **해명해야** 한다는 사실을 기억해야 할 것입니다"(참조: 마태 12,36).

그러므로 형제들의 영혼을 지켜주고 형제들의 어려움에 해결책을 제시해 주는 책임이 이들에게 맡겨져 있는 것이다.

"**살아 계신 하느님의 손에 떨어지는 것은 무서운 일**(히브 10,31)이기에 여러분은 여러분의 영혼과 형제들의 영혼을 돌보십시오. [2]그러나 만일 봉사자들 가운데 누군가가 어떤 형제에게 우리 생활과 반대되거나 영혼에 해가 되는 것을 명한다면 그에게 순종할 의무가 없습니다. 과오나 죄를 범하게 하는 그런 순종은 있을 수 없기 때문입니다".

(2) 복음적 요소: 모든 형제들에게 적용되는 것들

4장 4-5절: "형제들은 남이 너희에게 해 주기를 바라는 그대로 너희도 남에게 해 주어라(마태 7,12). [5]또 네가 싫어하는 일은 아무에게도 하지 마라(토빗 4,16)고 주님께서 말씀하시는 대로 서로서로 대할 것입니다".

5장 9-17절: "이와 같이 모든 형제들은 이 점에 있어서 특히 형제들 서로 간에 어떤 권한이나 지배권도 가져서는 안 됩니다. 주님께서 복음에서 이렇게 말씀하시기 때문입니다. **통치자들은 백성 위에 군림하고, 고관들은 백성에게 세도를 부립니다**(마태 20,25). [10]그러나 형제들끼리는 그러면 안 됩니다(참조: 마태 20,26). [11]형제들 가운데에서 높은 사람이 되려는 이는 형제들의 **봉사자와 종이 되어야 합니다**(참조: 마태 20,26). [12]형제들 가운데에서 **높은 사람은 낮은 사람처럼 되어야 합니다**(참조: 루카 22,26). [13]어떤 형제도 다른 형제에게 악한 짓을 하거나 악한 말을 하지 말 것입니다. [14]오히려 **영(靈)의 사랑**으로 자진해서 서로 봉사하고 순종할 것입니다(참조: 갈라 5,13). [15]이것이 바로 우리 주 예수 그리스도의 참되고 거룩한 순종입니다. [16]모든 형제들은 **주님의 계명을 어기고**(시편 118,21) 순종을 벗어나 돌아다닐 때마다, 그것을 알면서도 그 죄 중에 머물러 있는 한, 예언자의 말대로 자신들이 순종을 벗어난 저주받은 자임을 알아야 합니다. [17]그리고 거룩한 복음과 자신의 생활을 통하여 약속한 주님의 계명을 굳게 실행할 때, 자신들이 참된 순종 안에 머물러 있게 되고, **주님의 축복을 받는 자들이** 된다[참조: 시편 113,15(23)]는 것을 모든 형제들은 알아야 합니다".

6장 3-4절: "아무도 장상이라고 부르지 말고, 반대로 모두가 똑같이 작은 형제들이라 부를 것입니다. ⁴그리고 **서로서로 발을 씻어 줄 것입니다**"(참조: 요한 13,14).

(3) 법적 · 윤리적 요소:

1) 봉사자와 종들에게 적용되는 것들

4장 2절: "다른 형제들의 봉사자요 종이 된 모든 형제들은 자기 관구나 지역 내에 자기 형제들을 배치할 것이며, 또한 그들을 자주 방문하고 영적으로 권고하고 굳건히 해 줄 것입니다".

4장 6절: "봉사자요 종들은, 나는 **섬김을 받으러 온 것이 아니라 섬기러 왔다**(마태 20,28)고 하시는 주님의 말씀과, 또한 자신들에게 형제들의 영혼을 돌보는 일이 맡겨져 있기에, 만일 자신들의 잘못이나 나쁜 표양 때문에 형제들이 영혼에 어떤 해라도 입게 된다면, **심판 날에** 우리 주 예수 그리스도 앞에서 **해명해야** 한다는 사실을 기억해야 할 것입니다"(참조: 마태 12,36).

5장 1절: "그러므로 살아 계신 하느님의 손에 떨어지는 것은 무서운 일(히브 10,31)이기에 여러분은 여러분의 영혼과 형제들의 영혼을 돌보십시오".

6장 2절: "봉사자는 자기가 비슷한 경우에 처했을 때, 그 형제가 자기에게 해 주기를 바라는 것처럼 그를 도와주도록 힘쓸 것입니다".

2) 다른 형제들(봉사자요 종이 아닌 형제들)에게 적용되는 것들

4장 3절: "축복 받은 나의 다른 모든 형제들은 영혼의 구원에 관한 일과 우리 생활에 반대되지 않는 일에 있어서, 봉사자들에게 충실히 순종할 것입니다".

5장 3-6절: "그렇지만 봉사자요 종들인 이들의 손아래에 있는 모든 형제들도 봉사자요 종들인 이들의 행동을 신중하고 자세하게 살필 것입니다. [4]그리고 만일 봉사자들 가운데 누군가가 우리 생활의 정도(正道)에 비추어 영적으로 살지 않고 육적으로 사는 것을 형제들이 목격한다면, 그리고 세 번째 권고 후에도 스스로 고치지 않는다면, 어떠한 장애를 무릅쓰고라도 성령강림총회 때에 전(全) 형제회의 봉사자요 종에게 알릴 것입니다. [5]그리고 어디에 있든지 간에 형제들 중에 영적으로 살지 않고 육적으로 살고자 하는 어떤 형제가 있으면, 그와 함께 있는 형제들은 겸손하고 자상하게 그에게 권고도 하고, 훈계도 해 주어, 그를 바로잡아 줄 것입니다. [6]만일 세 번째 권고 후에도 스스로 고치려 하지 않으면, 될 수 있는 대로 빨리 그를 자기 봉사자요 종에게 보내거나, 아니면 그 일을 알릴 것입니다. 봉사자요 종은 하느님 앞에서 더 유익하다고 판단하는 대로 그 형제의 일을 처리할 것입니다".

6장 1절: "형제들은 어디에 있든지 우리의 생활을 실행할 수 없으면, 이 사실을 알리기 위해 될 수 있는 대로 빨리 자기 봉사자에게 달려갈 것입니다".

3) 봉사자들이요 종들인 형제들과 다른 형제들 모두에게 적용되는 것들

5장 7-8절: "마귀는 한 사람의 과오로 많은 사람들을 파멸시키기를 원하기 때문에, 모든 형제들, 즉 봉사자요 종들은 물론, 다른 형제들도 누구의 죄나 악함 때문에 흥분하거나 화내지 않도록 주의할 것입니다. [8]오히려 **건강한 이들에게는 의사가 필요하지 않으나 병든 이들에게는 필요**하기 때문에(참조: 마태 9,12; 마르 2,17), 형제들은 최선을 다해 죄를 범한 형제를 영적으로 도와줄 것입니다".

(4) 복음적 요소와 법적·윤리적 요소 사이의 다른 점

복음적 요소를 언급할 때는 모든 형제들을 향해 말하고 있는 반면, 법적·윤리적 요소를 언급할 때에는 봉사자요 종들인 형제들이나 다른 형제들 혹은 두 부류를 향해 따로따로 말하고 있다는 것이다.

복음적 요소에서 봉사자요 종들이라는 말은 '더 높은 사람이 되기를' 바라는 모든 이들에게 요청되는 것으로서 복음적 자세를 표현해 주는 말인 반면에,

법적 · 윤리적 요소에서의 봉사자 혹은 봉사자요 종들이라는 말은 형제 공동체 안에서의 역할을 정확하게 표현해 주는 말이라는 것이다.

① 복음적 요소를 언급하는 부분에서는 법적 용어들이나 '순종하다' 혹은 '순종'이라는 말을 전혀 찾아볼 수 없다. 여기서는 영적이고 내적인 자세만이 강조된다. 반면에 법적 · 윤리적 요소를 언급하는 부분에서는 법적 · 윤리적 용어들이 많이 나타난다.

② 복음적 요소를 언급하는 부분에서는 봉사가 모든 이들에게 유보되어 있는 것으로 나타나는 반면, 법적 · 윤리적 요소를 언급하는 부분에서의 봉사는 봉사자 혹은 봉사자요 종들인 형제들이 투신해야 할 전형적인 자세로 간주되어 나타난다.

③ 복음적 요소를 언급하는 부분에서는 상호 순종이 모든 이에게 적용되는 것으로 분명하게 드러나는 반면, 법적 · 윤리적 요소에서는 '순종하는 것'이 '봉사자들이요 종들' 앞에서의 '다른 형제들'의 전형적 의무로 묘사된다.

(5) 복음적 요소와 법적 · 윤리적 요소 사이의 유사점

우선 두 요소에 다 나오는 것으로서 염두에 두어야 할 것은 "남이 자기에게 해 주기를 바라는 것을 해야 한다는 것"(4,4)과, "형제들의 관계는 권력이나 지배의 관계가 되지 않아야 한다는 것"(5,9-10), 그리고 "더 높은 사람이 되고자 하는 사람은 모두가 낮은 자로서 '봉사자요 종'이 되어야 한다는 것"(5,11-12)이다. 그리고 아무도 장상이라 불리지 말고 '작은 형제들'이라 불려야 한다는 것도 이 두 요소에 다 나오는 것이다.

■ 용어들

① '봉사자들' 혹은 '봉사자들이요 종들' : 이들은 형제들을 형제 공동체 내에 있게 하는 역할을 한다. 이들은 형제들이며, 이들의 직책상의 '장상직'은 복음적 '작음'에서 오는 것이다. '수하 형제들'은 하위 계급의 사람들이

아니라 단순히 '다른 형제들'이며, 이들은 5장 7절에서 분명하게 나오듯이 '봉사자들이요 종들'과 더불어 공동체를 형성하는 일원들이다.

② **봉사**: 복음적 요소를 언급하는 부분에서 상호 봉사(5,14)라는 말이 나오는데, 이 말은 법적·윤리적 요소를 언급하는 부분에서 제대로 다루고 있다. 즉 이 봉사는 '봉사자요 종들'이 '다른 형제들에게'(4,6), '다른 형제들'이 '봉사자요 종들에게'(5,3-4) 그리고 '이 두 부류의 형제들'이 서로서로에게(5,5-8) 제공해 주어야 하는 것으로 나타난다. 즉 이 봉사는 형제 공동체에서 상호 간의 필수적인 자세라는 것이다.

③ **순종**: 복음적 요소를 언급하는 부분에서 형제들은 서로에게 순종해야 함(5,14)을 말하고 있고, 법적·윤리적 요소를 언급하는 부분에서는 '순종하는 것'이 '다른 형제들'과 '봉사자들이요 종들인 형제들' 사이의 관계성을 표현해 주는 것으로 사용된다. 이런 면에서 프란치스코가 형제들 간의 수평적 순종을 강조하고 있는 반면, 제도적 관점에서의 수직적 순종도 필수적인 요소로 보고 있다는 것을 우리는 알 수 있다.

■ 중요한 사항들

1) **상호 봉사와 순종**: 복음적 요소에서의 상호 봉사와 순종이 시간적으로 볼 때 관구 제도가 성립되면서 자리를 잡게 된 법적·윤리적 요소에서의 상호 봉사와 순종보다 앞선다는 것은 분명한 사실이다.

① 봉사자들이요 종들인 형제들과 다른 형제들 모두는 상호 봉사로 일치를 이루어야 하고 복음적 이상에 따라 '장상'(prior; 4,3) 혹은 '더 높은 이 / 상급자'(5,10)라는 칭호를 거부해야 하고 권력이나 지배를 표현하는 호칭도 갖지 말아야 한다. 그리고 작음과 형제애 그리고 모두를 위한 겸손한 봉사라는 복음적 의미를 어지럽히는 어떤 호칭도 받아들이지 말아야 한다.

② 봉사
- 한편으로 봉사는 '봉사자요 종들'에게 의무이며, 다른 한편으로는 봉사

자들과의 관계에서와 서로 간의 관계에서 모든 형제들의 의무(5,3-4)이
기도 하다. 그리고 이 봉사에는 다른 형제들의 죄를 판단하지 않는 것
(5,7)과 할 수 있는 한 최선의 방법으로 죄지은 형제들을 도와주는 것
(5,8)도 포함된다.
- 법적·윤리적 봉사는 복음적 봉사에 의존하여 이루어져야 한다.

③ 순종
- 한편으로 순종은 '봉사자요 종들인 형제들'에 대해 '다른 형제들'이 해야 하는 전형적인 의무(4,3)이면서, 다른 한편으로 순종이라는 같은 용어가 '다른 형제들'에 대해서 '봉사자들'(5,3-4)과 형제들 '서로서로'(5,5-6)가 해야 하는 의무로도 적용되고 있다.
- 복음적 요소의 수평적 관계성에서 법적·윤리적 요소의 수직적 관계성으로 넘어가는 과정에서 우리는 '다른 형제들'이 '봉사자요 종들인 형제들'에게 순종할 의무가 부각된다는 것을 강조해야 하지만, 복음적 요소에서 표현되는 상호 순종이 없어지지 않았다는 것(5,14)과 작은 형제들에게 '서로의 발을 씻어주는 일'이 요구되고 있다는 점(4,3-4)을 잊어서도 안 된다.
- 그래서 우리는 늘 프란치스코가 제시한 근본적인 전제에로 되돌아가야 한다. 그것은 우리의 관계성이 늘, 그리고 어떤 차원에서건, 봉사 안에서의 형제적·복음적 표현과 상호 순종으로 이루어져야 한다는 것이다.

2) "성령의 사랑을 통해, 서로서로에게 기꺼이 봉사하고 순종하십시오"(갈라 5,13; 참조: 1베드 1,22; 2,13-15; 「1221년 수도규칙」 5,14: "오히려 **영(靈)의 사랑**으로 자진해서 **서로** 봉사하고 순종할 것입니다").

- 「1221년 수도규칙」 4-6장 사이에서 드러나는 형제들 사이의 관계성들은 상호 봉사와 상호 사랑의 개념으로 요약될 수 있다.
- 「1221년 수도규칙」 5장 14절의 내용은 복음적 요소를 언급하는 데서 나타나며 이 복음적 요소를 종합 요약해 주고 있다. 그리고 법적·윤리적

요소는 이를 통해서 해석될 수 있다.
- '자진해서': '어떤 강박도 없이', '자유롭게', '자신의 의지를 사용하여'라는 의미를 지닌다.
- '성령의 사랑을 통해'(영의 사랑으로): '한 사람의 내면에 있는 영의 사랑'을 표현하는 것으로 해석될 수 있다.
- 더 나은 해석은 갈라티아서 5장 13절의 내용에서 발견할 수 있다. "형제 여러분, 여러분은 자유롭게 되라고 부르심을 받았습니다. 다만 그 자유를 육을 위하는 구실로 삼지 마십시오. 오히려 사랑으로 서로 섬기십시오".
- 그리고 갈라티아서 5,4-5 혹은 5,16의 내용의 관점에서 보아야 한다. "성령의 인도에 따라 살아가십시오. 그러면 육의 욕망을 채우지 않게 될 것입니다"(5,16). 이 관점에서 본다면 이전 수도규칙 5장 14절의 내용은 육적인 욕망, 즉 자기-본위적인 봉사와 순종을 하라는 것이 아니라 성령의 인도, 즉 일치와 어우러짐, 수용의 사랑으로 봉사하고 순종하라는 것으로 해석할 수 있다.
- '자진해서 서로에게 봉사하고 순종하십시오': 앞뒤 문맥을 감안해서 본다면 봉사하고 순종한다는 것은 성령의 현존과 활동이 두 가지 양상으로 표현되는 것이다. 이를 통해 자유롭게 성령께 마음을 열고 성령께서 현존하고 활동하시도록 할 때 참다운 봉사와 순종이 가능하다는 것을 강조하려는 것이다.

3) **"이것이 바로 우리 주 예수 그리스도의 참되고 거룩한 순종입니다"**(「1221년 수도규칙」 5,15): 우리는 여기서 다시 한 번 육화의 측면을 보게 된다. 육화의 신비 안에서 성령의 활동이 분명하게 인지되고 이해되기 때문이다. 말하자면 진정한 순종과 봉사는 성령의 활동에 온전한 자유로 자신을 개방할 때 가능해지며, 이것이 바로 육화 안에서 드러나는 성령의 활동과도 같은 것이기에 이 순종이 바로 예수 그리스도의 순종과도 같은 것이라고 말하려는 것이다.

이와 같이 5장 14절의 분석을 통해 '성령의 사랑으로 자진해서' 모든 규정을 지킬 의무에 대한 심오한 의미가 드러났다. 말하자면 우리 형제들 사이의 관계 안에 성령의 사랑, 즉 성령 당신께서 표현되어야만 한다는 것이다.

이제 우리는 5장 15절을 묵상해 보면서 프란치스코가 가졌던 애초의 순종 개념에 대해 간략한 결론을 내릴 수 있다.

① 형제들 사이의 관계는 우리 안에서의 성령의 내적 현존에 의해 활기를 얻게 된다.

② 형제들 안에서 순종하시는 분은 예수 그리스도 당신이시다.

③ 다시 말해서, 예수님의 순종이 역동적으로 현존한다는 것(5,15)은 형제들 안에서 성령의 사랑이 역동적으로 현존한다는 것(5,14)과 상응하는 것이다. 그러므로 형제들 사이의 상호관계가 참된 것(상호 순종과 봉사의 관계)이라면 이 관계성 안에서 가시적으로 표현되는 것은 성령의 활동이거나 예수님의 활동이다.

④ 그러므로 우리가 '성령의 사랑으로 자진해서' 서로에게 봉사와 순종을 한다면, 이 봉사와 순종 안에서 사랑하시는 분은 성령이 되시고, 순종하시는 분은 예수님이 되시는 것이다.

사실 '순종'의 덕은 우리 수도 생활의 가치들 중에서 성숙한 마음으로 결심하여 실현시켜 가기가 가장 어려운 덕이 아닐까?! 다른 덕들(특별히 복음3덕)에서도 나타나는 경향이겠지만 이 순종에 있어 많은 수도자들이 갖는 건강하지 못한 경향 두 가지를 든다면, 그것은 '수동성'과 '합리주의' 일 것이다. 전자는 우리로 하여금 창조적이고 책임감 있는 삶을 살아가지 못하게 하고, 후자의 경우는 우리로 하여금 자기중심적인 삶을 살아가게 할 수 있다. 애석하게도 우리는 이런 경향을 갖고 있으면서도 순종과 관련하여 큰 스캔들이 발생하지 않는 한 자신의 순종 생활에 대해서는 그리 심각한 성찰도 하지 않은 채 살아갈 수 있다.

나는 과연 건강하게 순종 생활을 하고 있을까?

프란치스코의 순종에 대한 이상을 숙고해 볼 때, 순종의 서원은 이제 새로운 관점에서 살아가야 할 서원임을 알 수 있게 된다. 즉, 진정한 순종이 우리 관계성 안에서 예수님과 성령의 현존과 뜻이 실현되는 것이라면, 시대의 징표를 식별해 가면서 주님의 뜻을 공동체적으로, 자유롭게, 그리고 책임감 있게 찾아나가는 노력이 이루어질 때 참다운 순종이 이루어진다는 결론이 나온다는 것이다. 이는 단순히 공동체 안의 생활에만 관계 있는 것이 아니라 우리가 사도직을 수행해 가는 데에도 영향을 미치는 것이다.

우리가 이런 노력을 기울여 가는 가운데 우리가 가질 수 있는 권위에 대한 우리의 자세와 자유로운 우리의 선택 사이의 긴장을 줄여 갈 수 있다. 실제로 한 공동체의 권위가 참다운 봉사와 사랑의 권위로 자리 잡아 인격들 간의 질서를 지어가게 하기 위해서도 그렇고, 불의와 비인간화, 그리고 이기심에 뿌리를 내리고 있는 개인주의적 자유 남용을 우리 공동체의 권위를 통해서나 우리 스스로가 제어해 가기 위해서는 이런 복음적 노력이 형제 자매들 한 사람 한 사람 안에서 반드시 이루어져야 하는 것이다.

「유언」 34-41절: 수도규칙의 실행과 축복

기경호, 작은 형제회(프란치스코회)

1. 이 글의 본질과 목적(34절)

³⁴그리고 형제들은 이것이 또 하나의 수도규칙이라고 말하지 말 것입니다. 이 글은 우리가 주님께 약속한 수도규칙을 더욱 더 가톨릭 신자답게 실행하도록, 나 작은 형제 프란치스코가 축복받은 나의 형제 여러분에게 주는 회고요 권고와 충고이며 나의 유언이기 때문입니다.	³⁴Et non dicant fratres: Haec est alia regula; quia haec est recordatio, admonitio, exhortatio et meum testamentum, quod ego frater Franciscus parvulus facio vobis fratribus meis benedictis propter hoc, ut regulam, quam Domino promisimus, melius catholice observemus.

프란치스코는 여기서 20-21절, 24-26절, 31-33절의 강한 표현들을 부드럽게 하고 있다. 그는 「유언」 25절과 32-33절에서 "순종으로 단호히 명한다"라는 표현을 사용하였다. 이런 표현들에 대해 어떤 이들은 프란치스코가 교황청과 형제들에 의해 부과된 「인준받은 수도규칙」에 대해 저항을 하고 있는 것이라고 해석하기도 한다[1]. 그는 「유언」의 제3부에 해당하는 34절

이하에서도 매우 강한 언어로 주님께서 시작하신 은총의 역사에 충실할 것을 촉구하고 있기는 하다. 혹자는 갑작스런 어조의 변화를 근거로 이 글이 죽음에 임박해서 써진 글이 아니라거나 나중에 삽입된 것으로 보기도 하지만 이 글이 쓰인 상황을 고려해 볼 때 결코 이상한 일은 아니다. 에써(K. Esser)의 지적대로[2] 20절 이하에서 프란치스코가 이미 준엄한 명령과 순종으로 지켜야 하는 지침들을 언급했기 때문에 모든 것이 권고요 격려가 된다고 볼 수 있다.

그런데 사실 이런 어조의 변화는 매우 민감한 비약을 표현하는 것이며 설명하기 쉽지 않다. 그가 매우 엄격한 지침을 말하다가 여기서 부드럽게 말하지 않을 수 없었던 것은 그럴 만한 배경이 있었다. 즉 프란치스코가 이미 총봉사자직에서 물러난 상태였고, 게다가 1223년에 이미 수도규칙의 최종 인준이 있었다. 따라서 자신이 이제는 더 이상 총봉사자가 아니며 형제회 안에서 어떤 법적인 권한을 가진 것도 아니기에 형제회 전체의 문제들에 대해 명령할 처지가 아님을 잘 알고 있었다. 「어느 봉사자에게 보낸 편지」는 프란치스코가 어떻게 형제들의 조언을 들어 총회에서 개정되어야 하는 수도규칙에 기원을 둔 수도회 의무 규정들을 도출해 내야 하는지 잘 알고 있었음을 분명하게 알려준다[3]. 그는 수도규칙의 인준 이후 서약한 수도규칙을 넘어서는 법률 행위로 수도회의 운명에 참여하는 것을 거부하였다. 그는 오직 형제들에게 수도규칙을 준수하는 모범을 보이고 싶어 했다. 그런 원의에서 그는 이 글을 "또 하나의 수도규칙이라고 말하지 말라"고 한 것이다. 결국 그는 이러한 표현들을 통해서 「인준받은 수도규칙」을 보다 더 충실하게 실행하기를 권고하고 있다.

30-33절에서 34절로 넘어오면서 프란치스코는 이 글이 왜 또 하나의

---

1) 참조: K. Müller, 『Die Anfänge des Minoritenordens und der Bussbrüderschaften』, Freiburg i. Br., 1885, 109-111(K. Esser, 『El Testamento de san Francisco de Asís』, tr. J. Luis Albizu, Oñate, 1981, 38에서 인용).
2) 참조: K. Esser, 『El Testamento de san Francisco de Asís』, 226.
3) 13절 : "대죄에 관하여 말하는 수도규칙의 모든 장(章)을 우리는 성령강림총회에서 주님의 도우심과 형제들의 조언을 받아 이렇게 한 장으로 만들겠습니다".

수도규칙이 아닌가에 대한 근거를 언급하고 있다. 34절에서 그는 법적 위치의 토대 위에서 수용될 수 있는 설명을 찾고 있다. 따라서 34절은 특히 '성 프란치스코의 의도에서 유언이 어떤 것이어야만 했을까?'라는 질문에 응답을 담고 있다는 점에서 중요성을 지닌다. 34절은 「유언」 자체를 이해하기 위한 열쇠가 된다고 할 수 있고, 특히 성인의 의식과 일치하고자 할 때 그렇다.

33절까지 성 프란치스코가 말한 모든 것들은 34절의 단순한 표현을 통해서 「유언」이 새로운 법이나 새로운 수도규칙이 결코 아니라 수도규칙의 의미를 풀이하고 명료화하기 위한 것임을 알 수 있다. 이에 대한 그의 생각은 법률적인 의식이 아니었다. "「유언」 전체는 생활 양식인 하나의 수도규칙을 자기 형제들 앞자리에 두기 위하여 일종의 권고로서 그에 의하여 명확히 기록되었다. 그는 자신과 그의 형제들이 실행했던 생활 양식인 수도규칙의 유일성에 대해 확신하였다"[4]. 그는 지나친 경솔함으로 가르치는 궤변을 거슬러 이러한 설명을 하고 있는 것이다. 또한 그는 「유언」을 작성함에 있어서 이 대목에 이르기까지 때때로 자신의 권한을 넘어서는 것임을 표현함으로써 자의적인 반응을 포기하였다. 그는 34절에서 법적으로 수용될 수 있는 하나의 형식, 즉 법 자체가 아니라 법 해석의 지침을 모두에게 부여하고자 한 것이며, 나아가 1223년 11월 29일 성대하게 교회의 인준을 받음으로써 교회법적 효력을 얻게 된 수도규칙을 폐지하려는 의도가 없었다.

에써의 설명대로, 프란치스코는 이 대목에서 자신의 마지막 뜻이 '「유언」의 내용' 자체가 아니라 '수도규칙의 내용'임을 분명히 하고 있다[5]. 그는 「유언」을 통하여 '수도규칙이 자신의 관심사의 전부'였으며 죽음의 시간까지도 그러했음을 말하고 있다. 그는 수도규칙을 출발점이긴 하지만 그렇다고 종착점으로 보지 않았다. 결국 그는 「유언」을 거룩한 복음의 요약인 수도

---

4) G.P. Freeman & H. Sevenhoven, 「The Legacy of a Poor Man: Commentary on the Testament of Francis of Assisi V」, tr. J.A.J. Baars, 『Franciscan Digest』 vol. 6(1996), 2.
5) 참조: K. Esser, 『El Testamento de san Francisco de Asís』, 227.

규칙보다 더 중요하거나 상위에 있는 것으로 보고 있지 않다.

'수도규칙'은 하느님을 향한 총체적인 삶을 질서 지어 주고 방향을 제시해 주는 중요하고도 핵심적인 규범을 말한다. 그리고 '생활'은 작은 형제들의 삶에서 가장 중요한 생활 방식과 삶의 태도를 말한다6). 여기서 수도규칙이나 생활 그 어느 한쪽만으로도 우리가 추구하는 복음적인 삶을 효과적으로 살 수 없게 됨을 명심하여야 한다. 작은 형제들이 서약하는 것은 곧 '수도규칙과 생활'이며 이는 단지 어떤 절차를 통과하는 것이 아니라 '거룩한 복음을 실행'하기 위한 근본적인 삶의 규범과 복음적 삶을 살기로 하느님과 교회 앞에 약속하는 것이다. 이것은 어떤 법적인 규범이 아니라 삶의 양식인 것이다. 프란치스코가 실천하려는 생활은 '거룩한 복음을 실행하는 것'이다. 프란치스칸 생활 양식은 회개 생활인 프란치스코의 생활 양식을 본받고 따르는 생활(참조: 「인준받은 수도규칙」 제2장; 「유언」 16절)이다. 프란치스코는 모든 복음적 영감을 수도규칙에 형상화하고자 한 것이 아니며, 동시에 복음을 법률 규정들의 축적으로 축소시키려는 의도도 없었다. 수도규칙은 법규정집이 아니라 본질적으로는 성 프란치스코의 거룩한 복음에 따른 삶의 체험이 담긴 영성 지침이기에 의무감에서가 아닌, 복음적 생활의 실천을 위한 지침으로 받아들여야 한다. 그렇다고 수도규칙이 성인의 복음적 삶에 대한 이상과 전망을 모두 표현하고 있는 것은 아니다. 「유언」은 수도규칙이 제시한 생활 양식을 실제 삶에 적용하였던 생생한 증언이자

---

6) "생활"과 "수도규칙" 이 두 용어는 프란치스코의 어법에서 볼 때 순수한 의미에서 구분된다. 특히 "생활"이란 단어는 그리스도의 모범과 가르침에 영감을 받은 일종의 삶이고, "수도규칙"이란 용어는 좀 더 규범집의 색깔을 제시해 주고 있다. 그러나 여러 차례 "수도규칙"이란 용어 대신 "생활"이란 용어를 사용하고 또 그 반대의 경우도 나타나는 성인의 글에서 둘을 구분한다는 것은 불가능하다. 따라서 프란치스코가 신자들에게 보낸 편지들(「1신자편」 2,21; 「2신자편」 3)에서 상기하고 있듯이 복음 안에서 주님의 말씀들은 '영과 생명'인 이상 '작은 형제들의 생활과 수도규칙은 거룩한 복음을 실행하는 것'이 행위 규범의 단순한 법전화로 축소될 수는 없는 것이다. 프란치스코에 따르면 "생활"이라는 용어는 그가 회개 초기부터 체험했던 하느님의 생명의 연장을 의미한다. 생활과 수도규칙 사이의 통합은 성령께서 이 수도규칙을 서약하는 사람들 안에 계속해서 작용한다는 확신을 가리킨다. 수도규칙은 제도의 활동을 규율하는 데 국한되는 것이 아니라 자신의 수도 서약을 받아들이려고 하는 사람들의 구원 계획에 영감을 주는 것이다.

삶에서 어떻게 적용하며 살아야 하는가를 더욱 구체적으로 제시하고 있는, 곧 수도규칙의 해석이자 해석과 적용을 위한 하나의 지침이라고 할 수 있다.

한편 「유언」의 내용 자체에 모순이 드러난다. 곧 "이 글은 또 하나의 수도규칙(alia regula)이 아니다"라고 하면서 "수도규칙과 더불어 늘 지니고, 형제들의 모임에서 읽고, 해석 없이 이해하고 실행하라"고 한다. 여기서 '또 하나의 수도규칙'(alia regula)에서 '알리아'(alia)란 말은 11세기 이래 '다른'이란 뜻으로 사용되었다. 그렇다면 '다른 수도규칙'이란 「인준받은 수도규칙」과는 다른 수도규칙을 말한다. 프란치스코는 사실 수도규칙에 어떤 것을 첨가하고 싶었으나 이미 인준을 받았기 때문에 그렇게 할 수 없었다.

프란치스코의 의도는 「유언」의 내용 그 자체가 아니라 「인준받은 수도규칙」에 있음이 분명히 드러난다. 죽음을 앞두고 프란치스코는 수도규칙의 실행에 대한 심려를 「유언」에서 표현하고 있다. 따라서 프란치스코는 「유언」에서 형제들에게 의무 그 이상의 것이나 법 규정으로 여겨지는 수도규칙의 의무에 대해 결코 맞서려 하지 않았다.

1230년 성령강림총회는 프란치스칸 법의 명료화와 확장의 첫 단계였다. 형제들은 이 총회에서 수도규칙에 관한 몇 가지 점에 대하여 명확한 선언을 해 줄 것을 교황에게 요청하였다. 이에 프란치스코의 의도를 잘 헤아린 교황 그레고리오 9세는 「쿠오 엘롱가티」(Quo elongati, 1230. 9. 28.) 칙서를 통하여 "「유언」은 법적으로 준수할 의무가 없다"고 선언함으로써 「유언」의 법률적인 성격을 강조하는 형제들을 거슬러 성 프란치스코의 이 글이 지니는 순수한 의미를 확정하였다. 프란치스코 친히 분명히 말하듯이[7] 이 글은 또 "하나의 수도규칙이 아니라" "회고요 권고요 충고"이자 「유언」의 성격을 지닌다. 여기서 '회고'(recordatio)는 주관적인 색채를 띠는 말로서 행동을 나타내 보이는 말이며, 다른 한편으로는 마음속에 지니는 원하는 것을 의미한다. 그러니 이는 객관적 성격을 띠는 단순한 기억과는 다른 것이

---

7) 참조: 「유언」 34.

다. 이 회고는 프란치스코 자신의 삶의 여정과 성소와 자신의 복음적 실천에 관한 것이다. '권고'(admonitio)는 형제들이 초기의 열정을 망각하지 않고 정신을 잃어버리지 않도록 하기 위한 것이다. 그리고 '충고'(exhortatio)는 초기 형제들에게 영감을 주었던 열정에 따라 살도록 하기 위한 것이다. 이 세 단어들은 어떤 큰 문제를 제기하는 것이 아니다. 이 단어들의 의미는 분명하며 「유언」의 다음에 이어지는 단락들을 특징지어 주는 데 잘 쓰이고 있다.

성인은 「유언」의 명령적인 부분들에서 수도규칙을 거스르는 죄에 대한 모든 구체적인 경우들을 다루고 있는데, 이는 형제들의 자유를 법으로 묶으려 한 것이 아니라 수도규칙이 충실하게 그리고 가톨릭 정신 안에서 실행될 수 있고 실행되어야 함을 표현하려 한 것이다. 실은 생애 마지막 시기에 여러 유언을 쓸 때에 프란치스코의 간절한 의도는 모든 법적인 영역을 넘어서는 당신의 마지막 뜻을 남기려는 것이었다. 수도회의 창립 과정과 제도적이고 법적인 구성을 마친 후 프란치스코의 유일한 관심과 염려는 형제 자매들에게 "본보기"(exemplaritas)가 되고 "원형"(forma)이 되는 것이었다. 총봉사자직을 사임하고 평범한 작은 형제로 남아 있으려는 이유 중의 하나도 이것이었다. 그리고 주께서 그의 몸에 오상을 박아 주신 후에는 그런 의식과 마음이 한층 더 강해졌다. 프란치스코는 회개 시부터 죽을 때까지 좋은 표양의 중요성을 끊임없이 강조하였고, 전기 작가들이 전해 주는 여러 사건에서[8] 나타나듯이 이러한 강박 관념에 사로잡힐 정도로 형제들의 본보기가 되려고 애썼다. 그것은 다름 아닌 '거룩한 복음의 실행'이었다. 프란치스코가 유언을 남기는 것 외에 모범적인 장소로 포르찌운쿨라를 지명하고[9] 당신이 사망한 후 베르나르도 형제[10]를 본보기와 산 증인으로 남겨 둔 사실은 이를 잘 증명하고 있다. 따라서 「유언」은 "우리 주 예수 그리스도의 발자취와 가난"을 보다 충실하게 따르도록 영감을 불어넣어 주고 생동적인

---

8) 참조:『2첼』151, 201;『페루』10, 11, 14, 50, 57, 67, 82 등.
9) 참조:『페루』56.
10) 「베르나르도 형제에게 내린 축복」;『페루』12;『완덕』107.

자극을 일으키려는 목적을 지니고 있다. 즉「유언」의 목적은 "우리가 주님께 약속한 수도규칙을 더욱더 가톨릭 신자답게 실행"(34절)하기 위한 것이다. 다시 말해 이「유언」은 수도규칙을 더 잘 실행하도록 돕는 보충 지침, 오늘날의 용어로 말하자면 '실행 지침'인 셈이다.

프란치스코가 중요하게 생각한 것은 '복음의 생활 양식'인 수도규칙을 실행하는 것이요 가톨릭 신앙에 충실하게 살아가는 것이었다. 이것은 이미 34절에서 프란치스코가 또 하나의 새로운 수도규칙이라고 하지 말라는 말에 내포되어 있는 것이다.「유언」은 수도규칙의 실행을 촉구하기 위한 확인이요 충고이자 보증인 셈이다. 34절의 "더욱더 가톨릭 신자답게 실행하도록"(melius catholice observemus)이라는 구절을 보면 '멜리우스'(melius)와 '카톨리체'(catholice)라는 용어의 잘못된 사용 가능성을 배제하지 않으면서 '멜리우스'(melius)를 '더 나은' 또는 '마지스'(magis)의 의미로 보아 '더욱더'로 이해할 수 있다. '더욱더 가톨릭 신자답게'라는 말은 가톨릭교회의 일원으로서라는 의미 그 이상의 것으로서 특별한 덕, 자질, 생활 양식을 가리킨다[11]. 그것은 프란치스코가 성무일도(18절, 31절)와 형제회 안의 순종(27절)을 둘러싸고 존재하는 긴장과 교회 안에서(6-13절) 성소의 불씨를 지폈던 방식으로 수도규칙을 실행할 수 있는 가톨릭교회를 향한 헌신적인 충실성이다. 프란치스코는「인준받은 수도규칙」에서처럼 여기서 작은 형제들의 삶에서 중심이 되는 두 가지 충실성은 교회와의 친교, 그리고 삶의 계획을 정하는 복음적 선택을 인정하고 있다. '가톨릭'이란 말은 교회의 교리와 법규들에 '온전하고, 완전하게, 충만히 그리고 총체적으로' 일치하는 것, 곧 로마 교회와의 일치를 말한다.「유언」은 늘 복음에 더 일치되는 방식으로 수도규칙을 '항상 더 잘' 실행하도록 돕고자 원한다.

여기에서 놓치지 말아야 하는 점은 프란치스코가 '약속한 수도규칙의 실행' 주체를 제1인칭 복수 "우리"라고 표현하고 있다는 사실이다. 즉 그는

---

[11] 참조: G.P. Freeman & H. Sevenhoven, 「The Legacy of a Poor Man: Commentary on the Testament of Francis of Assisi V」, tr. J.A.J. Baars, 『Franciscan Digest』 vol. 6(1996), 6.

수도규칙의 실행에서 자신을 결코 제외시킬 의도가 없음을 분명히 하고 있다. '거룩한 복음의 실행' 의무에서 아무도 벗어날 수 없다는 매우 간명하면서도 핵심적인 사실을 선언하고 있다. 34절에서 우리는 형제들과 교회를 통하여 그리고 무엇보다도 주님께서 주신 이 생활 양식인 수도규칙의 우선성과 중요성을 인정하고 존중하려는 프란치스코의 깊은 뜻을 읽을 수 있다.

다른 한편 이「유언」이 우리에게 주는 의미는 '유대' 또는 '결속'이다[12]. 라틴어 테스타멘툼(testamentum)은 작성된 유언, 유언에 서명하는 것, 기록된 문서 등의 의미가 있지만, '결속'이라는 뜻도 있다. 다시 말하자면 프란치스코의 이「유언」은 하느님 안에서 일치시켜 주는 결속, 유대를 의미하기도 한다. 이 결속은 복음의 실행을 통한 결속과 유대를 말한다. 이런 의미에서 그의「유언」은 '소유 없이'의 삶을 통하여 영원히 프란치스코와 일치를 이루는 것이다. 결국 프란치스코에 따르면 이 글의 본질과 성격은 형제들에게 남기고 싶은 회고요, 권고와 충고이며, 유언이다. 유언은 법적인 효력은 없지만 프란치스코가 마지막으로 형제들에게 해 주고자 하는 뜻이 들어 있다. 그는 육신도 아팠고, 형제들에게 실망을 한 상태에서 자신의 마지막 뜻을 밝히면서 "축복받은 나의 형제"라는 장엄한 표현을 하고 있다. 자신에 대해 '작은 형제', '보잘것없는 종', '무식한 사람'이라고 지칭한 것과는 매우 대조적인 이 표현은 형제를 하느님의 현존 앞에 두고 있음을 알게 해 준다. 이 말 안에는 나의 형제들은 하느님이 사랑하시는 사람들이고, 이 형제들을 이 생활에로 불러 주신 분은 하느님이시라는 뜻이 내포되어 있다. 나 자신은 형제들에게 실망했지만 하느님께서는 여러분을 축복하셨다는 내용이 포함되어 있다. 프란치스코는 이렇듯 형제들을 볼 때 늘, 그리고 보다 깊이 하느님과의 관계에서 본다.

---

[12] 참조: K. Esser,『El Testamento de san Francisco de Asís』, 227.

2. 해석 금지와 실행(35 - 39절)

³⁵ 그리고 총봉사자와 다른 모든 봉사자들과 보호자들은 순종으로, 이 말도 덧붙이거나 삭제하지 말아야 합니다.

³⁶ 그리고 형제들은 이 글을 수도규칙과 같이 항상 지녀야 할 것입니다.

³⁷ 그리고 개최하는 모든 회의에서 수도규칙을 읽을 때 이 글도 읽을 것입니다.

³⁸ 그리고 수도규칙과 이 글에 이렇게 알아들어야 한다고 말하면서 해석을 붙이지 말 것을 나는 성직형제이건 평형제이건 나의 모든 형제들에게 단호히 순종으로 명합니다.

³⁹ 오히려 주님께서 나에게 수도규칙과 이 글을 단순하고 순수하게 말하게 하고 또 기록하게 해 주신 것과 같이, 여러분도 단순하게 해석 없이 이해하며 거룩한 행동으로 끝까지 실행하도록 하십시오.

³⁵Et generalis minister et omnes alii ministri et custodes per obedientiam teneantur, in istis verbis non addere vel minuere.

³⁶Et semper hoc scriptum habeant secum iuxta regulam.

³⁷Et in omnibus capitulis, quae faciunt, quando legunt regulam, legant et ista verba.

³⁸Et omnibus fratribus meis clericis et laicis praecipio firmiter per obedientiam, ut non mittant glossas in regula neque in istis verbis dicendo: Ita volunt intelligi.

³⁹Sed sicut dedit mihi Dominus simpliciter et pure dicere et scribere regulam et ista verba, ita simpliciter et sine glossa intelligatis et cum sancta operatione observetis usque in finem.

프란치스코의 「유언」의 결론 부분인 이 부분은 「유언」 전체에 비추어 이해되어야 한다. 이 결론 부분은 35절에서 41절까지인데, 「유언」과 수도규칙을 해석하지 말고 실행하라는 것(35-39절)과 「유언」의 말씀을 실행하는 이들에 대한 사부 성 프란치스코의 장엄한 축복(40-41절)의 내용을 담고 있다.

프란치스코는 자신의 다른 글들의 끝맺음에서 나타나는 전형적인 방식을 「유언」에서도 취하고 있다[13]. 그 핵심 요지는 자신이 쓴 것에 덧붙이지 말라, 자신의 말을 바꾸지 말라, 그것은 하느님의 말씀이다, 잘 기억하도록 베끼고 다른 이들에게도 전하라, 실행하라는 것 등이다.

「인준받지 않은 수도규칙」의 끝부분에서 다음과 같이 말한다.

"주님의 이름으로! 나는 모든 형제들에게 청합니다. 형제들은 우리의 영혼을 구하기 위하여 이 생활 안에 적혀 있는 모든 것들의 내용과 의미를 배우고 또한 자주 이것을 상기하도록 하십시오. 그리고 우리의 영혼을 구하기 위하여 여기에 적은 것을 가르치고 배우고 간직하고 기억하고 실천하는 사람들에게, 그들이 이것들을 매일 되풀이하여 말하고 행동으로 옮길 때마다, 전능하시고 삼위이시며 일체이신 하느님께서 친히 축복해 주시기를 빌며, 이것을 극진히 사랑하고 보관하고 보존할 것을 모든 이의 발에 입 맞추며 간청합니다. 그리고 전능하신 하느님과 교황 성하의 이름으로 또한 순종으로, 나 프란치스코 형제는 단호히 명하며 여러분에게 의무를 부과합니다. 아무도 이 생활 안에 적혀 있는 것 중에서 무엇을 삭제하거나 무엇을 덧붙이지 말 것이며, 또한 형제들은 다른 수도규칙을 가지지 마십시오"(「인준받지 않은 수도규칙」 24,1-4).

이 본문을 보면 물론 분량이 더 길고 해석을 덧붙이지 말라는 내용은 없지만 「유언」의 내용과 매우 유사한 병행을 이루고 있음을 알 수 있다. 성인의 다른 글들의 끝맺음 부분에서도 이런 병행을 볼 수 있다. 「유언」 35-39절의 내용은 병행을 이루고 있는 다른 글들의 끝맺음과 본질적으로 일치하고 있다. 따라서 「유언」의 이 끝맺음에 나오는 권고를 다른 글들의

---

[13] 참조: 「1신자편」 19-22절; 「2신자편」 87-88절; 「형제편」 47-49절; 「1성직」 13-15절; 「2성직」 13-15절; 「봉사자편」 21절; 「지도편」 9절; 「1보호편」 9-10절; 「2보호편」 6-7절.

끝맺음보다 더 큰 가치를 부여할 수는 없을 것이다.

그러나 「유언」에는 처음으로 그리고 유일하게 "수도규칙과 「유언」에 해석을 붙이지 말라"는 내용이 나온다. 이 점이 다른 글들의 끝맺음과 다른 점이다. 35-39절은 수도규칙의 작성에 관한 성인의 첫 번째이자 유일한 자기 증언을 담고 있다. "주님께서 나에게 수도규칙과 이 글을 단순하고 순수하게 말하게 하고 또 기록하게 해 주신 것과 같이"(39절) 「유언」의 전체 맥락을 보면 프란치스코는 수도규칙과 「유언」의 성격을 하느님의 도움으로 단순하고 순수하게 작성한 자신의 글로 보고 있다.

교황 그레고리오 9세는 칙서 「쿠오 엘롱가티」(Quo elongati)에서 최종 수도규칙의 완성이 자신의 도움으로 이루어졌다고 말한다14). 그리고 「어느 봉사자에게 보낸 편지」 본문에 따르면 형제들의 총회가 수도규칙 최종 편집에서 결정 주체임을 인정해야만 할 것이다15). 이렇게 보면 수도규칙의 최종 본문은 분명 프란치스코 혼자만의 힘으로 작성된 것은 아니다.

그런데 왜 프란치스코는 39절에서 마치 자신이 혼자서 작성한 것처럼 이야기하는 것일까? 에쎄에 따르면 그 이유는 프란치스코 자신이 이 글의 거의 모든 부분을 썼고, 나아가 총회와 형제들의 도움을 받긴 했지만 그에 따라 기록할 때에는 결국 하느님의 도우심 아래 자신이 결정했기 때문이다. 그는 이미 14절에서 어떻게 살아야 할지 자신에게 계시해 주신 분은 지극히 높으신 분이었음을 확신하고 있다고 표현하였다. 그 배경을 좀 더 상세히 살펴보기로 한다. 「유언」 24절은 형제들의 영향을 뛰어넘는 내용이다. "형제들을 위해 세운 성당과 초라한 집 그리고 모든 건물이 우리가 수도규칙에서 서약한 거룩한 가난에 맞지 않으면 형제들은 그것들을 절대로 받아들이지 않도록 조심할 것이며, 거기서 '나그네와 순례자같이' 항상 손님으로 머무십시오."(24절). 그러나 「유언」의 다른 부분들을 보면 형제들로부터 받

---

14) 참조: BF I, 68.
15) 21-22절: "그대는 이 글을 더 잘 실행할 수 있도록 그대의 형제들과 함께 참석할 성령강림총회 때까지 소지하고 계십시오. 그리고 그때에 가서 수도규칙에 누락되어 있는 이 문제와 다른 모든 문제들을 주 하느님의 도우심으로 보완하게 될 것입니다".

은 영향들이 나타난다. 이런 근거를 받아들임으로써 여기서 프란치스코가 실제로 일종의 역사적 환상의 희생이 되었다고 보아야 할 것이다. 곧 상황의 변화에 따라 이상을 포기 또는 양보한 것으로 볼 수 있다. 그렇지만 한편으로는 프란치스코가 다른 이들의 협력을 완전히 드러내지 않고 오히려 그것을 통째로 자신의 것으로 돌렸을 가능성도 있다고 볼 수 있다. 이러한 가정은 수도규칙의 작성 과정에 대한 논의와 연관이 있다.

프란치스코가 봉사자들과 또는 교황청과의 일련의 갈등이 있은 지 약 3년 뒤 그러한 상황에서 나온 글에 대해 수긍할 수 있었다는 사실을 어렵사리 이해할 수 있게 된다. "주님께서 나에게 수도규칙과 이 글을 단순하고 순수하게 말하게 하고 또 기록하게 해 주신 것과 같이"(39절). 따라서 프란치스코는 「유언」의 경우처럼 수도규칙의 편집에서 주된 작업을 자기 스스로 해야만 했으며, 또한 총회의 결의에서도 그의 목소리는 결정적인 무게를 지닐 수밖에 없었다. 결국 수도규칙과 「유언」은 그의 작품이라고 정당하게 확정할 수 있다. 「유언」 14-19절에서 계시의 개념을 알 수 있다[16]. 프란치스코는 아씨시 주교 앞에서 말할 때, 그리고 성녀 클라라와 실베스테르의 결정 가운데 어느 쪽을 따를 것인지 식별할 때 하느님의 뜻이 그에게 계시되었던 것처럼, 우골리노 추기경이나 형제들에게 협력한 것이 아니라 자기 스스로 하느님의 도움을 받아 이 글을 기록한 것이다. 여기서 우리는 프란치스코가 인간적 경험과 그 밖의 모든 인간 행위의 범주로는 더 이상 이해할 수 없는 명료한 방식으로 계시를 받았음을 알 수 있다.

또한 중요한 문제점은 35-39절에서 수도규칙과 「유언」에 주석을 다는

---

16) "주님께서 나에게 몇몇 형제들을 주신 후 내가 해야 할 일을 아무도 나에게 보여 주지 않았지만, 지극히 높으신 분께서 친히 나에게 거룩한 복음의 양식(樣式)에 따라 살아야 할 것을 계시하셨습니다. 그리고 나는 그것을 몇 마디 말로 단순하게 기록하게 했고 교황 성하께서 나에게 확인해 주셨습니다. 그리고 이 생활을 받아들이려고 찾아오는 사람들은 가지고 있던 모든 것을 가난한 사람들에게 주었습니다. 그리고 또한 안팎으로 기운 수도복 한 벌과 띠와 속옷으로 만족하였습니다. 그리고 우리는 그 이상 더 가지기를 원치 않았습니다. 우리 성직자들은 다른 성직자들처럼 성무일도를 바쳤고, 평형제들은 주님의 기도를 바쳤습니다. 그리고 우리는 성당에 아주 기꺼이 머물곤 하였습니다. 그리고 우리는 무식한 사람들이었으며 모든 이에게 복종하였습니다"(「유언」 14-19절).

데 대한 금지이다17). 근본적인 문제는 프란치스코가 수도규칙의 규정들과 「유언」의 지시 사항들이 하느님의 영감에 의해 작성된 것이고 모든 상황에 맞는 결정적인 것이라고 보았다는 점이다. 이 점에서 작은 이들의 운동, 그들 사이에서의 이상과 현실의 충돌이 심하게 드러나는 일련의 단계가 새로이 나타나고 있다. 프란치스코는 자신의 단순성으로는 수도규칙에 불분명한 어떤 것이 있어야만 한다는 사실을 이해할 수 없었다. 그는 온 세계에 열려진 형제들에게 이탈리아라는 구체적인 지역과 상황만을 고려하여 작성한 수도규칙을 부과함으로써 그 밖의 상황에 유연하게 대처할 수 없게 되리라는 것을 예측하지 못했다. 수도규칙은 구체적인 상황에 내던져졌지만 고정된 본문은 상황이 바뀌어가는 모든 행동의 범주에 대해 충분한 답을 줄 수 없었다. 형제들은 구체적인 현실 앞에서 수도규칙의 본문 해석과 적용이라는 문제에 갈등을 드러내었던 것이다.

형제회는 점차 그가 의도했던 것에서 벗어났고 그의 이상을 따라 살지 않는 형제들이 많아졌다18). 형제들의 급증과 그에 따른 양성 체제의 미비, 이단자들의 증가 등 복합적인 문제들 앞에 프란치스코의 고민은 깊어만 갔을 것이다. 사실 이러한 어려움은 수도규칙에서는 물론 「유언」에서도 풀리지 않았다. 그런데 그는 이러한 합법적인 문제들과 어려움 앞에 이해할 수 없는 방법으로 수도규칙과 「유언」에 주석을 다는 것을 금지함으로써 해결할 수 없게 만들어 버렸다. 프란치스코는 35절에서 매우 강한 어조로

---

17) 주석(glossa)은 알렉산드리아의 문법학자들이 호머의 시를 보다 더 잘 이해하기 위하여 붙인 설명적인 주를 달았던 데서부터 시작되었다. 주석가들은 모임을 갖기 시작하였고 차츰 성경과 중세의 다른 본문들에 대해 주석을 달게 되었다.
18) 수도규칙 10,1-4절을 임의로 해석하여 떠돌아다니는 형제들도 발생하였다. "형제들의 봉사자요 종인 형제들은 자기 형제들을 방문하고 권고하며, 겸손과 사랑으로 잘못을 바로잡아 줄 것이며, 그들의 영혼과 우리 수도규칙에 반대되는 것을 명하지 말 것입니다. 그리고 아래 형제들은 하느님 때문에 자기 의지를 포기했다는 것을 기억할 것입니다. 그러므로 나는 그들에게 단호히 명합니다. 형제들은 주님께 지키기로 약속했고 영혼과 우리 수도규칙에 반대되지 않는 모든 일에서 자기 봉사자들에게 순종하십시오. 그리고 형제들은 어디에 있든지 수도규칙을 영적으로 실행할 수 없다는 것을 알게 되고 깨닫게 될 때, 자기 봉사자들에게 달려가야 하며 또한 달려가도 됩니다".

말한다. 곧 '순종으로'(per obedientiam) '아무것도 덧붙이거나 삭제하지 말아야 합니다'(teneantur … non addere vel minuere)라고 권고한다. 이렇게 한 것은 총봉사자와 다른 모든 봉사자들과 보호자들이 프란치스코의 뜻과는 달리 본문을 자신들의 것이었던 것처럼 다루려 하지 않고 마음대로 변경하려 하였기 때문이다. 그는 35절에서 일종의 예언자의 권위를 가지고 말하고 있다.

 이러한 금지의 엄격성은 오직 프란치스코의 생애 말년에 계속적으로 제기되었던 일련의 문제들에 대한 그의 자발적인 반응의 영향이라고 이해할 수 있을 것이다. 프란치스코는 형제회가 급속히 성장하면서 이상과 현실 사이에 갈등이 일어나면서 각종 특전들이나 자신의 원의, 자신이 명한 것들이 그다지 영향력을 미치지 못함을 잘 알고 있었다. 여기서 그는 문제의 해결이 수도규칙이나 「유언」의 해석에 달려 있지 않음을 민감하게 알아차리면서 수도회의 운명을 하느님께 내맡기고 있다. 그는 고통스런 갈등과 어려움 앞에서 겪을 만큼 겪은 뒤 하느님께 모든 것을 맡긴 것이다. 다른 관점에서 본다면 이 글은 프란치스코 자신에게 형제들과 시간과 장소를 통해 주신 헤아릴 수 없는 은총의 선물인 만큼, 총봉사자를 포함하여 봉사직을 맡는 사람이 이 「유언」에 자신의 뜻이나 생각을 덧붙이지 말라는 취지를 담고 있다고 할 수 있다.

 36절부터 39절에서 프란치스코는 수도규칙과 「유언」을 다른 관점에서 동등하게 놓고 있다. 즉 일차적인 생활 양식인 수도규칙은 「유언」과는 구별되어야 하는 것이며 「유언」을 '또 다른 수도규칙'이라고 할 수는 없다. 그러나 이 대목에서 프란치스코는 「유언」과 수도규칙을 하느님께서 자신에게 주신 선물이자 형제들에게 주어진 영성 지침이라는 점에서 똑같은 수준에서 보고 있다. 그는 우리가 서약한 거룩한 복음의 생활 양식인 수도규칙과 그 실행을 돕는 지침을 떼어놓고 보지 않는다. 그는 수도규칙과 「유언」 사이의 밀접한 관계를 명확히 드러내 보여 주고 있다. 그는 수도규칙과 「유언」을 똑같이 '항상 지녀야 하고', '형제들의 모임에서 읽으며', '해석을 덧붙이지 말고 단순하게 알아듣고', '충실히 실행하라'고 권고한다. 이러한 권고는 평형제와 성직형제 '모두'에게 해당되는 일차적이며 근본적인 실천 사항이다. 이렇게 하여 「유언」이 수도규칙의 보증이 됨을 분명히 하고 있다.

36절에서 "이 글을 수도규칙과 같이 항상 지녀야 한다"고 권고하는 것은 이 글을 통해 주님께서 주시는 메시지 자체를 삶의 중요한, '살아 숨 쉬는 지침'으로 삼아 살아가라는 의미이다. 프란치스코는 수도규칙을 "생명의 책이요 복음의 정수이며 구원의 희망"이자 "영원한 계약의 유대"라고 일컬었다(참조: 『2첼』 208). 36절 본문의 문체는 신명기 4,2에서처럼 구약의 계약을 특징짓는 표현인데[19], 이런 점에 주목해서 보면, 프란치스코는 수도규칙이 계약 문서처럼 손상됨 없이 지켜짐으로써 모든 이들을 하나로 묶어 주는 끈으로 보았음을 알 수 있다. 그는 수도규칙과 이 「유언」을 세상과 우리 자신, 교회와 형제회, 형제들 사이를 '복음의 존재로 변화'시켜 주고 거룩한 복음을 실행하는 데 있어 우리 모두에게 필수적인 '복음의 연결고리'로 보았기 때문에 "항상 지녀야 한다"고 권고한 것이다. 여기서 늘 지니라는 것은 공간적 밀접성을 뛰어넘는 복음과의 실재적 밀접성을 위해 마음에 깊이 간직하는 것을 의미한다.

37절에서 "개최하는 모든 회의에서 수도규칙을 읽을 때 이 글도 읽을 것입니다"라고 권고한다. 즉 프란치스코는 수도규칙 자체도 「유언」의 빛으로 해설할 때 넓은 지평선에서의 준수가 요청되기에 이 두 개 문헌을 함께 순수하게 보존하고 모든 모임에서 함께 읽기를 명한 것이다[20]. 다른 관점에서 보면 개최하는 모든 회의(capitulum)에서 수도규칙을 읽을 때 이 글도 읽으라고 한 것은 형제들의 모임 자체가 하느님의 현존을 드러내는 자리이고 하느님의 뜻을 찾는 자리이며 하느님을 향한 길을 찾는 은총의 계기이기도 하기 때문이다. 여기서 '읽어라'는 것은 선포하라는 것이고, 이 선포는

---

19) 신명 4,2: "내가 너희에게 명령하는 말에 무엇을 보태서도 안 되고 빼서도 안 된다. 너희는 내가 너희에게 내리는 주 하느님의 명령을 지켜야 한다"; 신명 13,1: "내가 너희에게 명령하는 모든 말을 명심하여 실천해야 한다. 거기에 무엇을 보태서도 안 되고 빼서도 안 된다"; 잠언 30,6: "그분의 말씀에 아무것도 보태지 마라. 그랬다가는 그분께서 너를 꾸짖으시고 너는 거짓말쟁이가 된다".
20) 참조: 「유언」 38-39.

선포되는 수도규칙과 이 글을 '함께', '경청하라'는 것이다. 왜냐하면 이 글에서 표현되는 회상과 권고와 미래를 향한 메시지 모두가 하느님의 음성을 담고 있기 때문이다.

이 권고를 관점을 바꿔서 보면 자기중심적으로 수도규칙과 「유언」을 읽지 말고 연약한 우리 모두 안에서 활동하시는 성령의 이끄심에 우리 자신을 열어 놓아야 함을 권고한 것이라고 알아들을 수도 있을 것이다.

38절에서는 "수도규칙과 이 글에 이렇게 알아들어야 한다고 말하면서 해석을 붙이지 말 것을 나는 성직형제이건 평형제이건 나의 모든 형제들에게 단호히 순종으로 명합니다"라고 좀 더 강한 어조로 권고한다. 35절에서 이미 "아무것도 덧붙이지 말라"고 강한 어조로 권고했는데, 그 주체는 '모든 형제들'이 아니라 총봉사자와 모든 봉사자들이었다. 그러나 여기서는 '모든 형제들'에게 '해석을 붙이지 말라'고 '단호히 순종으로' 명한다. 수도규칙은 물론 「유언」에도 해석을 덧붙이는 것은 하느님으로부터 주어지고 있고 이미 주어진 것에 대해 겸허한 자세로 받아들이기보다는 자신의 체험과 판단을 우선시하는 것이기에 프란치스코는 받아들일 수가 없었다.

39절은 특히 '해석의 금지와 수도규칙과 이 글의 실행'을 강조하고 있다. "오히려 주님께서 나에게 수도규칙과 이 글을 단순하고 순수하게 말하게 하고 또 기록하게 해 주신 것과 같이, 여러분도 단순하게 해석 없이 이해하며 거룩한 행동으로 끝까지 실행하도록 하십시오".

여기서 프란치스코는 수도규칙과 이 「유언」이 자신의 의지와 생각의 산물이 아니라 주님께서 '단순하고', '순수하게' 말하게 하고 또 기록하게 해 주신 것으로 받아들이고 있다. 그는 복음적 생활 양식의 지침과 그것을 실제 살아온 삶, 이 모두가 '주님께서 해 주신 것'이라는 충만한 의식을 가지고 있다. 이는 「유언」 서두에서 이미 보았듯이 철저한 하느님의 주도권을 인정하며 살아가는 전적인 삶의 태도를 말해 준다.

한편 「유언」을 해석하지 말라고 하는 것은 「유언」을 수도규칙의 해석으로 보고 있기 때문이다. 이런 의미에서 「유언」은 우리의 첫 번째 회헌이라고 할 수 있다. 프란치스코는 「유언」을 통해서 자신을 통하여 수도규칙과 이 글을 '단순하고 순수하게'(simpliciter et pure; 그의 특징적 문체) 말하게 하고 기록하게 해 주신 주님을 본받아, 단순하게 해석 없이 이해하고 실행하기를 바라고 있다. 프란치스코는「인준받은 수도규칙」제1장 1절에서 언급한 '거룩한 복음을 실행'하는 삶을 사는 태도를「유언」39절에서 표현하고 있다. 즉 '단순하게', '해석 없이' 이해하며, 거룩한 행동으로 끝날 까지 실행하라고 권고한다.

'실행하다'(observare)라는 동사는 프란치스코의 글에서 29회 사용되었는데 복음, 수도규칙 또는 자신의 편지들의 수신자들을 향한 저자의 말들과 관련된 것으로 나타난다.「인준받은 수도규칙」에서는 6회 사용되었는데 복음 또는 수도규칙을 받아들이는 근본적인 충실성에 대한 보증을 가리킨다.「유언」에서는 3회(39절, 40절, 41절) 나오는데 수도규칙에 대한 충실성과 동일한 충실성을 가지고 실행한다는 뜻으로 사용되고 있다. 어원적으로 볼 때 특별한 관심을 가지고 듣고, 보고, 복음이 주는 선을 간직하고, 사랑을 실천하는 것을 의미한다. 결국 '복음'을 실행한다는 것은 복음을 매우 특별한 관심을 가지고 지키는 것이니 '실행한다'(observare)라는 동사는 '관상의 영역'에 두는 것이라고 할 수 있다[21].

복음의 실행은 최초의 프란치스칸 규칙에서 신성한 출발점이었고, 거기에 규칙들을 끼워 넣은 유일한 목적은 형제들을 삶의 새로운 방식으로 이끄는 것이었다. 프란치스코의 이상은 '복음을 따르는', '복음의 방식을 따르는', '복음의 완성을 따르는' 삶이다. 프란치스코가 자기와 형제들을 위해서 원한 것은 복음을 기초로 하는 생활이다. 그에게 그리스도교 생활의 실현은 그리스도의 발자취를 따라 성부께로 순례하는 동적인 방식으로 이해되었다. 복음은 이처럼 추종의 잣대를 가리키는 규범적 표지가 된다. 그리스도교 생활과 수도 생활은 복음 그 이상의 다른 목적을 지닐 수 없다.

프란치스코는 죽음을 맞기 조금 전에 초창기를 회상하면서 "주님께서 나에게 몇몇 형제들을 주신 후 내가 해야 할 일을 아무도 나에게 보여 주지

---

21) 참조: F. Uribe,『La Regla de San Francesco de Asís』, 57.

않았지만, 지극히 높으신 분께서 친히 나에게 거룩한 복음의 양식(樣式)에 따라 살아야 할 것을 계시하셨습니다"(「유언」 14절)라고 말한다. 프란치스코가 이 「유언」을 인식과 행동으로 '끝까지' 실행하라고 한 것은 결국 자신의 마지막 권고 역시 '거룩한 복음의 실행'임을 다시금 상기시키고자 한 것이다.

3. 성 프란치스코의 축복(40 - 41절)

⁴⁰그리고 이것을 실행하는 사람은 누구나 하늘에서는 지극히 높으신 아버지의 축복을 충만히 받고, 땅에서는 지극히 거룩하신 위로자 성령과 하늘의 모든 권품(權品) 천사들과 모든 성인들과 함께 사랑하는 아들의 축복을 충만히 받기를 비는 바입니다. ⁴¹그리고 여러분의 보잘것없는 종 나 프란치스코 형제는 할 수 있는 데까지 이 지극히 거룩한 축복을 내적 외적으로 여러분에게 내리는 바입니다.	⁴⁰Et quicumque haec observaverit, in caelo repleatur benedictione altissimi Patris et in terra repleatur benedictione dilecti Filii sui cum sanctissimo Spiritu Paraclito et omnibus virtutibus caelorum et omnibus sanctis. ⁴¹Et ego frater Franciscus parvulus, vester servus, quantumcumque possum, confirmo vobis intus et foris istam sanctissimam benedictionem.

프란치스코는 서두에서 축복을 기원하는 다른 글들(「어느 봉사자에게 보낸 편지」, 「형제회에 보낸 편지」 등)과 달리 이 글의 마지막에 와서야 형제들에게 축복을 내리고 있다. 40-41절에서 프란치스코는 형제들과 작별하는 마음으로 형제들에게 삼위일체적 축복, 곧 성부, 성자, 성령이신 하느님의 축복을 내린다. 이런 삼위일체적 축복은 그의 다른 글에도 나오지만 여기에서처럼 그렇게 장엄하게 표현되지는 않았다²²). '위로자 성령과 함

께'(cum sanctissimo Spiritu Paraclito)라는 표현이 '성령의 축복'을 의미하는지는 분명하지 않다. 아마도 여기서 성령은 '하느님의 선물'로 이해하는 것이 옳을 것이다[23]. 실제로 우리가 바치는 전례 성가인 「오소서 성령이여!」(Veni creator Spiritus; 8세기와 9세기 중반의 수사본)의 둘째 마디에는 '알티시미 도눔 데이'(altissimi donum Dei)라는 표현에 '선물'이 읊어진다. 프란치스코도 적어도 12세기 이래 로마 전례에서 접할 수 있는 이 찬가를 분명히 알고 있었을 것이므로 여기서도 '하느님의 선물'로 이해하는 것이 옳다.

「유언」에 나오는 이 축복 양식은 그의 모든 글에 나타나는 그 어떤 축복보다도 더 폭넓고 장엄한 것이다. 키발(Kybal)은 프란치스코의 글과 전기에서 축복을 위해 성인이 사용한 모든 단어들을 연구하였는데, "유언의 축복은 성 프란치스코의 이전에 주어진 축복들과 구별되면서 매우 주의 깊은 방식으로 표현된 것"이라는 결론에 이르렀다[24].

프란치스코는 이 축복이 얼마나 크고 깊고 넓은 것인지를 매우 정교한 필치로 다음과 같이 서술하고 있다.

"하늘에서는 지극히 높으신 아버지의 축복을 충만히 받고, 땅에서는 지극히 거룩하신 위로자 성령과 하늘의 모든 권품(權品) 천사들과 모든 성인들과 함께 사랑하는 아들의 축복을 충만히 받기를 비는 바입니다"(40절).

여기서 프란치스코는 성부, 성자, 성령으로부터 오는 축복을 '하늘'과 '땅'에 연결하여 표현함으로써 우리의 존재 전체와 삶의 여정 전체, 그리고 관계 전체가 '수도규칙과 이 글을 실행함'으로써 축복을 받게 됨을 말하고 있다. '하늘에서는' 사람이 다가갈 수 없는 빛 속에 사시는 아버지, 영(靈)이

---

[22] 참조:「인준받지 않은 수도규칙」24,2.
[23] 참조: I. Rodriguez Herrera & A. Ortega Carmona, 『Los escritos』, 681-682.
[24] Kybal, 『Über das Testament』, 338 이하(K. Esser, 『El Testamento de san Francisco de Asís』, 235에서 인용).

신 하느님을 뵙게 되는 상태에 들어가는 축복, 곧 지극히 높으신 아버지의 축복을 받게 된다(참조:「권고」1,5). '땅에서는' 하느님의 아들에 의한 축복을 받게 되는데, '천사들'과 '모든 성인들'도 더불어 이 축복에 참여하고 있다. 람펜(Lampen)이 성인의 천사들을 향한 경배에 관한 연구에서 설명하듯이[25] "하늘의 권품 천사들"이란 말은 모든 천사들을 의미한다. 즉 모든 성인들을 둘러싸고 있는 천사들의 합창대를 말한다. 이는「주님의 수난 성무일도」의 후렴구에서도 볼 수 있다.

"거룩하신 동정 마리아님, … 비오니, 성 미카엘 대천사와 하늘의 모든 능품 천사들과 모든 성인들과 함께, 주님이시요 스승이신 당신의 지극히 거룩하시고 사랑하시는 아드님 앞에서 저희를 위하여 빌어주소서. 영광이 … 아멘".

41절의 "할 수 있는 데까지"(quantumcumque possum)는「형제회에 보낸 편지」12절, 40절과「어느 봉사자에게 보낸 편지」9절과 12절,「보호자 형제들에게 보낸 편지 II」의 4절에도 나오는 표현으로서 첼라노『제1생애』108에서도 설명적인 병행이 나온다. "내가 할 수 있는 이상의 축복을, 그리고 내가 할 수 없는 축복은 모든 일을 다 하실 수 있는 그분께서 그대에게 내려 주시기를!" 이는 클라라의 축복문 11절에도 나오는 표현이다. "나는 살아 있는 동안이나 죽은 뒤에도, 내가 할 수 있으면, 아니 그 이상으로".
여기서 원문의 '쿠안툼쿰퀘'(quantumcumque)는 양을 강조하는 부사인데, '쿠안툼'(quantum; 얼마나, ~하는 만큼)은 프란치스코가 자기 형제들에게 원했던 선들의 총체를 말하는 것이다. 그리고 불확정 접미어인 '쿰퀘'(cumque; ~든 다)는 모든 시대와 장소에 축복을 확장하고 있다.
"내적 외적으로"(intus et foris)라는 표현은[26] 앞에서 강조한 것을 다시

---

25) 참조: Lampen, De s. P.,『Francisci cultu Angelorum』, 4(K. Esser, 위의 책, 같은 곳에서 인용).
26) '내적 외적'이란 표현은 법적인 의미를 지니는 로마류의 표현이다. 결국 이 표현은 법적인 성격을 지니지만 프란치스코는 법적인 것이 아니라 쌍을 이루는 표현을 통하여 육과 영을 지닌 인간 존재 전체에 대한 예외 없는 축복을 강조하고 있다고 볼

한 번 강조하는 것으로서 그의 축복에서 아무것도 배제되지 않음을 알 수 있다. 그의 모든 사랑이 장엄하면서도 나머지 다른 모든 부분보다도 그의 성격을 더 잘 표현해 주는 아주 단순한 말로 된 이 축복에서 확장되고 있다.

프란치스코가 죽음을 앞에 두고 아론의 축복과는 다른 장엄한 삼위일체적 축복을 주는 것은 결코 이상한 일이 아니다. 그의 글들을 주의 깊게 살펴보면 생애 말년으로 갈수록 삼위일체이신 하느님 안에 그의 모든 영성적 통합이 이루어지고 있음을 알 수 있다. 여기에는 이 「유언」의 말씀을 실행하는 사람은 주님의 축복을 충만히 받고, 모든 천사들과 함께 사랑하는 아드님의 축복을 충만히 받기를 바라는 프란치스코의 염원이 들어 있다.

축복이란 좋음 자체이신 하느님께서 우리에게 좋음을 주시고 좋다고 말씀하시어 우리를 통해서 좋은 일을 이루는 것, 그리고 우리의 삶이 하느님의 선에 일치되어 보기에 참으로 좋다고 말할 수 있는 상태를 의미한다.

이 축복을 받기 위한 유일한 조건은 "이것을 실행하는 것", 곧 거룩한 복음을 프란치스코의 모범대로 실행하는 것뿐이다. '실행'과 '축복'은 뗄 수 없는 관계에 있으며, 우리가 이 둘의 관계 속에서 살아갈 때 '하느님의 생명' 안에 머물 수 있게 된다. 거룩한 복음의 실행이 가져다주는 그 헤아릴 수 없는 하느님의 축복은 실행하는 자에게 주어지는 '사랑의 선물'이다. 그는 자신의 사랑을 이 장엄한 축복에 담아서 표현하고 있다.

프란치스코는 이렇게 먼저 이것을 실행하는 사람들에게 삼위일체이신 하느님의 축복이 충만히 내리기를 기도한 다음, 그 축복이 모든 이에게 전해지기를 온 마음을 다해서 기도한다고 말한다. 이렇듯 프란치스코는 이 글의 서두에서 '주님께서 ~하도록 해 주셨습니다'라는 의식, 즉 철저히 하느님의 주도권을 인정하며 살아온 영성을 여기서도 똑같이 표현하고 있다. 이 마지막 축복에서 그는 '자신의 이름으로'가 아닌 '보잘것없는 종 프란치스코 형제'로서, 다른 이들에게 축복을 전하는 도구로서 자신을 인

수 있다.

식하고 있다. 이런 올바른 자기 인식 속에 삶을 살아가는 것이 곧 복음이 되는 것이요 주님께 드리는 찬미가 되는 것이다.

「유언」의 현대적 적용

기경호, 작은 형제회(프란치스코회)

머리말

유언은 한 사람이 죽을 때에 자신이 마지막으로 남기고 싶은 뜻과 체험, 그리고 꼭 하고 싶은 말을 표현한 것이다. 프란치스코 성인의 「유언」은 그의 글 가운데서 매우 특별한 자리를 차지한다. 이는 그가 유일하게 「유언」을 통하여 회심으로부터 죽음에 이르기까지 자신의 수도 생활의 복합적 체험을 이야기하고 소개하며 결어로서 제시하기 때문이다. 물론 프란치스코 성인의 「유언」이 그의 원초적 이상을 총체적이며 장엄한 형태로 표현해 주는 것은 아니다.

프란치스코의 수도 생활 여정과 업적에서 지녔던 의식을 파악하려고 할 때 「유언」에서 출발하는 것이 타당하다. 그의 「유언」을 올바로 이해하려면 한 인물의 회심, 일정한 삶의 선택의 역사, 거룩한 역사라는 사실로부터 출발해야 할 것이다.

하느님의 사람인 프란치스코 성인의 「유언」은 자신을 통하여 시작된 '작은 형제회' 수도자들에게만 해당되는 메시지가 아니며 발설한 당시에 한정되는 역사적 유물이 결코 아니다. 이 「유언」은 '죽음을 넘어선 생명의 길'을 제시해 주고 있으며, '과거를 넘어선 영원의 메시지'이다.

이제 성 프란치스코의 「유언」이 오늘의 시대에 던져 주는 메시지를 정리해 보기로 하자.

1. 자기 착각과 망각의 시대에 하느님께 초점 맞추기

성 프란치스코의 말씀은 "끝을 모르는 자기 착각과 망각을 살아가는 이 시대의 우리에게 하느님께 초점을 맞추고 자기 주제 파악을 하라"고 초대하고 있다. 성 프란치스코 「유언」을 관통하고 있는 핵심은 '모든 것을 주님께서 주셨고 이끌어 주셨다'는 것이다.

> 주님께서 나 프란치스코 형제에게 이렇게 회개를 시작하도록 해 주셨습니다(참조: 1절). 주님 친히 나를 그들 가운데로 인도하셨으며(참조: 2절) 주님께서 성당에 대한 크나큰 믿음을 나에게 주셨습니다(참조: 4절). 사제들에 대한 큰 믿음을 나에게 주셨고 또한 지금도 주십니다(참조: 6절). 주님께서 나에게 형제들을 주셨습니다. 또 지극히 높으신 분께서 나에게 거룩한 복음의 양식을 따라 살아야 할 것을 계시하셨습니다(참조: 14절).

이런 명확한 표현이 아니더라도 「유언」은 39절에 이르기까지 내용 면에서 보면 「유언」 전체가 주님께서 해 주셨다는 명확하고도 깊은 인식에 터 잡고 있음을 알 수 있다. 다시 말해 복된 프란치스코는 자신의 삶에서 하느님의 주도권을 철저히 인정하고 있다. 그는 삶의 출발점과 되돌아가야 할 곳이 어디인가를 이 「유언」을 통해서 우리에게 분명하게 말해 주고 있다. 오늘의 시대를 둘러보면 세례를 받은 신자들의 삶과 수도 생활을 하는 우리 자신에게서조차도 이런 성 프란치스코의 외침과는 거리가 먼 삶의 모습을 어렵지 않게 볼 수 있다. 내가 지금 여기 있는 것이 주님께서 해 주신 것이라는 사실을 망각하고 내가 어디서 무엇을 하고, 무엇을 바라보며 살아가는지 의식하지 못한 채 살아간다. 주님의 주도권을 인정하고 하느님의 은총을 알아차리는 사람의 가장 뚜렷한 삶의 표지는 겸손하고 감사할 줄 아는 삶의 태도이다. 하느님의 주도권을 인정하는 사람, 주제 파악을 하고 있는 사람은 그래서 경청할 줄 안다. 무엇이든 '내가 한다'고 생각하지 않고 항상 '나' 밖에 있는 누구와 어떻게 관계를 맺을 수 있으며 '나' 밖에 있는 피조물과 세상과 사람에게 나를 어떻게 내어줄 수 있는가를 생각하고 실행에 옮긴다. 오늘날 개인주의가 더욱 두드러지면서 각자 자기 계발에 관심이 부쩍 많아졌다. 영성 생활을 부차적인 것으로 여기면서 자기 건강 관리에 지나치게 신경을 쓰거나 자기가 좋아하는 물질이나 취미 생활을 추구하며, 온갖 편의주의를 갈망하는 이들이 많다. 나아가 하느님의 존재를 부정하거나 무관한 것으로 여기는 뉴에이지 성향이나 다원화된 유사 종교에 빠져드는 사람들도 볼 수 있다.

인간이 인간화됨으로써 그 절정에서 하느님을 만날 수 있고 하느님의 거룩함 안으로 들어갈 수 있을 터인데 오히려 물질화되어 가는 것을 볼 수 있다. 그러면서도 역설적으로 한편에서는 내적 갈증이 더욱더 강해져 가는 것이다. 그러나 그 내적 갈증은 내가 찾고자 하는 것이 어느 정도 채워졌을 때 어느 순간 잠시 스쳐 지나가는 한순간의 멈춤으로 그치고 만다. 성 프란치스코는 "주님께서 회개를 시작하도록 해 주셨다"고 말한다. 성 프란치스코가 시작한 이 회개는 시작일 뿐이었으며 죽을 때까지 계속된 항구한 것이었다. 항구한 회개는 늘 하느님의 주도권을 잊지 않고 그분의 현존 앞에 자기 자신을 두는 것이다.

따라서 「유언」이 던져 주는 첫 번째 메시지는 바로 '주님께 초점을 맞추라'는 것이다. 하느님을 바라보는 사람이 하느님을 닮아간다. 하느님의 눈을 지니게 됨으로써 하느님처럼 행동할 수 있다. 예수님의 마음을 지니는 사람이 세상을 품을 수 있다. 성 프란치스코가 나환우를 끌어안았던 행동은 그저 길을 찾는 어떤 사람이 당시 소외받던 몰골이 흉악한 사람에게 베푼 위대한 처신 그 이상의 것이다. 조반니 미콜리가 잘 지적하듯이, 「유언」에서 나타나는 나환우는 당시 사회의 병적인 현상 전체를 말하는지도 모른다. 오늘날에도 영성 생활의 초점을 흐리게 하는 사조들이 많다.

그 대표적인 것이 바로 신영성 운동이다. 뉴에이지 경향의 문화 현상은 인간이 우주의 중심으로서 잠재력과 내면의 지혜를 개발하여 신의 경지에 도달할 수 있다고 함으로써 인간을 절대화하며 하느님을 부정한다. 또한 죽음은 없고 여러 차례의 환생을 통해 자신을 완전히 실현할 수 있다고 주장하며 외계인의 존재를 인정하고 그 지혜에 존경을 표시한다. 이렇듯 신영성 운동은 초능력과 신비체험을 통한 영적 깨달음을 강조하고 모든 것을 통합하려 하며 자연 중심주의를 강조한다. 수도자들마저도 장엄한 전례를 할 때 뉴에이지 음악을 틀어 놓고 전례 춤을 추는 것을 종종 볼 수 있다. 또한 뉴에이지 경향의 영화를 아무렇지 않게 보며 감격하는 모습을 볼 수 있다. 성 프란치스코의 「유언」에 따르면 우리 모두가 하느님을 배제하는 이러한 세속주의로부터 다시 하느님께 시선을 돌려야 한다. 곧 하느님의 눈으로 자기 자신을 다시 보고 세상을 다시 보라는 것이다. 사실 하느님에게서 동떨어진 사조와 문화 현상이 우리에게 파고든다 해도, 교회와 거룩한 복음을 실행해 가는 우리 프란치스칸들이 '하느님의 주도권'을 철저히 인정했던 프란치스코 성인의 가르침에 따라 하느님께 초점을 맞추고 하느님의 피조물인 자신의 주제를 제대로 파악하면서 살아간다면 흔들림 없이 이 세상의 사람들을 복음으로 인도할 수 있을 것이다. 우리의 행동과 표정 자체가 역경 가운데에 있는 사람들에게 살맛을 느끼도록 해 주며 복음의 메시지가 될 수 있을 것이다.

　우리는 어떻게 살고 있는가? 여기서 우리 자신의 현주소를 되돌아볼 필요가 있다. 오늘의 세상은 정치적, 경제적, 사회적, 종교적으로 분열되어 있다. 한국 사회도 진보냐 보수냐를 가지고 첨예하게 대립하고 있다. 복음적 가치는 그것을 뛰어넘는 것이다. 우리는 분명한 복음적 식별 없이 두 가지를 융합하거나 대충 중간 지점을 찾는 것이 아니라 복음의 진리에 비추어 '진정 인간다운 길'을 선택하는 법을 성 프란치스코에게서 배워야 하는 것이다.

　현대인들은 포스트모더니즘의 영향을 받아 삶의 틀을 거부하고 책임을 맡지 않으려 하면서도 자기 취향대로 자유롭게 살며 인정받고 싶어 한다. 이들은 신비스럽고 초월적이며 영성적인 것에도 관심이 많으며, 주변에는 그러한 것을 접할 수 있는 기회도 많다. 그런데 이와 관련된 것들은 상품화

되어 신비, 초월, 영성이란 이름을 걸고 많은 사람들이 장사를 한다. 한마디로 뚜렷한 복음적 가치의 중심을 잃고 휘청거리는 군상들의 모습이다. 우리 프란치스칸들은 '주님께서 우리에게 해 주셨다'는 것과 '주님과의 끈끈한 끈 안에서만이 영원한 생명을 얻을 수 있다'는 것을 깨닫지 못하고 살아간다면 끊임없는 회개와는 동떨어진 삶을 살게 될 것이다.

2. 복음의 눈으로 새롭게 보기

같은 맥락에서 두 번째로 이 「유언」이 던져 주는 메시지는 복음의 눈으로 새롭게 보라는 것이다. 다시 말해 이 세상과 피조물, 다른 이들과 자신을 복음의 눈으로 새롭게 봄으로써 가치 판단의 기준을 전폭적으로 전환시키라는 것이다. 이처럼 전환이 이루어지려면 우리 삶에서 비움과 멈춤과 버림이 요구된다.

우리는 삶에 스며 있는 관성(慣性)대로 생각하고 말하고 행동할 때가 많다. 계속 똑같은 자리에 가서 앉고, 이유도 모르는 채 몸에 익은 대로 무의식적으로 행동하기도 한다. 그러다 보니 의식하지도 못하는 사이에 나를 충동질하는 무의식의 움직임에 나를 내맡기고 살아간다.

성 프란치스코의 "역겨웠던 그것이 단맛으로 변했다"는 표현에서 영적 건강함의 표지를 찾을 수 있다. 역겨웠다는 것을 체험하지 못하고 역겨움의 깊이를 맛보지 못하고, 아무런 불편함도 거리낌도 아쉬움도 없으니 그저 즐기면 된다는 식으로 살아가는 사람은 영적으로 건강하다고 할 수 없을 것이다. 역겨움을 맛보는 때, 심한 고통을 겪을 때 바로 그때가 영적으로 성장할 수 있는 은총의 때임을 알아차려야 한다. 따라서 회개 생활에 있어서는 쓴맛을 보고 알아차리는 것부터 시작해야 한다. 복음의 눈으로 새롭게 본다고 하는 것은 나 자신을 온전히 하느님 앞에 열어 놓는 것을 말한다. 나의 몸과 의식 안에 붙어 있는 관성을 떨쳐 버리고 하느님께 온전히 맡겨 드리는 것을 말한다. 그러기 위해서는 체면이 구겨지는 아픔, 하고 싶은 것을 못하는 아픔, 다른 사람들에 의해서 무시당하는 아픔도 감수해야 될 때가 있다. 성 프란치스코의 이 「유언」에서 알 수 있듯이 복음의 눈으로 새롭게 보기 위해서 중요한 것은 그토록 역겨웠던 것은 내가 죄 중에 있었기 때문임을 알아차리는 분명한 자기 인식이다.

우리는 어떤 사람이 미워질 때, 고통을 느낄 때 자주 남의 탓을 한다. 그러나 내가 하느님의 선을 받아들여 내 안에 선(善)이 자리 잡지 않아 죄 상태에 머무르게 되니 내 밖에 있는 대상이 좋게 보이지 않음을 알아차려야 한다. 사실 이렇게 되지 않으면 밖에서는 해결책이 없다. 내가 죄 중에 있음을 깨닫는 순간 내 안에 있는 하느님의 선이 다시 빛을 발하고 하느님의 아름다움이 다시 빛을 발하기 시작한다. 그래서 바라보는 것마다 좋고, 그래서 기쁘고 평화롭고 행복하다. 성 프란치스코의 「유언」은 바로 이렇게 역겨움을 넘어서서 복음의 눈으로 새롭게 보라고 요구하고 있다. 그러나 현대를 살아가는 우리들의 모습은 마치도 꿀단지의 꿀이 너무나 달아서 거기에 앉은 벌이 한참 빨다가 날려고 하니 꿀이 온몸에 들러붙어서 날아갈 수 없는 것에 비유할 수 있다. 결국 죽음밖에 없는, 달콤함에 길들여진 채 살아가고 있다. 이런 달콤함을 계속 찾아가는 것은 오늘날의 단지 세속적인 것이라고만 표현할 수 없는 엄청난 도전이다.

이러한 도전 가운데 하나가 바로 포스트모더니즘이다. 포스트모더니즘을 추구하는 사람들은 포스트모더니즘이 무엇이냐라고 정의하는 것조차 거부하고 해체를 요구한다. 포스트모더니즘 사고방식은 특히 새로운 세대들과 관련된 총체적인 현상이다. 새로운 세대들은 현재의 실재성에 민감하고 다원주의에 대해 보다 더 수용적이며 이에 따라 더 쉽게 상처받는다. 이것은 불안과 불안정과 불확실한 감정을 더욱 증대시키고 있다. 그리고 어떤 가치도 다 수용하므로 비판적인 사고가 무디어진다. 이러한 포스트모더니즘 사조에 젖어 들면 책임감을 상실하고 미래에 대한 기대감도 없이 현재만을 즐기는 나르시시즘적인 경향을 띠게 된다. 포스트모더니즘으로부터 개인의 욕망, 하고 싶은 것들, 즉각적인 만족을 찾는 것, 느낌과 감동적인 분위기를 중요시하는 것, 정해져 있지 않은 것, 내가 좋아하고 내가 하고 싶은 것에 이끌리는 것, 이런 것들에 자기 자신을 맡기는 것을 즐기는 삶의 태도가 나온다.

　이런 사고방식은 대중적이면서도 각자의 기호를 존중하는 형태의 대중화를 추구한다. 또한 진실과 허위 사이의 구분이 모호해질 수밖에 없다고 여겨 절대적인 믿음과 절대적인 진리를 부정하게 되고 권위주의의 해체가 점차 가시화된다. 문제는 이 사조에 의식 없이 끌려가는 현대인들이 많다는 것이다. 우리 그리스도인들조차도 이 사조가 지니고 있는 역동적인 힘과 복음의 힘을 분간하지 못한 채 끌려가는 모습을 보이고 있다.

　포스트모더니즘 사고방식에는 여러 가지 약점들이 있다. 즉 소비주의적인 향락주의에 탐닉하므로 가난한 사람들에게 관심을 두지 않으며, 반역사적이고 반사회적 입장을 취하며 냉소적이고 허무주의적인 태도를 취함으로써 의미 있는 삶을 살려는 인간의 노력을 거부한다. 또한 비판과 참여를 거부함으로써 사회 공동체에 역기능을 초래하며, 영상 매체를 통해 폭력을 미화하고 성적 유혹을 부추기며 배금주의와 물질주의를 확산시킴으로써 고귀한 인간성을 파괴하는 경향이 심하다. 그리고 이 사조는 즉흥적으로 감성에 충실한 것이면 모두 좋다고 하며 그리스도교의 절대 진리를 무시한다. 그 결과 선과 악, 진리와 거짓의 경계를 허물어 도덕적 불감증을 만연시킨다.

　성 프란치스코가 역겨웠던 그것이 몸과 마음의 단맛으로 변했다고 할 때에 거기에는 그러한 향락주의를 탐닉하는 삶을 비롯한 이러한 사고방식이 들어설 자리가 없다. 복음에 따른 가치 기준의 변화, 삶의 방향 전환이 이루어짐으로써 시선은 저 낮은 곳으로, 다른 사람들의 눈에 띄지 않는 소외된 한곳으로 향하게 된다. 성 프란치스코가 주님이 주신 복음을 받아들이고 그 좋은 맛을 알아차림으로써 복음으로 충만했던 것을 보면, 그에게는 그리스도의 절대적인 가치 기준을 무시하는 이 포스트모더니즘적인 사고방식이 들어설 여백이 없었음을 알 수 있다. 그는 역겨웠던 것에서 단맛을 체험함으로써 시편 작가가 "주님이 얼마나 좋으신지 너희는 보고 맛 들여라" 하는 그 맛 속으로 들어간 것이다.

　오늘날 복음에 따라 새로운 가치 전환을 이루라는 프란치스코 성인의

「유언」의 초대 말씀은 여전히 심각한 도전을 받고 있다. 우리가 가고 있는 현주소가 어디인가? 우리는 어디에서 하느님을 찾고 있는가? 자신들을 '회개자들'이라고 자처했던 당대의 많은 사람들과는 달리 성 프란치스코는 그 당시에 가장 멸시받았던 나환자를 포옹함으로써 하느님을 향한 그의 첫발을 내디뎠다. 가족이나 친지들에게조차 버림받았던 그 미약한 존재들 안에서 초월자를 찾는 것이 그의 몸짓의 일차적인 특징이 되었다. 이것이 곧 회개의 삶이다. 회개의 삶을 산다는 것은 무엇인가? 그것은 오늘 이 땅에서 복음과 예수 그리스도 때문에 불편하고 반대 받아도 자신의 뜻을 하느님의 뜻에 맞추어 사는 것을 고집하고 자신의 의지를 자기 것으로 삼지 않는 삶을 말한다. 회개의 삶은 하느님이 원하는 것을 항상 행하고 하느님만으로 만족하는 것을 말하며, 하느님 외에 그 어느 것도 바라지 않고 모든 것을 하느님께 되돌리는 것을 말한다. 프란치스코 성인은 「유언」에서 바로 이러한 회개의 길을 우리에게 제시하고 있다.

3. 예수 그리스도와 일치를 이루고 그분을 닮기 위한 믿음

프란치스코 성인은 이 현세를 살아가기 위한 주춧돌이 무엇인가를 우리에게 얘기해 준다. 그것은 「유언」 6-9절에서 반복되고 있는 '원한다'(volo)와 '원하지 않는다'(nolo)라는 큰 틀에 의해서 형성되는 믿음이다. 6절에서는 '원한다'고 하고 7절에서는 '하고 싶지 않다'고 한다. 그리고 8절에서는 다시 '원한다'고 하고 9절에 가면 '하고 싶지 않다'고 한다. 왜 프란치스코 성인은 어떤 것은 '원한다'고 하고, 어떤 것은 '원하지 않는다'고 했을까? 그리고 그것을 가르는 기준은 무엇이었을까? 그는 하느님의 뜻을 기준으로 삼아 원하는 것과 원하지 않는 것을 분명히 한 것이다. '원하다'와 '원하지 않는다'를 분명히 말함으로써 그는 하느님께 대한 확고한 믿음을 드러내었다. 이 믿음이야말로 그리스도와의 일치를 이루는 길이고, 모든 행동의 기초가 되는 것이다. 성 프란치스코는 「유언」에서 이에 대해 매우 구체적으로 얘기한다. 그는 성당에 대한 크나큰 믿음, 사제들에 대한 큰 믿음, 또 신학자들과 하느님의 말씀을 전해 주는 사람들에 대한 존경심을 강조하고 있는데 이것은 결국 하느님께 대한 믿음의 표현이다. 이 믿음은 내가 무엇을 원하는가, 원치 않는가를 분명히 표현하는 것이다. 내 안에 믿음의 샘을 마련하려면 '욕구의 정화'가 필수적이다. 사람마다 다양한 욕구를 지니고 살아간다. 그런데 자신 안에 자리 잡은 수많은 욕구를 '하느님의 원의'와 일치시키지 않고 자기 욕구를 채우며 살아간다면 그것은 믿음의 길이 아니다.

예수님께서는 십자가에 매달리신 채 '목마르다' 하고 외치시며 돌아가셨다. 예수님의 이 「유언」은 이 믿음의 표현으로 드러나는 우리의 갈망, 원의가 무엇인지 다시 보도록 초대하고 있다. 이 사람이 얼마만큼 영적으로 성숙한 사람이며 하느님께 가까이 가고 있는가를 알기 위해서 반드시 짚어 보아야 할 것은 그 사람의 원의와 갈망이다. 예컨대 강의를 들으면서도 왜 이렇게 안 끝나는가, 다 아는 소리인데 빨리 집에 갔으면 하는 '자기 욕구'가 앞서는 경우가 있다. 이 상황에서 내 뜻에 따른 '~하고 싶다'가 앞서고 있다면 몸은 여기 있으나 연극을 하고 있는 것과 다를 바 없다. 하느님의 뜻을 따라 스스로 강의를 듣겠다고 원했으나 원한 것과는 달리 '원하지 않음'의 모습을 보인다면 그것은 이미 하느님의 선을 찾기 위한 갈망이 아니다. 늘 자기 욕구와 원의를 따라 사는 사람은 하느님께 믿음을 두고 산다고 할 수 없다.

어떤 사람이 누군가를 죽이고 싶을 정도로 미워하며 살아간다면 내면에서 그 사람하고 같이 사는 것이다. 그런 상태에서는 성체 앞에 앉아 있으면 하느님 말씀이나 예수님의 마음은 떠오르지 않고 내가 미워하는 사람의 모습이 떠오르게 된다. 이처럼 감정과 욕구는 내 안에 뭐가 있는지를 말해 주는 것이다. 하루를 살아가면서 내 마음을 지배하고 있는 것이 무엇이며 내 안의 갈망이 무엇이었는지 주의 깊게 살피고 하느님의 뜻대로 질서를 잡아가지 않는다면 영적 성장은 어려워진다. 믿음이 없는 사람은 세상적인 가치에 따라 자신이 원하는 삶을 살아가므로 하느님을 목말라하지도 않는다. 그런 사람들은 '영혼의 구심점이나 뿌리'인 하느님과 관계없는 외적인 것을 통해 세상적인 만족을 찾아간다. 돈으로 모든 물질적인 충족을 할 수 있다고 믿으며 나아가 정신적인 충족마저도 돈만 있으면 얼마든지 가능하다고 믿는다.

프란치스코 성인의 복음적 태도는 그런 태도와는 근본적으로 다르다. 왜 그는 성당에 대한 믿음, 사제들에 대한 믿음, 신학자들과 하느님의 말씀을 전해 주는 이들에 대한 공경심을 얘기하면서 주님께서 그런 믿음을 주신 것에 대해 감사하고 그분께 영광을 돌리고 있는가? 그의 가슴에 자리 잡고 있던 핵심이 10절에 나와 있다. 그렇게 한 것은 사제 자신들도 성체를 받아모시고 사제들만이 성체를 분배하는 지극히 거룩한 주님의 몸과 피가 아니고서는 이 세상에서 지극히 높으신 하느님의 아들을 내 육신의 눈으로 결코 보지 못하기 때문이었다. 그는 성당과 사제나 신학자들이나 하느님의 말씀을 전하는 사람은 '보이지 않는 하느님의 실재'를 만나도록 해 주는 징검다리 역할을 하는 존재로 본다. 그는 이들이 우리의 믿음의 대상이 아니지만, 그들을 통해서 우리가 믿음을 갖고 그 믿음 안에서 하느님께서 우리에게 요구하시는 그 갈망을 지녀야 한다고 본 것이다. 우리는 하느님께 우리를 인도하는 일에 봉사하는 사람을 우상처럼 섬기거나 그들의 인간적인 나약함이나 죄를 보며 거기에 묶이지 말아야 한다. 그들은 도구요 매개일 뿐이므로 믿음을 가지고 그러한 모습 너머에 있는 하느님을 보고 만나도록 해야 할 것이다.

활동주의와 능력과 힘을 중시하는 풍조는 현대인들을 뒤흔들고 있다. 많은 사람들이 일중독에 빠져 헤어나지 못하며 멈추어 자신을 돌아볼 틈이 없이 움직이고 있다. 잠시만 생각해도 정신 차리고 살아갈 수 있는데 그럴 시간이 없다. 그러나 보니 때때로 넋을 잃은 채 하느님이 원하시는 것이 무엇인지 분간을 못하고 자기가 원하는 것만을 보고, 자기 원하는 대로 행동하는 때가 많다. 그러나 프란치스코 성인은 원하는 것과 원하지 않는 것을 분명히 한다. 그 기준은 믿음에 바탕을 둔 하느님과의 일치였다. 우리는 이것을 마음에 새겨야 할 필요가 있다. 프란치스코 성인은 우리의 하루, 일주일, 한 달간의 삶에서 무엇을 원하며 살고 있는지 깨어 바라보도록 초대하고 있다. 내가 말할 때, 생각할 때, 무엇인가를 결정할 때 그 갈림길에서 나는 어떤 기준으로 무엇을 선택해 왔는지 돌아보는 것은 매우 중요하다. 우리가 먹는 것에 따라 우리의 체질이 달라지듯이 무엇을 원하느냐에 따라 영적인 사람이 되느냐 아니면 육적인 사람이 되느냐가 갈린다.

4. 소유 없이 순례자와 나그네로 살아감(고유함의 회복)

프란치스코는 자신의 「유언」에서 초기 형제들의 소유 없이 살아가는 나그네 삶에 대해서 다음과 같이 전해 주고 있다.

> "이 생활을 받아들이려고 찾아오는 사람들은 가지고 있던 모든 것을 가난한 사람들에게 주었습니다. 그리고 또한 안팎으로 기운 수도복 한 벌과 띠와 속옷으로 만족하였습니다. 그리고 우리는 그 이상 더 가지기를 원치 않았습니다. 우리 성직자들은 다른 성직자들처럼 성무일도를 바쳤고, 평형제들은 주님의 기도를 바쳤습니다. 그리고 우리는 성당에 아주 기꺼이 머물곤 하였습니다. 그리고 우리는 무식한 사람들이었으며 모든 이에게 복종하였습니다. 그리고 나는 내 손으로 일을 하였고 또 지금도 일하기를 원하며 다른 모든 형제들도 올바른 허드렛일에 종사하기를 간절히 바랍니다. 일할 줄 모르는 형제들은 일을 배워야 하고, 일의 보수를 받을 욕심 때문이 아니라 모범을 보이고 한가함을 쫓기 위해서 일을 배울 것입니다"(16-21절).

순례자로서 나그네의 삶은 성 프란치스코의 삶의 매우 특징적이고 독창적이며 본질적인 것이다. 그런데 이 초기의 삶을 전하고 있는 「유언」은 형제들이 가난하게 순례자로서 살았다는 것만을 말해 주고 있는 것이 아니다. 「유언」의 핵심 메시지를 간단히 정리한 조반니 미콜리(G. Miccoli)는 이 부분에 대해서 매우 탁월한 식견을 가지고 우리가 자칫 놓치기 쉬운 한 가지 점을 지적한다. 즉 초기 형제들의 가난한 삶을 전해 주고 있는 이 대목을 통해서 성 프란치스코가 우리에게 말해 주는 것은, 어떻게 복음적 선택을 하면서 살아가야 하는가를 얘기해 주고 있다는 사실이다. 프란치스코 성인은 바로 이런 '소유 없는 순례자의 삶'을 통해서 철저하게 계급화된

한 사회에서 복음의 눈으로 최하층 계급을 선택했다. 남의 집에서 허드렛일을 기꺼이 하는 것은 당대의 수도승들의 삶 안에서는 볼 수 없는 놀라운 선택이었다. 수도승들은 봉쇄의 울타리 안에서 수덕적인 목적으로 노동을 했다. 또 은수자들이 갈대풀로 바구니를 짜는 등 여러 가지 방법으로 손노동을 했지만 일차적인 목적은 수덕적인 것이었다. 물론 수도승들의 손노동은 수덕적인 목적 외에 자신들에게 필요한 최소한의 것까지도 어려운 사람들과 나누는 애덕의 목적도 있었다.

프란치스코 성인은 이것을 매우 구체화하면서 복음에 기초하여 더 극단적인 삶을 선택하고 있다. 지금 우리는 정말 최하층의 사람들, 소외된 사람들을 선택하며 살고 있는지 진지하게 물어야 할 것이다. 우리는 복음적 선택과는 무관한 정치적 이념의 대결 앞에서 무엇을 하고 있는가? 우리 한국 사회는 진보와 보수가 대립하며 심하게 갈등하는 양상을 보이고 있다. 어떤 것이 진정 하느님의 피조물인 존귀한 인간을 살리는 길인가를 생각하기보다는 자신과 다른 이념을 신봉하는 사람들을 무조건 비판하고 반대하는 것을 볼 수 있다. 그러나 진정 우리는 진보와 보수를 넘어 복음적 가치에 따른 보다 더 근본적인 선택을 해야 할 것이다. 그리고 그렇지 못한 우리 사회에 대해서 우리의 목소리를 내야 할 것이다.

성 프란치스코는 이단들이나 부패해 가는 교회 교도권에 대해 논쟁을 통해 직접적으로 비판하지 않았다. 그의 비판은 어떤 이념이나 사상에 근거한 것보다 훨씬 더 근원적이었고 힘이 있었다. 그는 복음에서 출발하여 회개하는 삶, 복음에 입각한 삶의 투명함과 명쾌함, 가장 가난하고 보잘것없는 사람들의 선택, 그들과 함께 하는 삶 자체를 통하여 쇄신을 위한 복음적 영향력을 행사하였다. 그의 선택은 단순히 이성에 이끌려 하는 것이 아니라 복음적 기준에 따른 사회적 차원의 선택이었다. 복음에 입각한 사회적 차원의 선택, 여기에 프란치스칸 정의·평화의 출발점과 뿌리가 있다고도 볼 수 있다. 「유언」에 따르면 프란치스코가 취했던 수도 생활은 당시 사회의 문제점들과 조건들을 알아차리고 깊이 통찰하고 거기에 충실하게 대응하면서 추구되었음을 알 수 있다. 프란치스코와 초기 동료들이 극도의 가난 생활을 선택했던 것은 결코 객기(客氣)를 부린 것이 아니었다. 십자가 위에서 죽기까지 순종하시고 한없이 낮추셨던 우리 주 예수 그리스도의 그 행동과 자신의 삶을 온전히 일치시켜 '또 다른 복음으로' 선포하였던 것이다. 그분의 삶은 인간의 기준에 복음의 진리를 결코 맞출 수 없음을 말해 준다.

오늘의 사회는 참으로 모호한 세계화가 하나의 특징으로 드러나고 있다. 세계화로 인하여 모든 분야에서 의존성이 증대되어 가고 있다. 그래서 어느 한 나라에서 경제 문제가 생기면 온 세계가 영향을 받아 어려움을 겪는다. 한때는 서로가 교류가 잘되고 도움도 받고 해서 좋았으나 이런 여건에서도 거대한 민족적 이기주의는 예외 없이, 더 철저하게 드러나기도 한다. 서로 가깝게 느끼고 신속하게 알아차리고 정보가 교환되지만 이 강력한 역동성 안에도 부정적인 권력의 힘이 차별을 부추기고 있음을 알 필요가 있다. 세계화는 가난을 증산시키고 적게 가진 사람들을 더 가난하게 만들고 소외를 조장하는 그런 모습을 보이고 있다.

이와는 정반대로 프란치스코 성인의 「유언」에 나타난 초기 형제들은 보잘것없는 것에서도 만족하는 가난, 안팎으로 기운 수도복 한 벌과 띠와 속옷 외에 더 가지기를 원치 않는 가난, 어디든 기꺼이 머무는 나그네의 삶, 복음이 우리를 부르는 곳이라면 어디든 기꺼이 떠나는 순례자의 삶을 살았다. 프란치스코 성인은 '더불어' 기쁘고 행복하게 살아가기 위하여 복음적 가난을 선택했던 것이다. 그는 「유언」에서 복음적 가난을 통하여 더불어 인간다워지는 삶을 추구하는 '공생하는 인간'(homo-simbios)의 모습을 제시하고 있다.

인간은 '틀리다'가 아닌 '다름의 아름다움'을 더불어 찾아가는 공생적 존재임이 분명하다. 오늘날 정보화 사회는 '함께' 살아가려는 태도보다는 개인주의화되고, 자아 파편화 현상이 심해짐으로써 정이 메말라가는 근본적인 문제점만을 드러내고 있다. 프란치스코가 가난을 선택한 것은 하느님의 사랑 '안에서', 사랑 '때문에' 모든 사람들과 더 가까이 일치되기 위해서였다. 그는 눈에 띄지 않는 사람들이나 미소한 존재들과도 창조적인 일치를 이루기 위해 스스로 한없이 비우고 낮추는 가난을 선택한 것이었다. 「유언」

의 처음부터 끝까지 수도규칙의 실행을 염두에 두었던 것도 다른 이유가 아니라 하느님 안에서 '공생적 존재'로서 함께 행복을 찾아가기 위해, 거룩한 복음을 실행하기 위해서였다. 거룩한 복음의 실행은 그의 생활 양식의 핵심이다. 그는 복음을 실행함으로써 복음으로 하나가 되는 임마누엘의 삶을 원했다. 그래서 어디든 주님의 사랑에 목마른 사람, 자신보다 더 가난한 사람이 있는 곳이라면 주님의 사랑의 악기가 되어 그들과 함께 하고자 끝없이 순례하였다. 이처럼 그에게 순례자와 나그네의 삶은 궁색을 떨며 여기저기 떠돌아다닌 것이 아니었다. 그에게는 멈출 수 없는 사랑의 열정이 있었고 복음에 따라 기꺼이 움직이는 영적인 민감성이 자리 잡고 있었던 것이다. 그는 어떤 상황에서도 자신을 주체로 의식하거나 내세우지 않고 철저히 하느님의 주도권에 맡기고 순례하였다.

오늘날 우리는 가난의 삶을 그저 불편하고 추구하기 힘든 이상 정도로만 생각하고 있지는 않은지 겸손하게 되돌아볼 필요가 있다. 그리고 진정 나의 주도권을 포기하고 하느님께 주도권을 맡기며 소유 없이 순례하도록 해야 할 것이다.

5. 온전한 순종으로 하느님의 뜻과 사랑을 갈망함

프란치스코 성인은 「유언」에서 다음과 같이 말한다. "나는 이 형제회의 총봉사자와, 그리고 총봉사자가 나에게 정해 주고 싶어 하는 수호자에게 기꺼이 순종하기를 간절히 원합니다. 그리고 수호자는 나의 주인이기에 순종과 그의 뜻을 벗어나서는 아무 곳에도 가지 못하고 무엇을 하지도 못할 정도로 그의 손안에 매여 있기를 원합니다"(27-28절).

성 프란치스코가 지향했던 순종은 형제들 사이에서 '성령 안에서 성령을 따라' 자발적으로 서로에 대한 사랑을 드러내는 길이었다. 성령께서 형제들 안에 머물게 됨으로써 형제들의 관계는 성사가 되고 활기를 얻게 된다. 분명한 것은 무엇보다도 먼저 형제들 안에서 순종하는 것은 예수 그리스도이시다. 형제들이 서로 기꺼이 순종하고 섬길 때 우리는 그 안에서 예수님의 활동과 성령의 활동을 드러내게 되는 것이다. 우리는 이런 모습 안에서 친히 순종하시는 예수님을 발견할 수 있다. 이런 의미에서 프란치스코에게 순종은 복음을 전하고 발생시키는 핵심적인 방식이자 태도였다고 할 수 있다.

자기 개성대로 살고자 하고 누구에게 매이기 싫어하는 현대에 성 프란치스코의 이러한 가르침은 어떤 의미가 있는가? 오늘날처럼 자신을 앞에 내세우며 주인공이 되려 하고 자기 뜻대로 모든 것을 이루려는 경향이 강한 이때에 성 프란치스코의 태도는 어리석은 태도일까? 우리가 진정 행복해지려면 하느님의 뜻에 철저히 자신을 내맡기는 '수동성'과 형제들을 자발적으로 섬김으로써 우리 안에 계시는 하느님을 발견해 나가야 한다. 여기서 '수동성'이라 할 때 그것은 복음적 불안정을 피하고 현실에 안주하거나 무기력한 삶의 태도로 살아가는 것을 말하는 것이 아니다. 그분을 관상하고 그분에게서 힘을 얻어 더욱더 사랑에 투신하려는 근원적인 자세가 곧 수동적인 자세이다. 이러한 '수동의 능동'으로 형제를 섬기는 삶은 곧 복음을 증거하는 것이다. 하느님의 축성을 받고 살아가는 그리스도인들 가운데에도 자기만이 가장 올바른 식견과 판단력을 가지고 있다고 주장하며 자기 뜻을 따르지 않으면 화를 내거나 상대방을 비판하는 이들이 있다. 나아가 자기 뜻이 강하고 다른 이들이 자신의 뜻을 따라야 한다고 생각하니 마음이 앞서게 되고 극히 작은 한 부분을 보고 전체를 판단하는 인지 왜곡 현상을 보이기도 한다. 성 프란치스코는 모든 사람을 소중히 여기며 존중하였고 서로의 관계 안에서 하느님의 사랑이 드러날 수 있도록 자신을 기꺼이 내놓았다. 이런 태도로 관계를 맺음으로써 작은 것에도 감사하게 되며 하느님의 선(善) 안에 머물고 그 선을 기꺼이 되돌리는 삶을 살게 된다.

프란치스코의 「유언」에서 가르치는 순종의 삶은 일상의 삶에서 우리가 어디에 매여 살아가야 하는지를 다시 생각하게 해 준다. 서로를 사랑하고 섬기며 살아야 하는 존재론적이며 영성적인 이유는 형제 자매 안에 살아 계시는 주님과 현존하시는 성령 때문이다. 프란치스코는 겉으로 드러나는 외형적인 모습이나 행동만을 보며 살아가는 현대인들에게 서로를 인간적인 한계나 겉모습이 아닌 하느님의 소중한 피조물로 바라보며, 각 사람 안에서 숨 쉬는 하느님께 순종하는 그런 사랑의 삶을 살도록 가르친다. 이렇게 될 때 우리의 관계는 단지 일상적인 관계에 그치거나 각자의 유익을 얻는 데에만 목적을 두거나 감정의 차원에만 묶어 두는 피상적인 관계가 아니라 '사랑의 성사'가 될 수 있을 것이다. 오늘날처럼 자기가 원하는 것만을 찾고 자기 뜻을 앞세우게 되면 하느님의 소리가 들리지 않으며 물질적이고 유한한 것들에 자신을 묶어 두고 살게 되어 하느님의 창조의 손길을 거스르게 될 것이 분명하다. 온전한 순종으로 하느님의 뜻과 사랑을 갈망하고 발견하려는 온유함과 관대함, 하느님께 철저히 내맡기는 순응이야말로 사랑으로 우리를 불러 주신 하느님께 대한 올바른 응답이라고 할 수 있을 것이다.

6. 단순하게 이해하고 충실히 '거룩한 복음을 실행'하는 삶

성 프란치스코는 형제들에게 "「유언」을 또 하나의 수도규칙이라고 말하지 말고 이 말에 아무것도 덧붙이거나 삭제하지 말아야 하며, 수도규칙과 이 글에 이렇게 알아들어야 한다고 말하면서 해석을 붙이지 말라", "오히려 주님께서 나에게 수도규칙과 이 글을 단순하고 순수하게 말하게 하고 또 기록하게 해 주신 것과 같이, 여러분도 단순하게 해석 없이 이해하며 거룩한 행동으로 끝까지 실행하도록 하라"(참조: 34-35절; 38-39절)고 권고한다.

프란치스코 성인의 말대로 「유언」은 또 하나의 수도규칙이 아니며 그 목적은 수도규칙을 더욱더 가톨릭 신자답게 실행하기 위한 것이다. 프란치스코 성인은 무엇을 행하거나 이루는 것이 아니라 단순하게 거룩한 복음을 실행하는 것을 주님께서 자신에게 주신 생활 양식으로 받아들였다. 복음적 생활 양식은 무엇이 되기 위한 삶이나 무엇을 이루기 위한 삶이 아니라 복음대로 사는 것이다. 곧 예수님의 제자들처럼 예수님과 함께 지내면서 그분의 말씀을 듣고 그분이 행하신 그대로 행동하는 삶을 사는 것이다. 복음적 생활 양식에서는 말보다는 사랑을 실천함으로써 육화의 영성을 살아가는 것이 중요하다.

오늘날 복음을 살아가는 데에 걸림돌이 되는 것 가운데 하나는 '합리주의적 사고방식'과 '효율을 따지는 성과주의와 능력주의'이다. 어떻게 복음이 되어 복음을 살고 드러낼 것인가가 아니라 어떤 것이 옳은지, 왜 그렇게 해야 하는지를 따지는 합리주의적 사고방식은 마음의 단순성을 깨뜨림으로써 하느님의 말씀을 자기 생각에 가두어 버린다. 또한 하느님의 일을 행한다고 하면서도 누가 잘하는가, 얼마나 실적을 쌓았는가에 시선이 집중되어 있는 경우가 많다. 종말론적인 시각으로 지금은 보이지 않지만 하느님께서 뿌려 주신 복음의 씨앗이 우리의 기도와 선행으로 자라기를 감사하며 기다리는 것이 복음을 사는 자의 태도가 되어야 할 것이다.

내 생각과 나의 뜻과 힘에 의존하여 복음을 살려고 한다면 그것은 하느님을 나의 도구로 삼는 것이 될 것이다. 이러한 태도는 하느님을 우상화하는 결과를 낳게 되며, 이것은 곧 복음을 질식시키는 역할을 하게 된다. 이성에 따라 움직이는 나의 생각을 멈추고 하느님의 말씀을 듣고 단순하게 받아들임으로써, 나의 인격 자체를 그분 존재 앞에 두고 복음의 진리와 예수님의 행동을 그대로 따름으로써 우리는 영원한 생명을 얻게 될 것이다. 내 마음을 열고, 생각을 멈추며 집착을 내려놓지 않는다면 이성에 따른 사고의 산물은 풍성해질지 모르지만 성령의 활동은 알아차리지 못하게 될 것이다. 이러한 삶은 인간의 수직적인 힘에 의존하게 되니 삶이 경직되고 폐쇄적이 되어 창의성과 인간성을 점차 상실하게 될 뿐이다. 성 프란치스코는 이것을 잘 알았기에 복음의 실행에서 자신을 제외시키지 않았으며 복음을 실행하는 사람은 축복을 받으리라고 확신하였다. 현대인들은 성 프란치스코의 「유언」의 메시지에 귀를 기울일 필요가 있을 것이다.

맺음말

「유언」은 내용상 법적인 구속력을 지니지 않지만 프란치스코의 초기 이상을 담고 있으며 초창기 생활을 회상할 수 있는 중요한 글이다. 특히 프란치스코 자신의 회개 체험과 복음을 실행하였던 일생의 고백을 담고 있을 뿐 아니라 이미 현실 적응 과정에서 멀어져 가고 있는 초기의 이상을 상기시켜 주고 있다는 점에서 더욱 중요한 가치를 지닌다. 한편 프란치스코가 강조하는 성무일도와 순종은 오늘날 우리에게도 유효한 개념으로서 우리 성소의 교회성을 명확하게 드러내 준다.

우리는 「유언」을 통해 철저한 하느님 중심성(회개-가치관의 전환), 올바른 자기 이해, 은총에 대한 감사의 태도를 배울 수 있다. 성 프란치스코는 「유언」을 통하여 자기 착각과 망각의 시대에 하느님께 초점을 맞추고, 세상과 다른 이들을 복음의 눈으로 새롭게 보라고 초대한다. 그리고 말씀과 지극히 거룩한 성사, 교회에 대한 믿음을 지니고 하느님께 대한 갈망과 열정을 표현하라고 가르친다. 그는 형제들의 초기 생활을 회상하면서 복음에 의한 사회적 선택(가난하고 낮은 이들, 소외된 이들)을 중요시하면서 보잘것없는 것에도 만족하며 더 이상 가지기를 원치 않는 존재론적이며 총체적인 가난의 삶을 살아가도록 촉구한다. 하느님의 피조물인 인간은 그분의 주도권을 인정하고 복음이 되어, 매이지 않는 순례자요 나그네로서의 삶을 살아감으로써 오늘날 물질과 인간의 힘에 의존하며 살아가는 삶을 하느님의 얼로 채워 가도록 해야 할 것이다. 우리는 프란치스코 성인의 「유언」을 과거의 죽은 문자로서가 아니라 우리가 가야 할 영성의 지표로 삼아 삶으로 다시 살아 내는 복음의 사람들로 거듭나도록 힘써야 할 것이다.

부록

아씨시 성 프란치스코의 유언들

「유언」

¹주님께서 나 프란치스코 형제에게 이렇게 회개를 시작하도록 해 주셨습니다. 죄 중에 있었기에 나는 나병 환자들을 보는 것이 너무나 역겨운 일이었습니다. ²그런데 주님 친히 나를 그들 가운데로 인도하셨고 나는 그들에게 자비를 행하였습니다. ³그리고 내가 그들한테서 떠나올 무렵에는 나에게 역겨웠던 바로 그것이 도리어 몸과 마음의 단맛으로 변했습니다. 그리고 그 후 얼마 있다가 나는 세속을 떠났습니다.

⁴그리고 주님께서 성당들에 대한 크나큰 믿음을 나에게 주셨기에, 다음과 같은 말로 단순하게 기도하곤 했습니다. ⁵"주 예수 그리스도님, 우리는 전 세계에 있는 당신의 모든 성당들에서 당신을 흠숭하며, 당신의 거룩한 십자가로 세상을 구속하셨기에 당신을 찬양하나이다". ⁶그 후 성품(聖品)으로 인해 거룩한 로마 교회의 관습을 따라 그들의 생활하는 사제들에 대한 큰 믿음을 주님께서 나에게 주셨고 또한 지금도 주시기에, 만일 그들이 나를 박해한다 해도 나는 그들에게 달려가기를 원합니다. ⁷그리고 내가 솔로몬이 가졌던 그 정도의 많은 지혜를 가지고 있고, 이 세상의 가엾은 사제들을 만난다 해도, 그들의 뜻을 벗어나 그들이 거주하는 본당에서 설교하고 싶지는 않습니다. ⁸그리고 그들과 다른 모든 사제들을 마치 나의 주인인 듯 두려워하고 사랑하며 존경하기를 원합니다. ⁹그리고 그들 안에서 나는 하느님의 아들을 알아뵙게 되고, 또 그들이 나의 주인이므로, 그들 안에서 죄를 보고 싶지 않습니다. ¹⁰내가 이렇게 하는 이유는, 사제 자신들도 성체를 받아 모시고 사제들만이 다른 이들에게 분배하는, 주님의 지극히 거룩한

몸과 피가 아니고서는 이 세상에서 하느님의 지극히 높으신 아들을 내 육신의 눈으로 결코 보지 못하기 때문입니다. [11]그리고 이 지극히 거룩한 신비들이 무엇보다도 공경 받고 경배되며 귀중한 장소에 모셔지기를 원합니다. [12]지극히 거룩한 이름들과 그분의 말씀이 기록된 것이 부당한 곳에서 발견되면, 나는 그것을 모으겠고, 또 그것을 모아 합당한 곳에 모시기를 바랍니다. [13]또한 우리는 모든 신학자들과 지극히 거룩하신 하느님의 말씀을 전해 주는 사람들을 우리에게 영과 생명을 전해 주는 사람들로 공경하고 존경해야 합니다.

[14]그리고 주님께서 나에게 몇몇 형제들을 주신 후 내가 해야 할 일을 아무도 나에게 보여 주지 않았지만, 지극히 높으신 분께서 친히 나에게 거룩한 복음의 양식(樣式)에 따라 살아야 할 것을 계시하셨습니다. [15]그리고 나는 그것을 몇 마디 말로 그리고 단순하게 기록하게 했고 교황 성하께서 나에게 확인해 주셨습니다. [16]그리고 이 생활을 받아들이려고 찾아오는 사람들은 가지고 있던 모든 것을 가난한 사람들에게 주었습니다. 그리고 또한 안팎으로 기운 수도복 한 벌과 띠와 속옷으로 만족하였습니다. [17]그리고 우리는 그 이상 더 가지기를 원치 않았습니다. [18]우리 성직자들은 다른 성직자들처럼 성무일도를 바쳤고, 평형제들은 주님의 기도를 바쳤습니다. 그리고 우리는 성당에 아주 기꺼이 머물곤 하였습니다1). [19]그리고 우리는 무식한 사람들이었으며 모든 이에게 복종하였습니다. [20]그리고 나는 내 손으로 일을 하였고 또 지금도 일하기를 원하며 다른 모든 형제들도 올바른 허드렛일에 종사하기를 간절히 바랍니다. [21]일할 줄 모르는 형제들은 일을 배워야 하고, 일의 보수를 받을 욕심 때문이 아니라 모범을 보이고 한가함을 쫓기 위해서 일을 배울 것입니다. [22]그리고 우리에게 일의 보수가 주어지지 않을 때에는 집집마다 동냥하면서 주님의 식탁으로 달려갑시다. [23]"주님께서 당신에게 평화를 내려 주시기를 빕니다"(참조: 2테살 3,16) 하고 우리가 해야 할 인사를 주님께서 나에게 계시하셨습니다. [24]형제들을 위해 세운 성당과

---

1) 초기 형제들은 성당이나 성당 회랑 등을 임시 거처로 삼기도 하였다.

초라한 집 그리고 모든 건물이 우리가 수도규칙에서 서약한 거룩한 가난에 맞지 않으면 형제들은 그것들을 절대로 받아들이지 않도록 조심할 것이며, 거기서 "나그네와 순례자같이"(참조: 1베드 2,11) 항상 손님으로 머무십시오. [25]나는 모든 형제들에게 순종으로 단호히 명합니다. 형제들이 어디에 있든지, 성당을 얻기 위해서도, 다른 장소를 얻기 위해서도, 설교를 하기 위한 구실로도, 박해를 피하기 위해서도, 직접적으로나 간접적으로나 로마 교황청에 어떤 증서도 감히 신청하지 말아야 할 것입니다. [26]환영받지 못하거든 오히려 하느님의 축복 속에 회개를 하기 위해 다른 지방으로 피할 것입니다.

[27]그리고 나는 이 형제회의 총봉사자와, 그리고 총봉사자가 나에게 정해 주고 싶어 하는 수호자에게 기꺼이 순종하기를 간절히 원합니다. [28]그리고 수호자는 나의 주인이기에 순종과 그의 뜻을 벗어나서는 아무 곳에도 가지 못하고 무엇을 하지도 못할 정도로 그의 손안에 매여 있기를 원합니다. [29]그리고 비록 내가 우매하고 병약한 사람이라 할지라도, 수도규칙에 있는 대로 나에게 성무일도를 읽어 줄 성직형제 한 분을 항상 모시기를 원합니다. [30]그리고 다른 모든 형제들도 수호자들에게 이와 같이 순종해야 하고 수도규칙에 따라 성무일도를 바쳐야 합니다. [31]그리고 수도규칙에 따라 성무일도를 바치지 않고 그것을 다른 형식으로 변경하려고 하는 이나 또는 가톨릭 신자가 아닌 듯한 이를 발견하게 되면, 어디서 이런 이를 만나든, 형제들은 순종으로, 모두 그를 만난 곳에서 가장 가까운 관할 보호자에게 데리고 가야 합니다. [32]그리고 보호자는 단호히 순종으로, 그를 그의 봉사자의 손에 직접 넘겨줄 때까지 자기 손에서 도망갈 수 없도록 감옥에 주야로 갇혀 있는 사람처럼 엄중하게 지켜야 합니다. [33]그리고 봉사자는 단호히 순종으로, 그 형제를 전 형제회의 주인이며 보호자요 감사관이신 오스티아 추기경에게 넘겨줄 때까지 몇몇 형제들을 시켜 그를 감옥에 갇혀 있는 사람처럼 주야로 지키게 하고 그를 추기경에게 보내야 합니다. [34]그리고 형제들은 이것이 또 하나의 수도규칙이라고 말하지 말 것입니다. 이 글은 우리가 주님

께 약속한 수도규칙을 더욱더 가톨릭 신자답게 실행하도록, 나 작은 형제 프란치스코가 축복받은 나의 형제 여러분에게 주는 회고요 권고와 격려이며 나의 유언이기 때문입니다.

³⁵그리고 총봉사자와 다른 모든 봉사자들과 보호자들은 순종으로, 이 말에 아무것도 덧붙이거나 삭제하지 말아야 합니다. ³⁶그리고 형제들은 이 글을 수도규칙과 같이 항상 지녀야 할 것입니다. ³⁷그리고 개최하는 모든 회의에서 수도규칙을 읽을 때 이 글도 읽을 것입니다. ³⁸그리고 수도규칙과 이 글에 이렇게 알아들어야 한다고 말하면서 해석을 붙이지 말 것을 나는 성직형제이건 평형제이건 나의 모든 형제들에게 단호히 순종으로 명합니다. ³⁹오히려 주님께서 나에게 수도규칙과 이 글을 단순하고 순수하게 말하게 하고 또 기록하게 해 주신 것과 같이, 여러분도 단순하게 해석 없이 이해하며 거룩한 행동으로 끝까지 실행하도록 하십시오. ⁴⁰그리고 이것을 실행하는 사람은 누구나 하늘에서는 지극히 높으신 아버지의 축복을 충만히 받고, 땅에서는 지극히 거룩하신 위로자 성령과 하늘의 모든 권품(權品)²⁾ 천사들과 모든 성인들과 함께 사랑하는 아들의 축복을 충만히 받기를 비는 바입니다. ⁴¹그리고 여러분의 보잘것없는 종 나 프란치스코 형제는 할 수 있는 데까지 이 지극히 거룩한 축복을 내적 외적으로 여러분에게 내리는 바입니다.

---

2) 참조: 「인준받지 않은 수도규칙」 23,6.

「시에나에서 쓴 유언」

[1] 지금 우리 수도회에 있는 형제들과 세상의 끝날까지 들어올 나의 모든 형제들에게 축복한다고 기록해 놓으십시오.

[2] 나는 쇠약함과 병고로 말조차 할 수 없으므로, 다음과 같이 간단히 세 마디 말로 나의 뜻을 나의 형제들에게 밝히려고 합니다.

[3] 나의 축복과 나의 유언에 대한 기억의 표시로 항상 서로 사랑하고, [4] 우리의 귀부인이신 거룩한 가난을 항상 사랑하고 지키며, [5] 또한 늘 어머니이신 거룩한 교회의 고위 성직자들과 다른 모든 성직자들에게 충성을 다하고 그들의 발아래 머무르십시오.

「클라라와 그의 자매들에게 써 보낸 마지막 원의」

[1] 보잘것없는 나 프란치스코 형제는 지극히 높으신 우리 주 예수 그리스도와 그분의 지극히 거룩하신 어머니의 생활과 가난을 따르기를 원하며, 끝까지 그 생활 안에 항구하기를 원합니다.

[2] 그리고 나의 자매 여러분, 나는 여러분에게 간청하고 또 권고하니, 늘 지극히 거룩한 이 생활과 가난 안에 살아가십시오. [3] 그리고 누구의 가르침이나 권고로 이 생활을 결코 떠나지 않도록 영원토록 온갖 조심을 다하십시오.